GAOSU GONGLU BINGHAI CHUZHI
DIANXING ANLI

# 高速公路病害处治
## 典型案例

于群力　主编

人民交通出版社
北京

# 内 容 提 要

本书依托高速公路养护实践,总结了病害处治典型案例。全书分为六章:绪论、路基类病害、路面类病害、桥梁类病害、隧道类病害和交通安全设施类病害。本书以高速公路病害为对象,分析路基、路面、桥梁、隧道和交通安全设施共五部分的病害类型和常用处治方法;在此基础上,通过分析浙江省内高速公路典型实践案例,探索其工程病害机理,制订科学合理的处治方案,客观评价处治的成效。

本书可供全国公路养护技术人员、公路养护工培训使用,也可作为交通类职业院校相关专业的教学参考用书。

**图书在版编目(CIP)数据**

高速公路病害处治典型案例/于群力主编. —北京:
人民交通出版社股份有限公司,2024.4
ISBN 978-7-114-18962-3

Ⅰ.①高… Ⅱ.①于… Ⅲ.①高速公路—病害—防治
—案例—浙江 Ⅳ.①U418.5

中国国家版本馆 CIP 数据核字(2023)第 174403 号

| | |
|---|---|
| 书　　　名: | 高速公路病害处治典型案例 |
| 著 作 者: | 于群力 |
| 责 任 编 辑: | 任雪莲　　陈虹宇 |
| 责 任 校 对: | 赵媛媛　　龙　雪 |
| 责 任 印 制: | 刘高彤 |
| 出 版 发 行: | 人民交通出版社 |
| 地　　　址: | (100011)北京市朝阳区安定门外外馆斜街 3 号 |
| 网　　　址: | http://www.ccpcl.com.cn |
| 销 售 电 话: | (010)59757973 |
| 总 经 销: | 人民交通出版社发行部 |
| 经　　　销: | 各地新华书店 |
| 印　　　刷: | 北京建宏印刷有限公司 |
| 开　　　本: | 787×1092　1/16 |
| 印　　　张: | 16 |
| 字　　　数: | 370 千 |
| 版　　　次: | 2024 年 4 月　第 1 版 |
| 印　　　次: | 2024 年 4 月　第 1 次印刷 |
| 书　　　号: | ISBN 978-7-114-18962-3 |
| 定　　　价: | 68.00 元 |

(有印刷、装订质量问题的图书,由本社负责调换)

# 编写委员会

# 前 言 ↘

"十四五"时期是加快建设交通强国的关键五年,公路行业作为国民经济基础性、先导性、战略性产业和服务性行业,切实提升高速公路的运营管理能力,强化落实"公路建设是发展,公路养护管理也是发展,而且是可持续发展"的理念,注重高速公路科学养护管理,提升高速公路基础设施的安全性和耐久性,持续发挥高速公路国民经济的支撑作用,显得特别重要。

从1988年我国(不含港澳台地区)第一条高速公路开通至今,高速公路养护管理经历了从粗放式发展到精细化管理,从以人工为主到机械换人和从以经验型管理为主到数字化科学决策的深刻转变。高速公路受自然灾害、人类活动、交通量及服役年限的影响,路基、路面、桥梁、隧道和交通安全设施等会出现过早的疲劳破坏与结构性劣化损伤病害,推动养护"四新"技术和管理能力不断提高势在必行。高速公路养护行业针对道路运营期病害机理的长时期探索和系统性研究,形成大量实用有效的经验做法,使这些宝贵经验不断沉淀并得到有效传承和借鉴汲取,为高速公路科学养护管理提供实质性指导,是一项非常有意义的工作。

浙江交投高速公路运营管理有限公司依托其管辖的19条高速公路,总里程长达1933km,覆盖高速公路养护管理全要素的独特优势,依托旗下的养护病害学堂,历时一年组织编写了本书。本书汇聚20多年来浙江交通集团所管辖高速公路养护病害处治的相关实践成果和养护管理经验,凝聚了广大养护从业者的心血和智慧,希望本书成为高速公路养护从业者可借鉴、可复制的参考资料。

本书分为六章:绪论、路基类病害、路面类病害、桥梁类病害、隧道类病害和交通安全设施类病害。本书最大特色是以高速公路病害为对象,按照标准化格式的分析思路形成路基、路面、桥梁、隧道和交通安全设施共五部分的病害类型和常用处治方法;在此基础上,结合浙江省内高速公路典型养护实践案例,不断探索工程病害机理并增强规律性认识,制订科学合理的处治方案,准确客观评价处治成效,具有较强的实际应用价值。

本书所录入的案例时间跨度较长、涉及道路较多,期间有众多行业专家和养护管理人员参与了高速公路病害处治过程,贡献了专家经验和专业智慧,在此表示衷心的感谢。同时,浙江交工养护集团和浙江交投高速公路管理中心的养护管理人员也提供了许多非常好的解决方案,在此也一并表示诚挚的感谢。

本书可供全国公路养护技术人员、公路养护工培训使用,也可作为交通类职业院校相关专业的教学参考用书。

作　者
2023 年 8 月

# 目 录
CONTENTS

# 1 绪论

## 1.1 全国高速公路发展趋势

依据交通运输部发布的《公路工程技术标准》(JTG B01—2014)，"高速公路为年平均日设计交通量宜在 15000 辆小客车以上，专供汽车分方向、分车道行驶，全部控制出入的多车道公路"。可见，高速公路应符合下列 4 个条件:(1)只供汽车高速行驶;(2)设有多车道、中央分隔带，将往返交通完全隔开;(3)设有立体交叉口;(4)全线封闭，出入口控制。

1988 年，我国(不含港澳台)第一条高速公路——沪嘉高速公路建成通车，全长 18.5km，双向四车道。之后，沈大、京津塘、广深珠等高速公路相继通车运营。21 世纪以来，我国高速公路通车里程的快速增长不仅极大满足了交通增长对公路建设的需求，而且对国民经济的总体发展起到了关键作用。至 2022 年底，我国高速公路通车里程已达到 17.73 万 km，比 2002 年增长了 6 倍多，位居世界第一，见表 1-1-1、图 1-1-1。我国桥梁、隧道数量和长度逐年增长，见表 1-1-2、表 1-1-3 及图 1-1-2、图 1-1-3。

我国高速公路通车里程增长情况 表 1-1-1

| 年份 | 里程(万 km) | 年份 | 里程(万 km) | 年份 | 里程(万 km) |
|------|------------|------|------------|------|------------|
| 2002 | 2.51 | 2009 | 6.51 | 2016 | 13.1 |
| 2003 | 2.98 | 2010 | 7.41 | 2017 | 13.65 |
| 2004 | 3.43 | 2011 | 8.49 | 2018 | 14.26 |
| 2005 | 4.1 | 2012 | 9.62 | 2019 | 14.96 |
| 2006 | 4.53 | 2013 | 10.44 | 2020 | 16.1 |
| 2007 | 5.39 | 2014 | 11.19 | 2021 | 16.91 |
| 2008 | 6.03 | 2015 | 12.35 | 2022 | 17.73 |

注:公路通车里程出自交通运输部官网的交通运输行业发展统计公报。

"十四五"期间，安全、便捷、高效、绿色、经济的现代化公路交通运输体系建设取得重大进展，高质量发展迈出坚实步伐，设施供给更优质、运输服务更高效、路网运行更安全、转型发展更有力、行业治理更完善，有力支撑加快建设交通强国，高水平适应经济高质量发展要求，满足人民美好生活需要。至 2035 年，我国将基本建成安全、便捷、高效、绿色、经济的现代化公路交通运输体系。

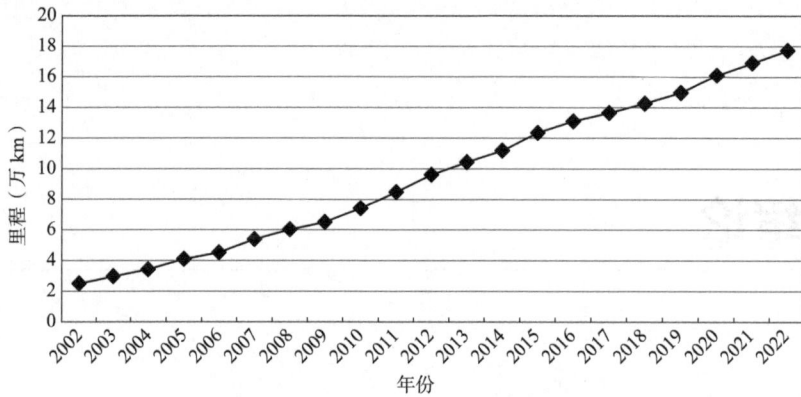

图 1-1-1 我国高速公路通车里程增长情况

**我国桥梁数量和长度增长情况**　　　　　表 1-1-2

| 年份 | 数量(万座) | 长度(万延米) | 年份 | 数量(万座) | 长度(万延米) |
|---|---|---|---|---|---|
| 2002 | 29.9 | 1161.2 | 2013 | 73.5 | 3977.8 |
| 2003 | 31.1 | 1246.6 | 2014 | 75.7 | 4257.9 |
| 2004 | 32.2 | 1337.6 | 2015 | 77.9 | 4592.8 |
| 2005 | 33.7 | 1474.8 | 2016 | 80.5 | 4917 |
| 2006 | 53.4 | 2039.9 | 2017 | 83.3 | 5225.6 |
| 2007 | 57 | 2319.2 | 2018 | 85.2 | 5568.6 |
| 2008 | 59.5 | 2524.7 | 2019 | 87.8 | 6063.5 |
| 2009 | 62.2 | 2726.1 | 2020 | 91.3 | 6628.6 |
| 2010 | 65.8 | 3048.3 | 2021 | 96.1 | 7380.2 |
| 2011 | 68.9 | 3349.4 | 2022 | 103.32 | 8576.49 |
| 2012 | 71.3 | 3662.8 | | | |

**我国隧道数量和长度增长情况**　　　　　表 1-1-3

| 年份 | 数量(座) | 长度(万延米) | 年份 | 数量(座) | 长度(万延米) |
|---|---|---|---|---|---|
| 2002 | 1972 | 83.5 | 2013 | 11359 | 960.6 |
| 2003 | 2175 | 100.1 | 2014 | 12404 | 1075.7 |
| 2004 | 2495 | 124.6 | 2015 | 14006 | 1268.4 |
| 2005 | 2889 | 152.7 | 2016 | 15181 | 1404 |
| 2006 | 3788 | 184.2 | 2017 | 16229 | 1528.5 |
| 2007 | 4673 | 255.6 | 2018 | 17738 | 1723.6 |
| 2008 | 5426 | 318.6 | 2019 | 19067 | 1896.7 |
| 2009 | 6139 | 394.2 | 2020 | 21316 | 2199.9 |
| 2010 | 7384 | 512.3 | 2021 | 23268 | 2469.9 |
| 2011 | 8522 | 625.3 | 2022 | 24850 | 2678.43 |
| 2012 | 10022 | 805.3 | | | |

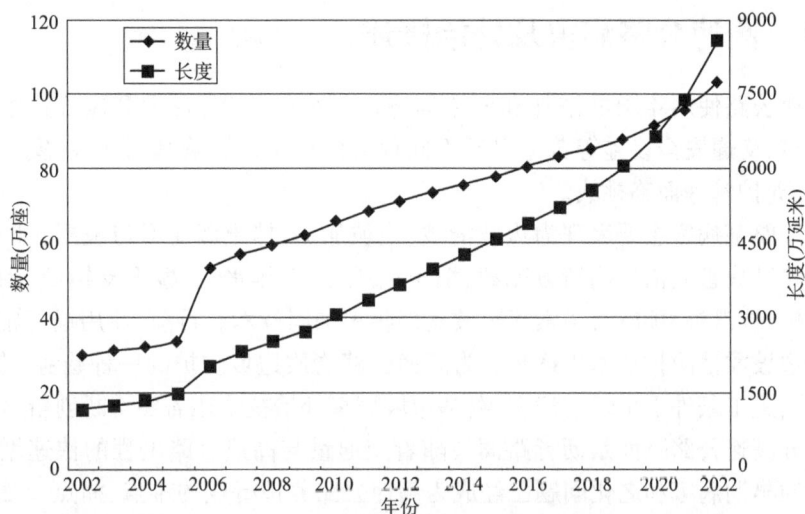

图 1-1-2 我国桥梁数量和长度增长情况

注:桥梁数量出自交通运输部官网的交通运输行业发展统计公报。

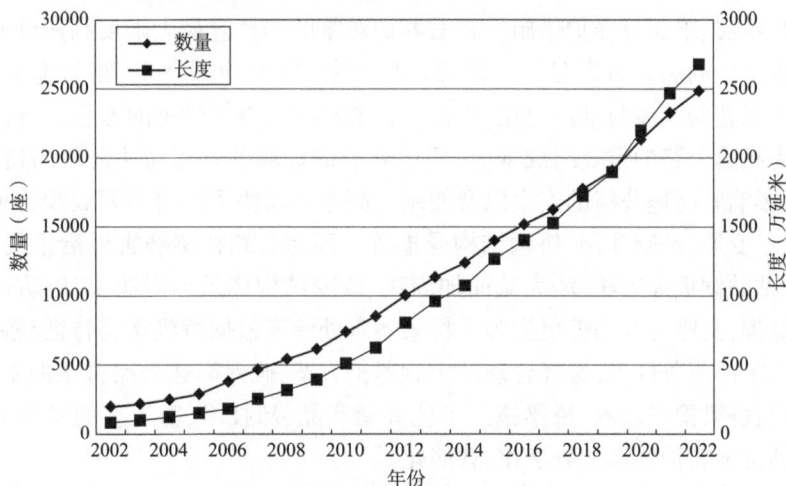

图 1-1-3 我国隧道数量和长度增长情况

注:隧道数量出自交通运输部官网的交通运输行业发展统计公报。

## 1.2 高速公路病害与养护现状

目前我国高速公路路网已经逐步形成,路网密度也在不断提高。受自然灾害、地质水文条件和人类活动的影响,高速公路路基边坡可能出现不稳定现象,危及高速公路通行安全和影响社会经济发展。同时,受高速公路交通量增长、重载、超载以及改造过程中诸多因素的影响,路基、路面、桥梁、隧道和交通安全设施可能会出现过早的疲劳破坏与结构性损伤,给高速公路管理单位增添了巨大的运营管理压力和养护成本负担。

## 1.2.1 高速公路病害及处治概述

随着高速公路使用年限的增加和公路运输使用率的提高,在役高速公路中的路基、路面、桥梁、隧道、交通安全设施等普遍出现不同程度的病害而影响其耐久性、安全性、舒适性和使用功能,养护管理面临挑战。

高速公路路基病害主要表现为边坡滑坡、边坡崩塌、挡土墙变形与破损、排水设施堵塞及损坏等。路基病害处治采用清方减载、填土反压、地表排水、混凝土支挡、浆砌片石防护、骨架植物防护、抗滑桩、预应力锚索等边坡支挡防护加固技术。目前,使用锚杆锚索、支撑绳及缝合绳等边坡柔性防护技术也逐步成为高速公路岩质边坡防护的一种趋势,针对不同地质水文、设计、施工条件下出现的病害,路基边坡病害处治技术还需要不断创新与发展。

绝大部分高速公路路面是沥青路面。随着交通量与高速公路里程的快速增长,高速公路沥青路面的早期病害和老化问题已经成为高速公路养护行业的难点、痛点。受路面结构、行车荷载、所处地质水文条件等的影响,沥青路面容易出现裂缝、车辙、波浪、沉陷、松散、积水等各类病害,甚至危及路面使用耐久性与行车安全。沥青路面病害处治主要采用灌(贴)缝、铣刨重铺、封层、罩面等养护措施。路面养护对策的选择应最大限度利用既有路面结构,并对路面结构层中的病害进行处治。维修加固材料、路面检查技术、路面施工工艺等新产品、新技术、新工艺的发展与推广应用,将进一步推动路面养护管理的绿色化、长寿命化。

桥梁作为高速公路的重要组成部分,桥梁养护的好坏关系到高速公路的运营情况和整体服务水平,影响着高速公路的安全以及使用。高速公路桥梁病害主要表现为伸缩缝破损、梁板裂缝、支座变形、基础冲刷、桥梁结构受损等。高速公路桥梁病害处治主要采用体外预应力加固法、粘贴钢板加固法、增大截面加固法、改变结构体系加固法、基础防冲刷加固法、混凝土裂缝处理、支座与伸缩缝更换等。桥梁病害处治应根据桥梁病害特征、桥梁技术状况评定等级和施工作业条件等,选择合理的桥梁养护方案,确保高速公路桥梁的安全性。随着维修加固材料、桥梁检查技术、桥梁施工工艺等新产品、新技术、新工艺的发展与推广应用,将进一步推动桥梁养护管理的数字化、智能化。

高速公路隧道病害一般表现为洞口结构物变形、衬砌裂缝、衬砌渗漏、隧道排水系统淤积滞水等。由于地质、设计、施工等各方面的原因,部分隧道会产生不同程度的病害,威胁高速公路的安全运营。目前病害监控体系尚不够完善,加之隧道病害的发生机理比较复杂,注浆加固技术、衬砌渗漏修补材料等有待进一步创新与推广应用。隧道病害处治应根据每一座隧道实际的地质条件、结构和设施情况、交通营运条件和病害程度等,制定相应的隧道养护方案,使得隧道养护维修安全实用、质量可靠、经济合理、技术先进。

在高速公路运营中,交通安全设施承担着保障安全的重要责任。由于交通安全设施的缺失、失效等引起交通安全事故时有发生,为此,交通标志、交通标线、护栏、视线诱导标、隔离栅、防护网、防眩板、防撞垫及其他特殊交通安全设施的养护及病害处治工作也必不可少。由于早期修建的高速公路护栏是根据《高速公路交通安全设施设计及施工技术规范》(JTJ 074—1994)进行设计与施工的二波钢护栏,其防撞能力较弱,自2018年以来,国家颁布了《公路交通安全设施设计规范》(JTG D81—2017),其中要求最低的SB级也高于旧规范。随着全国高速公路的护栏等级提升改造工程的全面展开实施,高速公路交通安全将得到有效的保障。

## 1.2.2 高速公路养护管理与技术不足

自 2001 年以来,我国颁布与修订了《公路沥青路面养护技术规范》《公路桥涵养护规范》《公路隧道养护技术规范》《公路技术状况评定标准》和《公路养护技术规范》等一系列规范,通过不断研究和实践,高速公路的早期病害得到了较为有效的治理。但高速公路养护仍然存在以下一些技术与管理方面的不足。

(1)对高速公路养护管理工作重视不够。长期以来,我国交通建设领域一直有"重建设、轻养护"的错误观念,再加上一些地区高速公路建成后责任区域划分不明,管理部门疏于监管导致养护管理流于形式。一些经济落后地区的高速公路养护管理工作缺乏资金和技术人员,使得高速公路养护工作得不到长期支持。

(2)高速公路的养护管理所需资金不足。在高速公路建设全过程中,需要大量资金作为支持,一般高速公路建设阶段会投入大量资金,而在后续高速公路养护管理阶段由于还本付息压力及通行费收入缺乏,致使高速公路在养护过程中资金投入不足,较难满足高速公路养护管理标准和要求,为后续使用留下了诸多安全隐患。

(3)高速公路养护技术更新缓慢,技术推广应用迟滞。高速公路养护工作具有较强的专业性,当前部分地区高速公路养护技术落后,多依靠技术人员经验判断,使用高科技仪器少,高速公路养护技术更新慢,先进高速公路养护技术和养护设备普及度低。

(4)养护部门开展路况检查的目的性不强。养护部门对路况检查数据的挖掘与利用不充分,且建设期、运营期、养护期与大中修期的路况数据互设信息壁垒,定期检查与专项检查数据由政府监管部门、业主单位、检测单位等分别存储,养护部门难以对路况数据进行深入挖掘和二次开发。

(5)养护维修决策与管理的智能化水平不高。具体表现为养护部门掌握的路况信息不全,导致养护维修处治不彻底。由于路况信息碎片化现象严重,且存在信息孤岛效应,养护部门较难构建科学、合理的养护维修决策模型等。

因此,高速公路里程与数量快速增长带来的养护压力、养护"四新"技术推广应用的短板和养护技术人员的不足,给高速公路养护工作带来了极大的挑战。

## 1.2.3 高速公路养护方法

高速公路养护坚持"预防为主、防治结合"的方针,采用"机械为主,集约高效"的原则,养护技术措施应遵循"调查研究、科技创新、协调发展"的总体要求,提高高速公路的使用质量,延长高速公路的使用寿命,保持高速公路及沿线设施良好的技术状况,及时维修损坏的路产,保证行车安全、舒适、畅通,充分发挥高速公路作为交通基础设施的社会效益和经济效益。高速公路养护主要包括路况检查与评定、日常养护、养护工程实施、应急处置及决策、数据管理等工作。

1)路况检查

路况检查包括日常巡查、经常检查和定期检查,根据养护或应急需要开展专项检查和应急检查。

（1）日常巡查应掌握高速公路基础设施日常表观状态和使用情况,以及可能危及通行安全的病害、损毁及其他异常情况,为日常养护提供依据。

（2）经常检查应排查和跟踪高速公路基础设施病害及隐患,为动态调整日常养护方案及养护重点提供依据。

（3）定期检查应查明高速公路基础设施技术状况,为养护决策或动态调整高速公路养护年度计划等提供依据。

（4）专项检查应查明高速公路基础设施技术状况、专项性能和病害情况,为养护决策、养护工程设计或制定相关养护对策等提供依据。

（5）因突发事件造成高速公路基础设施损毁、交通中断或产生重大安全隐患时,应开展应急检查,为制定应急养护工程技术方案提供依据。

2)日常养护

日常养护包括日常保养和日常维修,养护对象为路基、路面、桥梁涵洞、隧道、交通安全设施等。日常保养应维护高速公路基础设施及设备整洁、完好和正常运行。日常维修应对可能危及通行安全或迅速发展的局部病害和缺损及时修复或更换,保障高速公路正常使用。危及通行安全的毁损不能及时修复时,应立即上报,并按相应的应急处置规定采取相应的措施。

3)养护工程实施

养护工程按照养护目的和养护对象分为预防养护、修复养护、专项养护和应急养护。

预防养护是指高速公路主体及其沿线设施整体性能良好但有轻微病害,为防止性能过快衰减、延长使用寿命而预先采取的主动防护工程。预防养护应基于道路设施全寿命周期的技术状况演变、病害类型、养护历史、交通环境变化等规律分析为基础,科学选择合理养护的时机和策略,实行主动养护。

修复养护是指公路出现明显病害或部分丧失服务功能,为恢复技术状况而进行的功能性、结构性修复或定期更换,包括大修、中修、小修。

专项养护是指为恢复、保持或提升公路服务功能而集中实施的完善增设、加固改造、灾后恢复、灾后重建等工程。

应急养护是指在突发情况下造成公路损毁、中断、重大安全隐患等,为较快恢复公路安全通行能力而实施的应急性抢通、保通、抢险。

## 1.2.4　应急处置

当突发事件发生且达到应急预案响应启动条件时,应按相关规定上报并启动应急预案,并立即采取控制危险源、控制和疏导交通、应急救援等应急措施,防止发生次生和衍生事件。因突发事件造成公路损毁时,应及时开展应急检查和实施应急工程,并应符合下列规定:

（1）应急检查后应编制应急检查报告,应急检查报告的编制应符合现行相关养护规范的规定。

（2）应急工程应按照先抢通、后修复，先干线、后支线，先路基桥涵、后路面工程的原则，进行抢修和抢通。

（3）根据应急检查及评定结果，经应急加固可继续使用的结构物和设施，可采取应急加固措施进行抢修。

（4）对抢修和抢通工程应加强施工监测，防止发生衍生灾害和次生灾害。

（5）保通路段应加强灾害监测和交通组织工作。

（6）高速公路突发事件应急预案应与地方和上级单位相关应急预案相衔接，内容应包括突发事件应急组织体系、预防与预警、应急处置和应急保障等。

## 1.3　病害处治对策的行业需求

2013 年底我国高速公路里程已位居世界第一，而伴随新建公路与总里程的不断增加，高速公路建设逐渐向养护转型。据统计，我国每年有超过 1 万 km 的高速公路需进行大中修，对于高速公路而言，超载、重载现象难以杜绝，交通重载化趋势日益明显，而重载交通会加速路面损坏，使路面使用寿命较预计缩短。因此，需制订相应养护方案，延长高速公路服役年限。

由于高速公路养护的专业性要求较高，现行的行业标准《公路养护技术规范》不能完美适应养护技术的不断创新发展，同时高速公路使用者对高速公路养护及服务质量提出了更高的期望。因此，全面、科学地认知高速公路病害和必要合理的处治方案，给高速公路管理单位提供了全新的思考命题和广阔的发展机遇，未雨绸缪、对症下药的科学养护、高效养护正在成为广大养护管理工作者追求的目标。

本书收集、调查浙江省内高速公路养护典型实践案例，选取路基类病害 14 个、路面类病害 11 个、桥梁类病害 26 个、隧道类病害 8 个、交安设施类病害 4 个共 63 个高速公路典型病害，研究病害的产生机理，实施科学合理的病害处治方案，并根据处治成效客观验证了处治方案的适用性。

# 2 路基类病害

路基是按照路线位置和一定技术要求修筑的带状构筑物,是路面的基础,承受由路面传来的行车荷载。它贯穿公路全线,具有距离长、与自然接触面广的特点,受水文条件、地质条件、交通条件、地形地貌、公路等级等诸多因素的综合影响。高速公路路基病害类型复杂,表现特征多样。

## 2.1　常见路基病害

根据《公路路基养护技术规范》(JTG 5150—2020),路基病害可分为以下五种类型:路肩病害、路堤与路床病害、边坡病害、既有防护及支挡结构物病害、排水设施病害。各类病害的具体表现形式及主要特征参见表2-1-1。

常见路基病害及其特征　　　　　　　　　　　　　　表 2-1-1

| 病害类型 | 病害主要表现形式 | 病害主要特征 |
|---|---|---|
| 路肩病害 | 路肩或路缘石缺损 | 路肩一侧宽度小于设计宽度10cm及以上,路肩出现20cm×10cm(长×宽)以上的缺口,路缘石丢失、损坏、倾倒或路缘石与路面脱离透水等 |
| | 阻挡路面排水 | 路肩高于路面,造成路面排水不畅 |
| | 路肩不洁 | 路肩有堆积杂物,未经修剪且高于15cm的杂草 |
| 路堤与路床病害 | 杂物堆积 | 人为倾倒的垃圾、堆积的秸秆等杂物 |
| | 不均匀沉降 | 路基出现大于4cm的差异沉降,或大于5cm/m的局部沉陷 |
| | 开裂滑移 | 沿道路纵向出现弧形开裂,路基产生侧向滑动趋势 |
| | 冻胀翻浆 | 季节性冰冻引起的路面隆起、变形,春融或多雨地区的路基在行车荷载作用下产生路面变形、破裂、冒浆等 |
| 边坡病害 | 坡面冲刷 | 由雨水冲刷坡面形成的深度10cm以上的沟槽(含坡脚缺口) |
| | 碎落崩塌 | 路堑边坡因表层风化等产生的碎石滚落、局部崩塌等 |
| | 局部坍塌 | 因边坡表面松散破碎或雨水冲刷而引起的坡面滑塌 |
| | 滑坡 | 边坡发生整体剪切破坏引起的坡体下滑,或有明显水平位移 |

续上表

| 病害类型 | 病害主要表现形式 | 病害主要特征 |
|---|---|---|
| 既有防护及支挡结构物病害 | 表观破损 | 勾缝或沉降缝损坏、表面破损、钢筋外露和锈蚀等 |
| | 排(泄)水孔淤塞 | 排(泄)水孔被杂物堵塞,造成排水不畅 |
| | 局部损坏 | 局部出现的基础淘空、墙体脱空、脱落、鼓肚、轻度裂缝、下沉等 |
| | 结构失稳 | 结构物整体出现的开裂、倾斜、滑移、倒塌等 |
| 排水设施病害 | 排水设施堵塞 | 排水设施内有杂物、淤积等,造成排水不畅或设施堵塞 |
| | 排水设施损坏 | 排水设施出现勾缝严重脱落,排水沟、截水沟、急流槽等设施破损 |
| | 排水设施不完善 | 排水设施缺失、未与外部排水系统有效衔接,造成排水不畅通 |

特殊路基病害主要包含岩溶区路基病害、软土路基病害、膨胀土路基病害、湿陷性黄土路基病害、盐渍土路基病害、冻土路基病害、雪害地段路基病害、风沙及沙漠地区路基病害和涎流冰地段路基病害等。

## 2.2　路基病害的识别与成因

路基病害的识别一般采用目测方式,也可用目测与量测相结合的方式。通过实地察看与量测,对路基病害的成因和发展趋势进行判断。

### 2.2.1　路肩病害

检查路肩是否存在缺损、阻挡排水,是否存在杂草、杂物。

路肩病害的成因:(1)路肩存在杂草;(2)坡面存在杂物;(3)中央分隔带路缘石出现变形、缺损;(4)日常养护不足。

### 2.2.2　路堤与路床病害

检查路堤是否存在杂物堆积,是否存在沉陷、冻胀翻浆。

路堤与路床病害的成因:(1)路基材料不符合设计要求,引起强度不足、沉陷、翻浆;(2)路堤或路床压实度不足、局部稳定性不满足要求;(3)特殊路基的地基沉降变形大、承载力低。

### 2.2.3　边坡病害

目测边坡是否存在冲刷、缺口,坡面是否存在杂草、杂物,坡体是否存在松动、碎落崩塌、局部坍塌。

成因:(1)边坡坡面冲刷、风化、碎落崩塌;(2)水流对沿河、沿溪等路堤坡脚的冲刷与淘刷;(3)路基填土或山坡土体变形失稳;(4)路基边坡存在滑坡或局部塌方的破碎岩体;(5)斜坡高陡的地形地貌条件;(6)设计不合理,如坡度过陡。

## 2.2.4　既有防护及支挡结构物病害

检查既有防护及支挡结构物是否存在表面破损、勾缝脱落、杂草、杂物,是否存在排(泄)水孔堵塞,是否存在局部损坏。

成因:(1)既有坡面防护工程出现局部松动、脱落、损坏、隆起、裂缝等;(2)主动式柔性防护网的锚钉出现锈蚀,被动式柔性防护网出现紧固部位锚栓松动或立网变形;(3)冲刷防护工程受到洪水、波浪或流水冲击;(4)既有挡土墙发生倾覆、坍塌;(5)既有锚固结构发生严重应力松弛;(6)既有抗滑桩表面出现蜂窝、麻面、露筋、裂缝等表观破损,发生结构性拉裂、侧向稳定性不足、倾斜、滑移,导致既有抗滑桩内部的混凝土或钢筋被剪断或折断等结构性破坏;(7)地表和地下水的影响;(8)设计不合理,如挡墙基础埋深不足。

## 2.2.5　排水设施病害

查看排水设施是否存在堵塞、破损等。

成因:(1)地表排水设施的沟内有淤积、沟壁损坏、边坡松散滑塌;(2)在滑坡、膨胀土、高液限土、湿陷性黄土等特殊路基地段,截水沟、边沟、排水沟等出现渗漏;(3)反滤层和顶部封闭层失效;(4)边坡位移导致排水设施的变形与开裂;(5)排水设施的排水量达不到设计排水要求;(6)地下排水设施堵塞、淤积、损坏;(7)气温、降雨、降雪等气象条件的影响。

## 2.2.6　特殊路基病害

查看防排水、防护与支挡设施的功能是否完好。

成因:(1)软土路基的不均匀沉降或开裂滑移;(2)膨胀土路基的边坡失稳、胀缩变形;(3)湿陷性黄土路基的沉陷变形;(4)盐渍土路基出现溶蚀、盐胀、冻胀、翻浆;(5)溶区路基出现岩溶泉、冒水洞或干溶洞;(6)冻土路基出现冻胀、冻融翻浆、融沉、冰害等;(7)雪害地段路基出现雪崩;(8)风沙及沙漠地区路基出现沙埋和风蚀;(9)涎流冰地段路基病害导致排水系统、挡冰墙(堤)等结构破损。

# 2.3　路基病害处治措施

根据路基的技术状况评定结果,采取预防养护、修复养护、专项养护和应急养护等不同病害评定等级的养护对策。

路基养护工程设计应符合《公路路基养护技术规范》(JTG 5150—2020)、《公路路基设计规范》(JTG D30—2015)等有关规定。应结合地质、气候、荷载条件和力学分析结果,确定主要病害产生的原因,出具病害分析报告,提出养护对策。应从处治效果评估、经济性分析、环境影响评价等方面,对设计对象处治方案进行比选,优选安全可靠、经济适用、节能环保、便于施工的处治措施。

## 2.3.1 路肩病害处治措施

按表 2-3-1 进行选择,对于路基某一养护工作对象与内容,存在两个或两个以上对策可供选择时,应根据实际情况选择其一。

**路肩病害处治措施**　　　　　　　　　　　　表 2-3-1

| 病害类型 | 处治措施 | | | |
|---|---|---|---|---|
| | 路肩清扫 | 路肩整修 | 路缘石维修 | 修复排水设施 |
| 路肩或路缘石缺损 | × | √ | √ | × |
| 阻挡路面排水 | △ | × | × | √ |
| 路肩不洁 | √ | × | × | × |

注:√——推荐;△——可选;×——不推荐。

## 2.3.2 路堤与路床病害处治措施

应根据路堤与路床的土质条件、地下水类型及埋藏深度、降水量、加固材料来源、施工可行性等,经比选后确定合理的处治措施。路堤与路床常用病害处治措施可参照表 2-3-2 选用。

**路堤与路床病害处治措施**　　　　　　　　　　　　表 2-3-2

| 病害类型 | 处治措施 | | | | | | |
|---|---|---|---|---|---|---|---|
| | 换填改良 | 注浆 | 复合地基 | 钢管抗滑桩 | 增加综合排水设施 | 设置土工合成材料 | 加铺罩面 |
| 不均匀沉降 | △ | √ | √ | × | △ | △ | △ |
| 开裂滑移 | × | √ | △ | √ | △ | △ | × |
| 冻胀翻浆 | √ | × | × | × | √ | × | △ |

注:√——推荐;△——可选;×——不推荐。

## 2.3.3 边坡病害处治措施

当出现坡面冲刷、岩体碎落崩塌、边坡局部滑塌、滑坡等病害时,应及时采取相应的技术措施(表 2-3-3)进行维修加固。对边坡进行维修加固时,应完善排水设施。边坡病害处治措施可参照表 2-3-3 选用。

**边坡病害处治措施**　　　　　　　　　　　　表 2-3-3

| 病害类型 | 处治措施 | | | | | | | |
|---|---|---|---|---|---|---|---|---|
| | 坡面防护 | 沿河路基冲刷防护 | 挡土墙 | 锚固 | 抗滑桩 | 削方减载 | 堆载反压 | 棚洞 |
| 坡面冲刷 | √ | √ | × | × | × | × | × | × |
| 碎落崩塌 | √ | × | △ | × | × | × | × | √ |
| 局部坍塌 | △ | △ | √ | × | △ | √ | × | × |
| 滑坡 | △ | × | √ | √ | √ | △ | △ | × |

注:√——推荐;△——可选;×——不推荐。

## 2.3.4　既有防护及支挡结构物病害处治措施

1）既有防护结构物病害处治措施

（1）坡面防护工程出现局部松动、脱落、损坏、隆起、裂缝等病害时，应按原防护形式及时修复。

（2）坡面防护工程出现大面积脱落、严重变形时，应及时拆除重建。

（3）植物防护工程出现缺损时，应及时补栽修复。

（4）当锚杆挂网喷浆防护工程出现破损、裂缝、掉块露筋时，应及时喷浆修补；出现局部脱落、坍塌、鼓胀时，应清理坡面，重新挂网喷浆处治。

（5）当主动式柔性防护网的锚杆出现锈蚀时，应进行防腐处理；网内出现落石汇集时，应及时清理；网出现破损时，应及时修补；对于被动式柔性防护网，当出现紧固部位锚杆松动或立网变形时，应及时更换或增设。

（6）冲刷防护工程受到洪水、波浪或流水冲击，坡脚发生局部破坏时，应及时采取抛压片石防护、石笼压盖等措施进行处治。

（7）冲刷防护工程发生冲毁时，应调查冲毁的原因，对既有结构物进行评估，根据受损情况及时进行维修加固或重建。

2）既有支挡结构物病害处治措施

既有支挡结构物包括既有挡土墙、既有锚固结构和既有抗滑桩。既有挡土墙病害处治措施根据局部损坏、结构损坏的实际情况进行加固或拆除重建，见表2-3-4。

既有挡土墙病害处治措施　　　　　　　　　　　表2-3-4

| 挡土墙类型 | 处治措施 | |
| --- | --- | --- |
| | 局部损坏（含墙身开裂、滑移、鼓肚、承载力不足等） | 结构失稳（含整体失稳、倾覆、倒塌、严重开裂等） |
| 重力式挡土墙 | 支撑墙、锚固、加大截面 | 支撑墙、抗滑桩加固、拆除重建 |
| 悬臂式、扶壁式挡土墙 | 加大截面、支撑墙 | 支撑墙、抗滑桩加固、拆除重建 |
| 锚定板、加筋土挡土墙 | 支撑墙、锚固 | 支撑墙、抗滑桩加固、拆除重建 |
| 桩板式挡土墙 | 锚固 | 抗滑桩加固 |
| 锚杆挡土墙 | 锚固 | 抗滑桩加固 |

锚固结构发生严重应力松弛时，宜采用预应力锚索（杆）二次补张拉或新增锚索（杆）补强法进行维修加固；发生锚固结构断裂或内锚固端失效滑移时，应在邻近位置增设新的锚固结构。抗滑桩表面出现蜂窝、麻面、露筋、裂缝等表观破损以及混凝土局部压溃造成钢筋保护层剥落等病害时，应根据具体情况采用填充修补、注浆、表面封闭等方法进行养护处治。抗滑桩发生结构性拉裂、侧向稳定性不足时，可采用增加预应力锚索方法进行补强。

## 2.3.5　排水设施病害处治措施

1）地表排水设施病害处治措施

对各类地表排水沟渠，应保证设计断面形状、尺寸和纵坡满足排水要求。沟内有淤积、沟壁损坏、边坡松散滑塌,造成沟渠断面形状改变时,应及时清淤和修复。

2)地下排水设施病害处治措施

(1)排水暗管堵塞时,宜采用刮擦法、冲洗法、真空吸附法等方法进行疏通。

(2)边沟排水暗管由于边坡位移等原因而发生变形开裂时,应及时采取加固或更换措施。

(3)反滤层和顶部封闭层失效时,应及时翻修。

(4)渗井周围路基发生渗漏时,应进行防渗处理,井内的淤泥应及时清除。发现渗井设置不合理或功能失效时,应及时改造。

(5)宜对渗水隧洞内部进行人工检查,及时排除淤堵,保证排水通畅。

## 2.3.6 特殊路基病害处治措施

特殊路基维修加固宜先进行试验段施工,验证方案可行性,确定质量控制标准,并应加强特殊路基加固后的检测与评估。特殊路基病害的具体表现形式及主要特征见表2-3-5。

**特殊路基病害表现形式及主要特征**  表2-3-5

| 病害类型 | 病害主要表现形式 | 病害主要特征 |
|---|---|---|
| 岩溶区路基病害 | 冒水 | 地下涌出岩溶水 |
| | 塌陷 | 地表出现落水洞、漏斗等溶洞,规模较大时地表出现突发性塌陷 |
| 软土路基病害 | 不均匀沉降 | 路基发生不均匀沉降 |
| | 开裂滑移 | 高路堤路段向两侧发生滑动与移位 |
| 膨胀土路基病害 | 边坡失稳 | 填方路段边坡不稳定,发生边坡滑塌 |
| | 胀缩变形 | 路基发生不均匀变形 |
| 湿陷性黄土路基病害 | 排水设施损坏 | 排水设施接缝处渗漏 |
| | 沉陷变形 | 路基发生沉降与凹陷 |
| 盐渍土路基病害 | 溶蚀 | 路基表面出现雨沟、小洞穴 |
| | 盐胀 | 路基边坡及路肩表层变得疏松、多孔 |
| | 冻胀 | 因气温过低产生冰晶体形状的霜柱,使得路面产生隆起 |
| | 翻浆 | 路面破裂,有时出现泥浆 |
| 冻土路基病害 | 冻胀 | 含水的土在负温下结晶,由于土体积增大而导致路表升高,引起路面破坏 |
| | 融沉 | 冻土局部融化之后,上覆土层产生沉陷 |
| | 翻浆 | 春暖化冻时,冻土中的水不能及时排出而引起路基软弱、强度降低,从而出现路面弹簧现象、裂纹等 |
| 雪害地段路基病害 | 积雪 | 积雪达到一定厚度对公路行车产生不利影响 |
| | 雪崩 | 山坡上的积雪量较大,引起突发性的雪体崩塌,冲毁公路结构 |
| 风沙及沙漠地区路基病害 | 沙埋 | 在流动沙丘地区,积沙日益增厚,阻断交通 |
| | 风蚀 | 迎风侧的坡面易遭受大风侵蚀,呈条沟状甚至被淘空 |

| 病害类型 | 病害主要表现形式 | 病害主要特征 |
|---|---|---|
| 涎流冰地段路基病害 | 地下水涎流冰 | 松散岩类孔隙水、基岩裂隙水在负温下凝固成固体的冰,春融以后出现路基翻浆 |
| | 地表水涎流冰 | 河谷地表水在负温下凝固成固体的冰,冰体不断蔓延,直至横覆于公路表面 |

1)岩溶区路基病害处治措施

岩溶区路基的冒水、塌陷等病害可选用充填法、注浆法、盖板跨越法、托底灌浆法等方法进行处治。

2)软土路基病害处治措施

软土路基的不均匀沉降和开裂滑移处治措施可参见表2-3-6。

**软土路基病害处治措施**　　　　　　　　　　　　　表2-3-6

| 病害类型 | 处治措施 | | | | |
|---|---|---|---|---|---|
| | 换填改良 | 侧向限制 | 反压护道 | 注浆 | 复合地基 |
| 不均匀沉降 | √ | × | × | △ | √ |
| 开裂滑移 | × | △ | △ | × | √ |

注:√——推荐;△——可选;×——不推荐。

3)膨胀土路基病害处治措施

膨胀土路基的边坡失稳和胀缩变形处治措施可参见表2-3-7。

**膨胀土路基病害处治措施**　　　　　　　　　　　　　表2-3-7

| 病害类型 | 处治措施 | | | |
|---|---|---|---|---|
| | 换填改良 | 坡面封闭 | 坡面防护 | 支挡防护 |
| 边坡失稳 | × | √ | △ | √ |
| 胀缩变形 | √ | △ | √ | × |

注:√——推荐;△——可选;×——不推荐。

4)湿陷性黄土路基病害处治措施

(1)现有排水设施出现破损、渗漏、淤塞等病害时,应及时维修处理,排水设施接缝处应坚固不渗漏。

(2)湿陷性黄土路基沉陷变形处治可选用夯实法、桩挤密法等方法。

5)盐渍土路基病害处治措施

盐渍土路基溶蚀、盐胀、冻胀、翻浆病害处治措施可选用换填改良法、增设护坡道或排碱沟、设置隔断层等方法。

6)冻土路基病害处治措施

多年冻土区路基的冻胀、冻融翻浆、融沉、冰害等病害可选用换填非冻胀性材料、设置保温层、埋设通风管、热棒降温、遮阳板护坡、保温护道等措施进行处治,并应加强排水。

季节性冻土路基的冻胀、软弹、变形、裂缝及翻浆病害可采用换填非冻胀性材料、铺设保温层和防冻层等措施进行处治,并应加强排水。

7)雪害地段路基病害处治措施

在雪害地段,增设防雪栅、防雪堤或挡雪墙等必要的防雪设施,路基两侧各 15～20m 范围内宜清除障碍。公路两侧距边坡坡脚不小于 30m 范围内的障碍物应及时清除,并对地表进行整平。

在雪崩路段,整修水平台阶、稳雪栅栏等防雪崩工程。台阶平面宽度应保持在 2m 左右,导雪堤末端应保持有足够的堆雪场地。

8)风沙及沙漠地区路基病害处治措施

风沙及沙漠地区路基的沙埋和风蚀等病害可选用植草护坡、设置植被保护带、碎石护坡、设置风力堤及挡沙墙等方法进行处治。

受风沙危害的路段,现有防沙设施不能满足要求时,应增设工程防护设施或在公路两侧培育天然植被保护带。

9)涎流冰地段路基病害处治措施

涎流冰地段路基病害可选用聚冰坑(沟)、挡冰墙(堤)、冻结沟等工程措施进行处治。

# 2.4　路基病害典型案例

## 2.4.1　BH-01-1 岩质边坡碎落崩塌

### 2.4.1.1　病害概况

| 病害编号 | BH-01-1 | 病害名称 | 岩质边坡碎落崩塌 |
|---|---|---|---|
| 公路路线 | 黄衢南高速公路 | 发生时间 | 2016 年 5 月 7 日 |
| 病害实照 | | | |
| 病害情况 | (1)具体部位:K1485+765～K1485+830 边坡的第四级处。<br>(2)定量损坏程度:碎落崩塌岩体约 6m³。<br>(3)定性损害程度:该岩质坡面经历了自然条件的风化作用,出现了边坡岩体碎落崩塌病害,给高速公路的安全运行带来了安全隐患 | | |
| 养护工程类别 | 预防养护 | | |
| 案例资料提供者 | 浙江省交通集团高速公路衢州管理中心;刘雪锋、王亮 | | |

## 2.4.1.2 病害机理分析

| 病害编号 | BH-01-1 | 病害名称 | 岩质边坡碎落崩塌 |
|---|---|---|---|
| 病害机理分析 | 主要因素：<br>(1)岩体较破碎,节理裂隙发育。<br>(2)雨水对基岩的冲刷,加剧岩体破碎 | | |
| | 次要因素：<br>坡面平台排水不畅 | | |
| 病害等级 | 重度 | | |

该病害边坡位于大岭山隧道南平端离洞口 350m 处,边坡坡角为 40°～60°,岩质斜坡,坡面基岩主要为凝灰质泥岩。边坡防护共有 5 级,分别为:坡脚第一级防护为仰斜式挖方边坡防护挡土墙,墙高(地面以上)3.5m。第二级为厚层基材生态防护,坡高 6.0m,实测坡率为 1:0.75。第三级为锚杆格梁防护,格梁尺寸为 4m×4m,锚杆长度约为 4.0m。格梁内采用厚层基材生态防护,坡高 8.0m,实测坡率为 1:0.83。第四级坡面无加固防护措施,基岩裸露,坡高 10.0m,实测坡率 1:0.75。第五级为坡顶顺接坡,坡面无加固防护措施,坡面植被发育。

岩质边坡碎落崩塌的病害机理主要有以下三个方面:

(1)岩体较破碎,节理裂隙发育。根据原建设期地质勘察资料,边坡整体的岩性构成是侏罗系($J_3$)晶屑凝灰岩和顶部少量的第四系堆积物。该地层的晶屑凝灰岩呈灰褐色、肉红色、灰紫-灰色,凝灰质结构,块状构造。岩体内基本无贯穿性软弱结构面,节理面延伸长,平直光滑,呈闭合状,无充填,发育密集。经现场勘察,发现坡面岩石风化剥落严重,第三级和第四级边坡风化裂隙较多,存在剥落掉块。

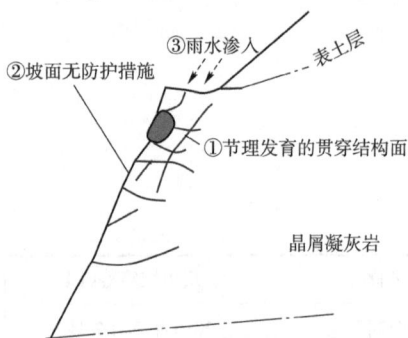

图 2-4-1　风化及雨水渗入形成的贯穿结构面

(2)雨水对基岩的渗入侵蚀。边坡顶部已建有截水沟,但第二级平台未设置平台截水沟,雨水从平台下渗,通过节理面从坡面渗出,加剧对岩体的破坏。另外,暴雨等极端条件下雨水对基岩裸露面进行冲刷,岩体裂隙逐渐拓宽、加深,导致岩体破碎、松动,如图 2-4-1 所示。

(3)坡面平台排水不畅。经现场勘察,第一级挡土墙顶设置了隔水墙,第二、三级平台未设置平台排水沟,雨水从坡面漫流,雨水长期侵蚀造成坡面岩石风化剥落。

## 2.4.1.3 病害处治方案

应急处置措施:(1)检查落石源,发现附近存在松动的浮石,限制山体侧车道的车辆通行,在该路段设置警示提醒标牌;(2)在第一级边坡上端设置临时防落石的防护网;(3)清除坡面较大的松动浮石。

边坡碎落崩塌的主要原因是基岩风化及坡面冲刷。碎落崩塌的防护采用刚性结构被动抵抗冲击的传统方案,存在"事倍功半"的弊端,SNS 柔性防护结构借用"以柔克刚"的思想来达到"事半功倍"的效果。该案例采取 SNS 主动柔性防护网＋平台排水的处治方案,如图 2-4-2 所示。

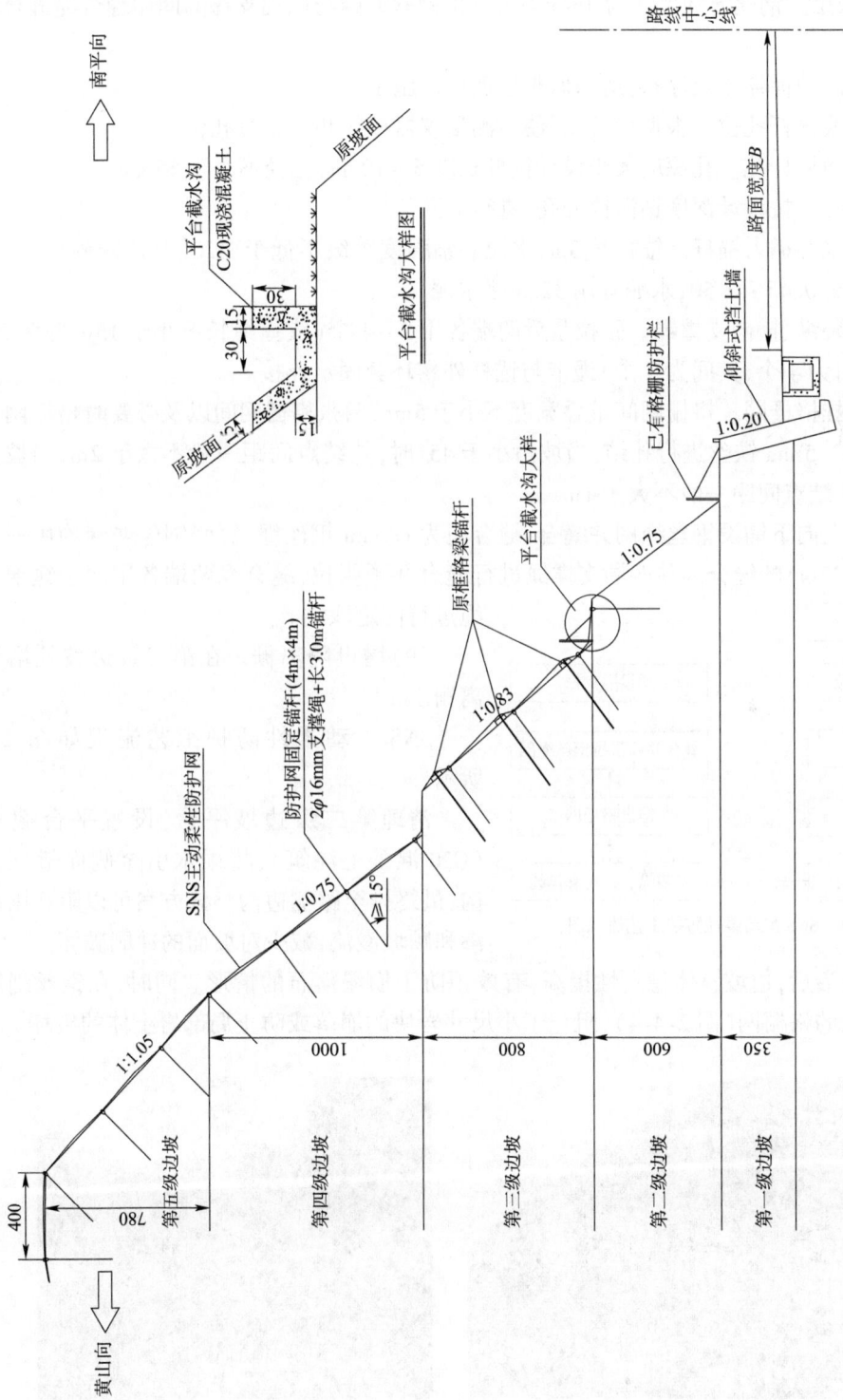

图2-4-2  边坡防护处治纵断面图（尺寸单位：cm）

SNS 主动柔性防护网采用 2φ16mm 支撑绳与正方形格梁防护网模式布置的锚杆相联结并进行预张拉。钢丝绳网尺寸为 4m×4m,每张钢丝绳网与四周支撑绳间用缝合绳缝合联结并拉紧。

(1)清除坡面浮土及浮石,适当修整坡面便于施工。

(2)放线锚杆孔位。根据设计图,使用测量仪器放线测设锚杆孔位。

(3)钻凿锚杆孔。孔深应大于设计锚杆长度 5~10cm,孔径不小于 55mm。

(4)清孔。按设计深度钻凿锚杆孔,进行清孔。

(5)注浆并插入锚杆。锚杆长 3m,水泥砂浆强度等级不低于 M20[宜用灰砂比 1∶(1~1.2)、水灰比 0.45~0.50,水泥宜用 32.5 级水泥]。

(6)安装纵、横向支撑绳。张拉紧后两端各用 2~4 个(支撑绳长度小于 15m 时为 2 个,大于 30m 时为 4 个,其间为 3 个)绳卡与锚杆外露环套固定连接。

(7)铺挂格栅网。格栅网间重叠宽度不小于 5cm,两张格栅网间以及必要时格栅网与支撑绳间用 φ1.5mm 铁丝进行扎结,当坡角小于 45°时,扎结点间距一般不大于 2m,当坡角大于 45°时,扎结点间距一般不大于 1m。

(8)从上向下铺设钢丝绳网并缝合,缝合绳为 φ8mm 钢丝绳,每张钢丝绳网均用一根长约 31m(或 27m)的缝合绳与四周支撑绳进行缝合并预张拉,缝合绳两端各用两个绳卡与网绳进行固定联结。

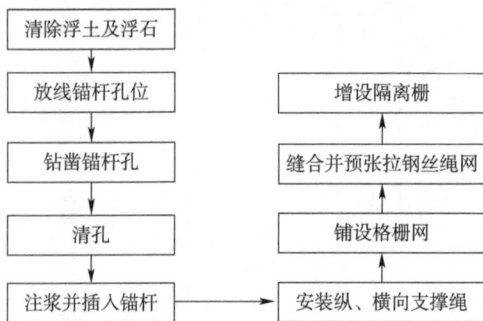

(9)增设隔离栅。在第二级边坡处增设隔离栅。

SNS 主动柔性防护工艺流程如图 2-4-3 所示。

清理第二级边坡平台,设置平台截水沟(C20 混凝土浇筑),将雨水引至侧面堑顶截水沟,最终排至路侧边沟。该方案可以阻止雨水下渗和顺坡漫流,减少对坡面的冲刷破坏。

图 2-4-3　SNS 主动柔性防护工艺流程图

落石处治后,边坡整体稳定性提高,有效预防了崩塌落石的情形。同时,在钢丝绳网下铺设小网孔的格栅网(图 2-4-4),阻止了小尺寸岩块的崩落或防止局部岩土体的破坏。

图 2-4-4　铺设格栅网

### 2.4.1.4 反馈事项

在后期巡查过程中,黄山方向 K1485 + 765 ~ K1485 + 830 边坡 SNS 柔性主动防护网防护效果较好,无松动破损情况,未再发现落石等问题。

## 2.4.2 BH-01-2 滑坡(一)

### 2.4.2.1 病害概况

| 病害编号 | BH-01-2 | 病害名称 | 滑坡(一) |
|---|---|---|---|
| 公路路线 | 龙庆高速公路 | 发生时间 | 2019 年 6 月 23 日 |
| 病害实照 | | | |
| 病害情况 | (1)具体部位:K2752 + 220 ~ K2752 + 300 边坡。<br>(2)定量损坏程度:滑塌破坏的面积约 150m²。第五级边坡上端处出现长 15m、下滑约 1m 的滑动面;第一级挡土墙出现贯穿性横向裂缝,多处外鼓;第二级边坡平台出现横向裂缝,坡面多处原防护基材溜塌。<br>(3)定性损坏程度:顺坡面滑塌而下的碎石土堆积于坡脚及边沟位置,沟槽部位发生水毁溜塌病害,危及高速公路交通安全 | | |
| 养护工程类别 | 修复养护 | | |
| 案例资料提供者 | 浙江省交通集团高速公路丽水管理中心;周展、吴鹏飞 | | |

### 2.4.2.2 病害机理分析

| 病害编号 | BH-01-2 | 病害名称 | 滑坡(一) |
|---|---|---|---|
| 病害机理分析 | 主要因素:<br>(1)地质条件:边坡表土层具有高液限性质。<br>(2)地质结构:上部的小面积滑坡引发下部挡墙的张拉开裂。<br>(3)水文条件:地表水的渗入,增加了滑坡体的下滑力 | | |

| 病害机理分析 | 次要因素：<br>(1)设计结构：属于老滑坡地段，既有防护结构薄弱。<br>(2)施工阶段：老滑坡体处治不彻底。<br>(3)其他因素：边坡防护基材出现溜塌 |
|---|---|
| 病害等级 | 重度 |

原边坡坡高约32m，为五级边坡，边坡坡角78°。坡级、级高、坡率、防护形式：第一级坡采用浆砌片石挡墙防护，坡高4m，坡率1∶0.25；第二级坡采用厚层基材防护，坡高8m，坡率1∶1.25；第三级坡采用厚层基材防护，坡高7m，坡率1∶1.5；第四级坡采用厚层基材防护，坡高7m，坡率1∶1.5；第五级坡采用厚层基材防护，坡高6m，坡率1∶1.75。各级坡面间设有分级平台，平台宽度1~2m。排水工程：截水沟、急流槽、平台排水沟。属于风化剥蚀丘陵地貌，山涧河谷地貌，切割强烈，地形起伏大。滑坡位置如图2-4-5所示。

图2-4-5　滑坡位置

本案例所述的坡面滑坡的病害机理(图2-4-6)主要有以下六个方面：

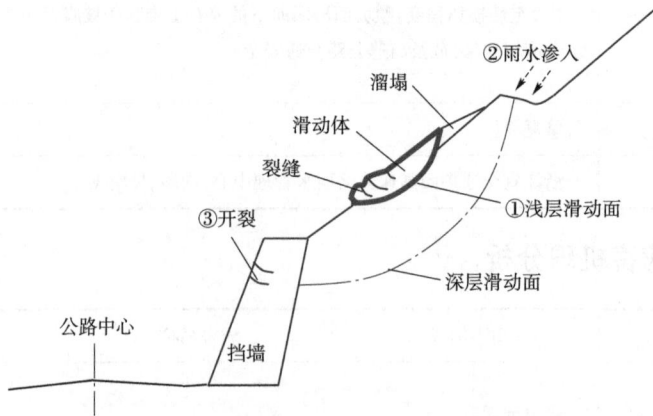

图2-4-6　坡面滑坡的病害机理示意图

(1)边坡表土具有高液限性质，土体泡水后性质迅速降低。结合边坡地层分布，边坡表面主要为全风化花岗斑岩或含角砾粉质黏土，排水性能较差，边坡上缘汇水面积较大，积水使边坡土体含水率增加,土体性质降低。

（2）地表水的渗入,增加了滑坡体的下滑力。当地表水渗入岩土层的孔隙、裂隙中,黏土层的黏聚力降低,甚至发生软化、膨胀、崩解,其抗剪强度被削弱,抗滑阻力减小;同时岩土重度增大,从而加大了岩土体的下滑力。此外,在含水层中,潜水面的变化产生动水压力和静水压力,改变了斜坡的稳定性,大大降低了摩阻系数,也加大了岩土体的下滑力。

（3）上部的小面积滑坡引发下部挡墙的张拉开裂。当上部发生小面积滑坡时,下部结构也会产生挤推力,导致坡脚的挡墙受挤推而发生破坏。挡墙破坏后产生水平位移,使得第二级边坡平台处发生张拉开裂。

（4）属于老滑坡地段。在边坡顶部曾发生过小面积滑坡。

（5）边坡处治不彻底。滑坡处已处治,采用的是锚杆框格、被动栅栏以及坡面排水沟等措施,但边坡下部结构（边坡下部坡脚为4m高的浆砌片石挡墙）未处理。

（6）边坡防护基材出现溜塌。第二级至第四级边坡原先为厚层防护基材,局部出现溜塌,表面光秃。

### 2.4.2.3 病害处治方案

应急处置措施如下:（1）立即对该边坡路段主车道及硬路肩采取交通管制;（2）在持续及高强度降雨条件下,边坡有加速变形的可能,应实施24h人工巡检。

坡面防护一般采用植物防护、骨架植物防护和坼工防护三种形式。由于该滑坡属于老滑坡,简单的植物防护难以确保滑坡体的稳定,而无绿植措施的坼工防护对生态环境保护十分不利。对于滑动面较深的滑坡体,用锚杆将现浇混凝土框架固定在边坡的土层上,在框架内种植草木进行绿化,可大大增强边坡的整体稳定性。因此,对该病害采取锚杆混凝土框架＋SNS被动网＋喷播植草防护的骨架植物防护处治方案,如图2-4-7、图2-4-8所示。

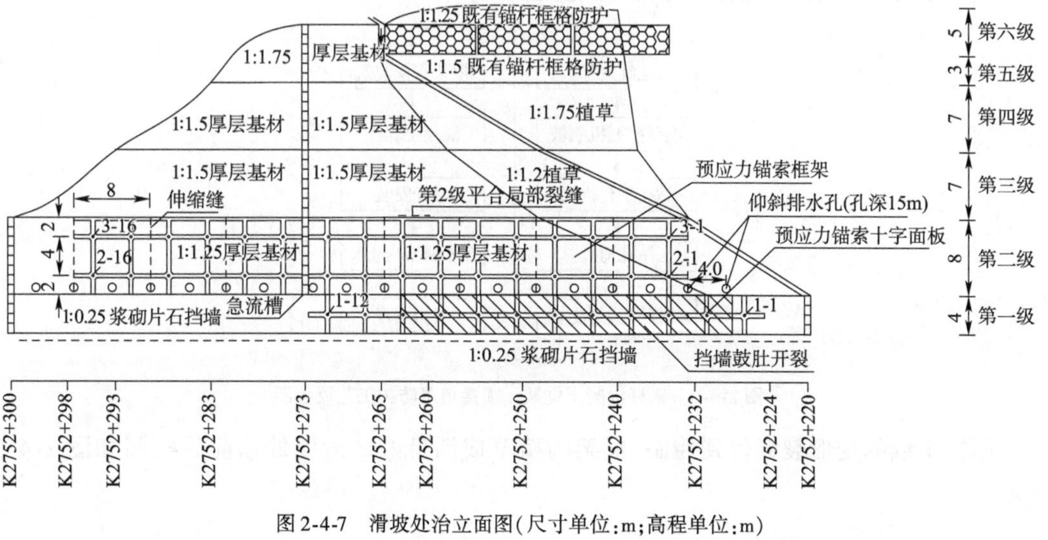

图2-4-7 滑坡处治立面图（尺寸单位:m;高程单位:m）

（1）K2752＋224 ～ K2752＋273 段第一级边坡挡墙面上增设锚杆十字面板加强支挡（12个）;

（2）K2752+232～K2752+298段第二级坡面上增设锚杆框架加强支挡(8片,32孔)；

（3）第五级坡面满布非预应力锚杆框格加强支护,锚杆长8m,采用Φ32钢筋；

（4）第五级边坡增设一道RXI-050型SNS被动网,长度30m,网高4m；

（5）第二级坡面下部增设一排仰斜排水孔；

（6）框架中部和坡面原基材损毁处应按原设计恢复。框架间距4m,用C25混凝土浇筑,框架内植草。

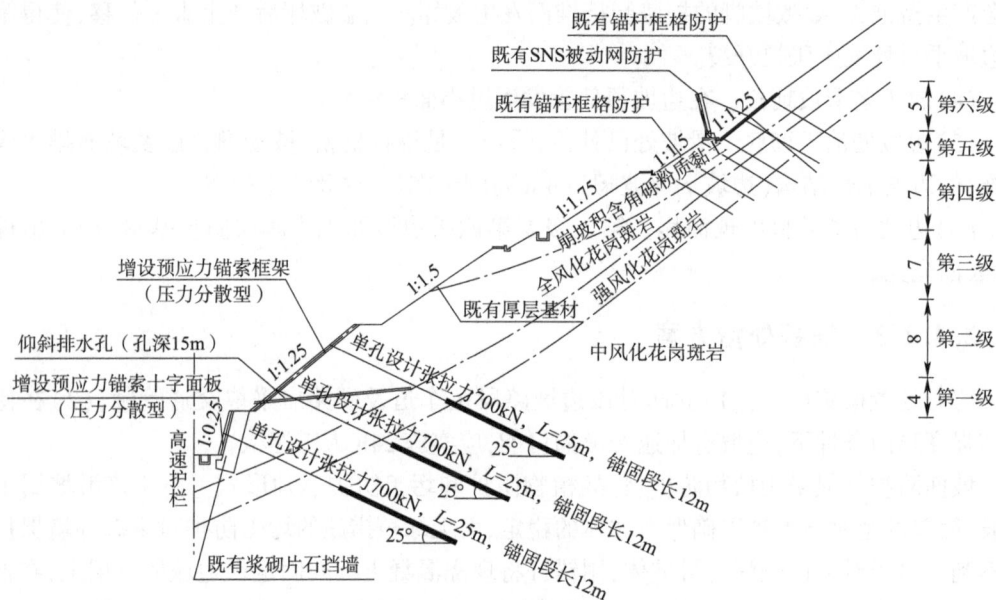

图2-4-8 滑坡处治断面图(尺寸单位:m)

锚杆混凝土框架+喷播植草防护工艺流程图如图2-4-9所示。

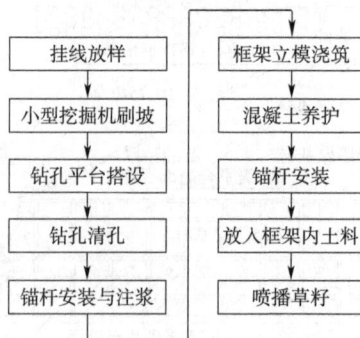

图2-4-9 锚杆混凝土框架+喷播植草防护工艺流程图

原挡土墙的变形裂缝得到控制,框架内植草成活良好。滑坡处治前后实照如图2-4-10所示。

#### 2.4.2.4 反馈事项

（1）发生滑坡时,坡面或挡土墙表面常出现开裂或变形等病害,巡查发现后应及时采取合理的处治措施。

（2）出现大面积滑坡体时，可采取预应力锚杆框架支挡措施，同时考虑在滑坡体内设置排水孔。

图 2-4-10　滑坡处治前后实照

## 2.4.3　BH-01-3 滑坡（二）

### 2.4.3.1　病害概况

| 病害编号 | BH-01-3 | 病害名称 | 滑坡（二） |
|---|---|---|---|
| 公路路线 | 龙庆高速公路 | 发生时间 | 2019 年 6 月 23 日 |
| 病害实照 | | | |

| 病害情况 | (1)具体部位:K2737+120~K2737+248边坡。<br>(2)定量损坏程度:路线长度128m;地表出现明显位移;滑坡前缘出现上拱现象;前缘边沟受挤压变形明显,多处开裂错位。<br>(3)定性损坏程度:边坡未滑移至路面,交通未受到影响,边坡整体不稳定,可能存在二次灾害 |
|---|---|
| 养护工程类别 | 应急养护 |
| 案例资料提供者 | 浙江省交通集团高速公路丽水管理中心:陈巍、周展 |

### 2.4.3.2 病害机理分析

| 病害编号 | BH-01-3 | 病害名称 | 滑坡(二) |
|---|---|---|---|
| 病害机理分析 | 主要因素:<br>(1)地质条件:高液限土饱和软化。<br>(2)地质结构:岩土层风化严重,存在滑动面。<br>(3)水文条件:当地大暴雨,地表水下渗 | | |
| | 次要因素:<br>(1)设计结构:第一级边坡采用护脚加固挡墙,第二级至第五级边坡采用框格植草防护,坡脚设置仰斜式路堑墙,边坡整体稳定性不足。<br>(2)施工阶段:挡墙泄水孔排水不畅。<br>(3)其他因素:2016年公路建成以来,边坡变形量不断增大 | | |
| 病害等级 | 重度 | | |

该边坡的第一级边坡采用护脚加固挡墙,第二级至第五级边坡采用框格植草防护,坡脚设置仰斜式路堑墙。受连续强降水影响,地表水下渗后,边坡高液限土饱和软化,土体强度急剧下降,边坡稳定性随之下降;地下水下渗后,由于挡墙泄水孔排水不畅,大量水聚集于挡墙脚部并从缝隙处涌出,产生较大的渗流力,进一步降低挡墙的抗滑移稳定性,见图2-4-11。

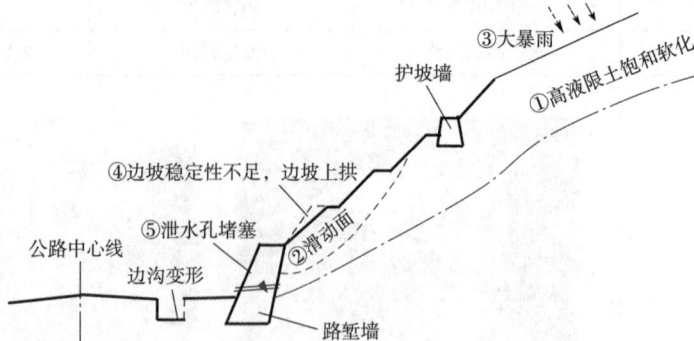

图 2-4-11 雨水渗入边坡加剧边坡变形而导致滑坡

### 2.4.3.3 应急处置

应急处置措施如下：

(1)立即对该边坡路段主车道及硬路肩采取交通管制。

(2)在持续及高强度降雨条件下，边坡有加速变形的可能，采用坡脚反压的措施进行应急加固。坡脚采用袋装土或宕渣料进行反压，从现有的护栏外侧起坡，按照1:2.0坡率，填筑高度3m。

### 2.4.3.4 病害处治方案

该滑坡体属于正在活动的滑坡，常规的减载或排水措施未必能够保证滑坡体的稳定，而抗滑桩抗滑能力强、圬工数量小、桩位灵活，可以设在滑坡体中最有利于抗滑的部位，起到有效而永久性整治的作用。因此，该滑坡体采用抗滑桩加固＋边坡排水治理方案。

1)抗滑桩加固措施

在挡土墙后(靠近边坡处)布设32根抗滑桩(图2-4-12)，抗滑桩间距4m，桩长14m，嵌入滑动面深度7m，每3根抗滑桩用系梁连接形成联排。桩身用C35混凝土浇筑，纵向钢筋用28束84根Φ14钢筋。

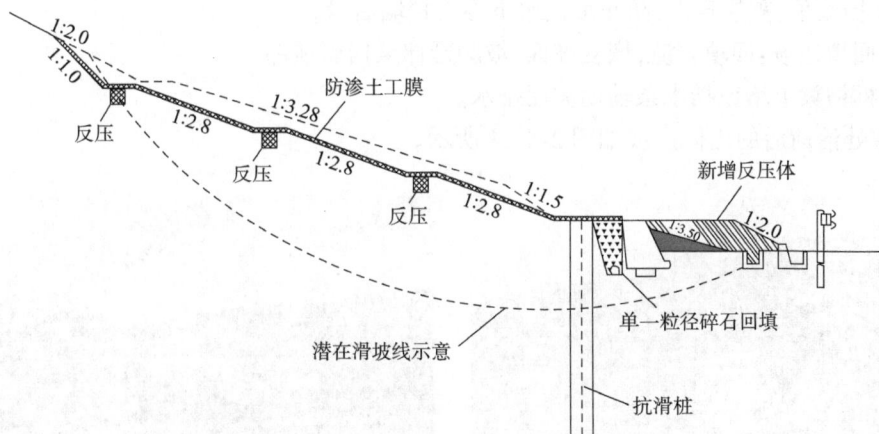

图2-4-12 抗滑桩设计横断面图

(1)桩身开挖。间隔两桩，跳槽分批开挖。采用人工挖孔施工，分节开挖，每节高度宜为1～1.5m。

(2)护壁支护。护壁支护采用C30混凝土。

(3)灌注桩身混凝土。抗滑桩应一次性浇筑混凝土，并用振捣设备振动密实。浇筑前，应按图纸预埋钢管，用于锚索施工。

(4)锚索施工。锚索一般采用高强度、低松弛的钢绞线。待桩身混凝土强度达到设计强度后，进行锚索张拉、锁定、封闭锚头等。

抗滑桩的施工工艺流程见图2-4-13。

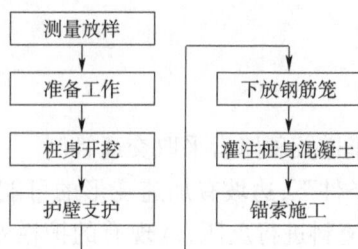

图 2-4-13　抗滑桩的施工工艺流程

2）边坡排水治理措施

（1）开挖边坡：将原第二级边坡改建成三段式边坡，坡率为 1∶2.8，每级平面投影长度 8m；第五级边坡采用 1∶1.0 的坡率与原第三级边坡相交收坡，收坡过程中应挖除滑面顶产生的裂缝。

（2）开挖盲沟沟槽：在挡墙后方跳槽开挖盲沟沟槽，开挖时适当放坡，并注意做好抗滑桩顶与挡墙的临时支撑。

（3）回填盲沟：埋设直径为 30cm 的 PVC 管，PVC 管需采用土工布包裹；盲沟采用单一粒径碎石回填，碎石粒径不宜大于 3cm。

（4）铺设防渗土工膜：开挖反压槽，土工膜从槽中穿过后，回填宕渣以固定土工膜。土工膜延伸至挡墙顶，盖住盲沟，防止坡面水下渗至挡墙后缘。

（5）回填边坡：回填宕渣，恢复坡面，坡脚延伸至挡墙顶部。

（6）框格梁上增设挡水条辅助坡面排水。

病害处治前后的山体边坡如图 2-4-14 所示。

a)处治前　　　　　　　　　　　　　　　　　b)处治后

图 2-4-14　病害处治前后的山体边坡比较

## 2.4.3.5　反馈事项

（1）抗滑桩设置在挡墙后端（靠近边坡处），并通过桩前的挡墙和反压护坡约束抗滑桩的位移，减小抗滑桩产生的弯矩，降低抗滑桩的配筋要求。

（2）采用抗滑桩加固＋边坡排水整治方案整治后，目前该边坡整体稳定性较好。

## 2.4.4 BH-01-4 滑坡(三)

### 2.4.4.1 病害概况

| 病害编号 | BH-01-4 | 病害名称 | 滑坡(三) |
|---|---|---|---|
| 公路路线 | 杭金衢高速公路 | 发生时间 | 2005年2月25日 |
| 病害实照 | | | |
| 病害情况 | (1)具体部位:K102+950~K103+400公路右侧,前缘位于公路左侧边沟附近,后缘向后延伸至200m高程附近,与公路高差130m,水平距离约400m。<br>(2)定量损坏程度:滑坡体厚度为15~40m,滑坡体体积约120万m³,在坡体后缘出现最大缝宽1m的裂隙,上下错动高达0.5~0.8m,公路挡墙出现裂缝和错动,路边排水沟向坡内倾斜,路面出现裂缝和隆起。<br>(3)定性损坏程度:边坡整体不稳定,对高速公路安全通行构成威胁 | | |
| 养护工程类别 | 应急养护 | | |
| 案例资料提供者 | 浙江省交通集团高速公路金华管理中心:张元杰 | | |

### 2.4.4.2 病害机理分析

| 病害编号 | BH-01-4 | 病害名称 | 滑坡(三) |
|---|---|---|---|
| 病害机理分析 | 主要因素:<br>(1)地质条件:在深度15~36m范围内存在古滑动面。<br>(2)施工弃土:边坡顶部存有施工过程中倾倒的弃土,对边坡稳定十分不利。<br>(3)水文条件:受春季连续降雨影响,大量雨水渗入滑坡体 | | |
| 病害机理分析 | 次要因素:<br>(1)设计不足:原设计方案采用浆砌挡墙,对古滑坡体未采取有效的边坡加固措施。<br>(2)其他因素:对滑坡体周边变形未开展必要的监测与评估 | | |
| 病害等级 | 重度 | | |

本案例所述的滑坡病害机理(图2-4-15)主要有以下几个方面:

(1)存在古滑动面。古滑动面所在地层岩性主要为灰色凝灰岩、紫红色砾岩,风化强烈,呈碎块石夹泥状,节理面风化后呈泥状。从地质勘探资料分析,潜在滑动面主要沿破碎带发展,滑动面分布次生夹泥,强度低。

(2)坡面存在早期施工期间的弃土。弃土主要分布在高程90～130m处,设计卸载土方量为10.5万 $m^3$。

(3)2005年2月阴雨绵绵,大量雨水渗入滑坡体内,加剧了滑坡体的不稳定性。

(4)当时设计的滑坡体整治不彻底。滑坡所处山坡原自然坡角为20°～35°,边坡第一级采用浆砌挡墙,高度3～5m,第二级部分路段采用护面墙,其余为喷浆防护。

(5)针对该古滑坡体,未开展滑坡体周边变形监测与风险评估分析,未及时采取针对滑坡灾害的预防措施。

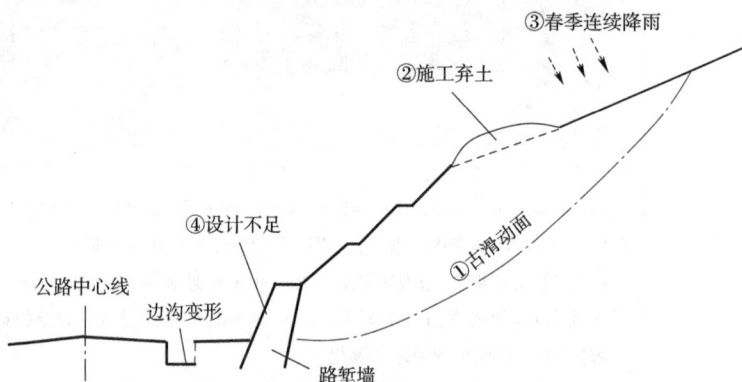

图2-4-15 春季连续降雨和施工弃土加剧边坡变形而导致滑坡

## 2.4.4.3 山体滑坡体监测

1)前期监测

发现病害后,立即开展必要的前期监测,掌握病害发展趋势,为滑坡处治提供有针对性和有效的设计依据。

(1)在2004年7月初至2005年1月上旬期间,针对一级、二级边坡裂缝,共布设5处观测点,观测频率为1次/月。根据观测结果,测点数值变化均较小,病害基本处于稳定状态。

(2)在2005年1月中旬至2月下旬期间,边坡裂缝出现发展趋势,调整监测频率为2次/月。

(3)在2005年2月下旬至5月初期间,病害进一步快速发展,增设多组裂缝观测点,调整监测频率为1次/天。

2)应急监测

从进场实施抢险工作起,应开展必要的应急监测。

(1)在2005年5月初至7月31日期间,针对山体滑坡裂缝、挡墙裂缝,布设裂缝观测点,实施24h观测。根据观测数据,山下村庄并没有滑动,山坡东西走向的一条裂缝宽度为80～100cm,从K102+950弃方顶截水沟北侧一直延伸至山顶铁塔北侧。挡墙最大变化点的裂缝宽度为15mm。

(2)根据测斜仪观测所得,有4个孔被剪断,说明滑动体还处于滑动状态。

3）专项监测

在加固施工期间，开展必要的施工监测，在施工结束后持续开展运营期监测，确保结构安全。

（1）在2005年在8月1日至2006年1月31日期间，布设山体挡墙裂缝、地下水位、测斜等监测点。根据观测数据，山体相对位移没有变化。

（2）根据排水孔、排水洞的流量监测数据，各孔洞的流量呈减小趋势。如1号排水洞北口，在8月份时平均流量为$6.2m^3/d$，9月份为$3.8m^3/d$，10月份为$1.6m^3/d$，11月份为$1.3m^3/d$。

（3）根据测斜仪观测所得，又有3个孔被剪断，说明滑动体仍处于滑动状态。

（4）专项监测一直持续开展至2015年，经多年监测判定情况稳定后，停止了对滑坡体的监测。

### 2.4.4.4 应急处置

应急措施如下：（1）在K103段附近双向设置提醒标志，并在情报板上滚动播报提示标语；（2）在K103段两端相应各互通区主线和相应匝道准备紧急封道设施；（3）在滑坡山体侧的路面上用沙袋垒筑隔离墙；（4）在病害山体上方设置截水沟；（5）疏通排水沟，防止坡面产生大面积积水；（6）按规定的观测频率对病害路段进行定时观测。

为防止滑坡体失稳，采取了应急治理措施和永久治理措施。应急治理措施包括卸载、挡墙加固和在坡体上打锚索等；永久治理措施包括在滑坡中部设置抗滑桩、开挖排水隧洞等，并对处治效果进行跟踪监测。为降低滑坡体内的地下水位，减少渗水压力对坡体的不利影响，在至路基中心线右侧水平距离200m、400m处，破碎面以下位置各设置一条排水隧洞。滑坡处治设计如图2-4-16所示。

1）卸载

原施工弃土分布在K103+100～K103+200右侧130m处约2.5万$m^3$、在K103+240～K103+340右侧90m处约8万$m^3$，卸载后在滑坡体范围50m以外另选平缓的坡地堆放弃土。

卸载时应由顶部开始从上而下分级进行，分级台阶高度不大于1m，对于大块岩石不得采用爆破的方式破碎；卸载土方也不得超挖原山坡地面；卸载以后的原地面和卸载堆放场地均需进行压实。

2）挡墙加固

挡墙加固采用由槽钢和工字钢焊接成的钢骨架结合长锚杆施加锚固力，使挡墙与墙后岩体紧密连接。护面墙采用镀锌机织钢筋网加$\phi25mm$中空锚杆进行加固和防护，锚杆间距1.5m，梅花形布置。

挡墙加固前后效果对比如图2-4-17所示。

3）预应力锚索

设置桩号为K103+050～K103+300，第一排至路基中心线水平距离50m，第二排至第一排上方垂直距离6m，同一排锚索纵向距离10m，上下排锚索交叉布置，共设置锚索53根。每个锚固力1000kN，采用4根$\phi15.4mm$、抗拉强度1860MPa的高强度低松弛无黏结钢绞线绕承载体弯曲成"U"形共同组成压力分散型锚索。锚固段分为4个单元，每个单元长3m。承载体由聚酯纤维复合材料制成。钻孔直径为150mm，采用锚杆钻机施工。

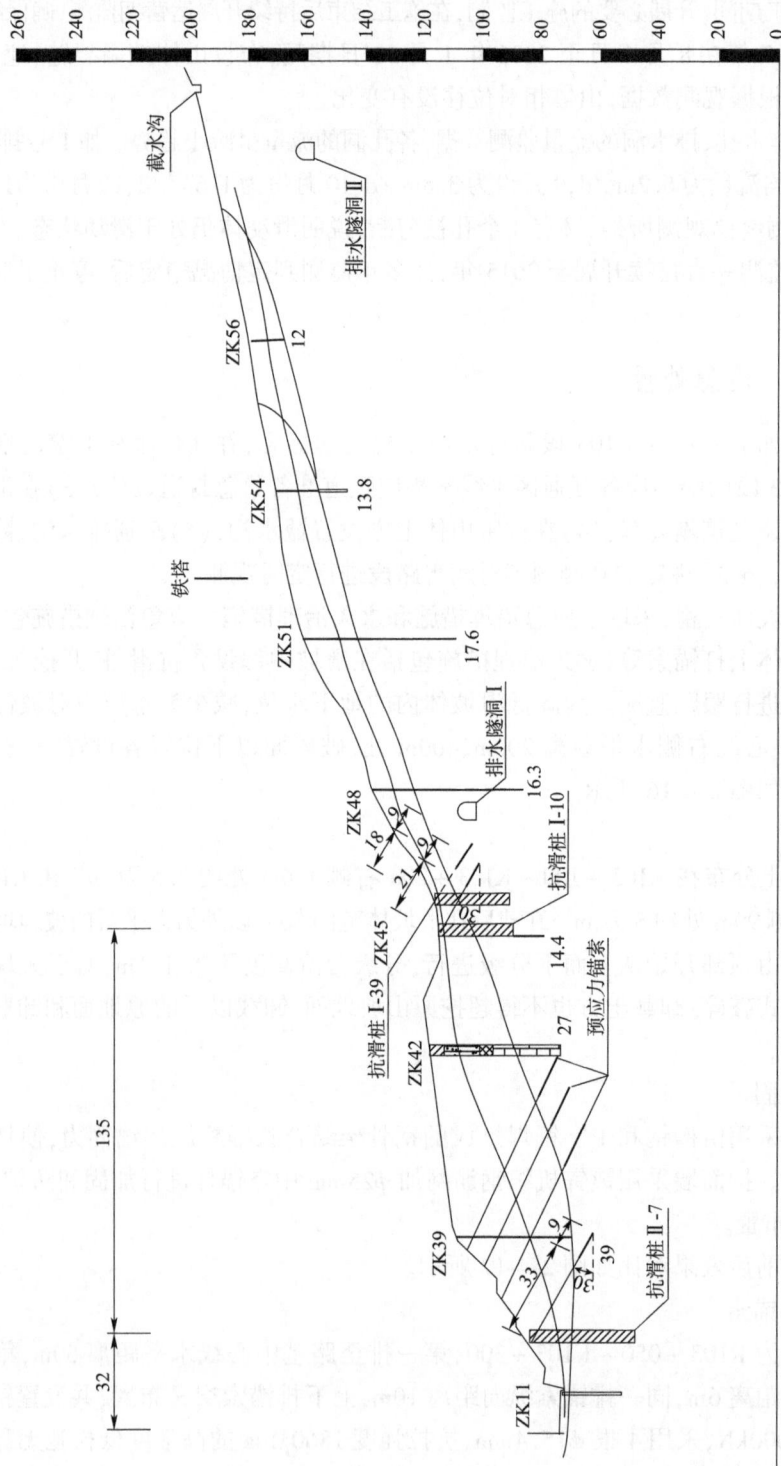

图2-4-16 滑坡处治设计图（尺寸单位：m；高程单位：m）

a) 墙体开裂严重          b) 挡墙型钢加固

图 2-4-17  挡墙加固前后效果对比图

施工工艺包括施工准备、凿岩钻孔、锚筋制作安装、锚孔注浆、混凝土浇筑、锚孔张拉锁定和锚头封锚等。

### 2.4.4.5  病害处治方案

1)排水隧洞开挖

排水隧洞位于路基中心线右侧水平距离 200m 左右,隧洞总长 107.5m,设 3% 纵坡,断面为马蹄形,尺寸为 2.0m×2.0m,向两侧设 3% 横坡。

排水隧洞基本开挖成形后,在边坡坡面上对应于排水隧洞的平面中心位置每隔 3m 垂直钻孔,垂直排水孔与排水隧洞相贯通,见图 2-4-18。

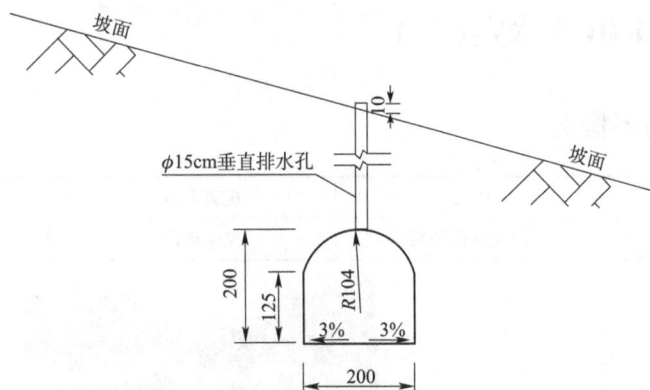

图 2-4-18  水平排水隧洞横断面(尺寸单位:cm)

排水隧洞断面小,大型机械无法进场,为减少爆破作业对山体产生振动影响,施工中采用弱爆破结合人工出渣。排水隧洞开挖采用 YT28 风动凿岩机人工钻眼,采用工 14 工字钢结合中空注浆锚杆作为临时支护,隧洞洞顶设置 60cm×60cm 截水沟,隧洞开挖结束后,采用砖砌体结合临时支护结构作为永久支护形式。

2)抗滑桩施工

抗滑桩作为该滑坡的主要支挡结构,布置于滑坡体中部,距道路中心线 160m。共设置 48 根抗滑桩,其中有 40 根采用 2.5m×4.0m 的钢筋混凝土柱,单桩提供的抗滑力为 15MN;8

根靠近滑坡体边缘的抗滑桩采用 2.0m × 3.0m 的断面,单桩提供的抗滑力为 2MN。在每根桩顶部及横梁中部均设置一根预应力锚索,倾角 30°,锚固长度 9m,总长 30m,单根锚索的设计锚固力为 1000kN。

应急抢险设计采用卸载、挡墙加固、预应力锚索等 3 项措施,在短时间内控制了滑坡体的滑动趋势,达到了预期效果。

应急抢险施工完成后,永久加固设计采用滑坡体上下部的抗滑桩,结合排水隧洞等措施,使得边坡处于稳定状态。经过后续监测数据的实证分析,处治后的滑坡体满足工程安全的各项指标与要求。

### 2.4.4.6 反馈事项

由于滑坡发生后,边坡变形不断发展,治理措施必须切实有效,一次治理,长久安全。本次滑坡病害处治过程中摸索出了"先采取紧急抢险措施,再同步进行地质勘探、监测、分析计算及设计,以赢得处治宝贵时间"的抢险工作模式。

应急处治过程中应注意以下几个方面:

(1)施工期间,严禁在边坡范围倾倒弃土。

(2)设计阶段,应全面勘探古滑坡体的活动状况,全面分析病害产生原因,采取有效的防护措施。

(3)定期对山体、边坡周边进行观测,保证排水设施的畅通,对型钢结构进行除锈处理,对监测设施进行保护,确保养护情况良好。

## 2.4.5 BH-01-5 水毁(一)

### 2.4.5.1 病害概况

| 病害编号 | BH-01-5 | 病害名称 | 水毁(一) |
| --- | --- | --- | --- |
| 公路路线 | 丽龙高速公路 | 发生时间 | 2022 年 6 月 10 日 |
| 病害实照 | | | |
| 病害情况 | (1)具体部位:K2685 +700 附近。<br>(2)定量损坏程度:原路基边坡被河水冲刷,滑塌长度约 45m,路基被淘空深度 1 ~ 2m。<br>(3)定性损坏程度:水毁影响路面通车;沿河路基边坡整体不稳定,可能存在二次灾害 | | |
| 养护工程类别 | 应急养护 | | |
| 案例资料提供者 | 浙江省交通集团高速公路丽水管理中心:潘春梅、李政、钟峰莹 | | |

## 2.4.5.2 病害机理分析

| 病害编号 | BH-01-5 | 病害名称 | 水毁(一) |
|---|---|---|---|
| 病害机理分析 | 主要因素:<br>(1)地质条件:沿河路堤下部为残坡积碎石,含碎石、粉质黏土。<br>(2)设计结构:沿河路基为填方路堤,台风、暴雨季节容易受到高水位水流冲刷而发生路基水毁,未采用抵抗水流冲刷效果较好的防护措施。<br>(3)水文条件:受连续暴雨影响,河水流量增大,水流湍急 | | |
| | 次要因素:<br>(1)地质结构:路基冲毁路段位于临河凹岸处。<br>(2)其他因素:河道内部有长期堆积的块石、泥沙等,导致河道水位上升 | | |
| 病害等级 | 重度 | | |

路基冲毁路段位于临河凹岸处,受连续暴雨影响,河水流量增大,水流湍急,直接导致 K2685+700 段路基被冲刷,路基被淘空深度 1~2m。参见图 2-4-19。

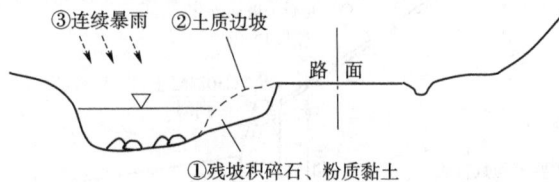

图 2-4-19 暴雨冲刷路基边坡

## 2.4.5.3 病害处治方案

处治设计平面图如图 2-4-20 所示。采用临时抢通和永久加固相结合的方案。

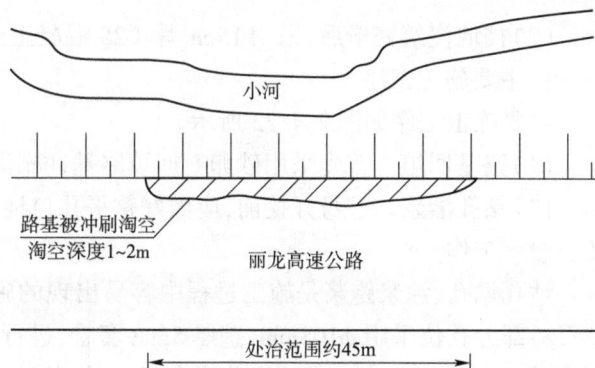

图 2-4-20 处治范围示意图

1)临时抢通方案

临时抢通方案包括砂卵石回填冲刷淘空处、钻孔灌浆加固。

(1)用砂卵石回填被冲毁的路堤和冲刷淘空处;

（2）对回填路基进行钻孔灌浆，注浆孔间距1.5m，梅花形布置，三排共计72孔，灌浆浆液采用32.5级普通硅酸盐水泥制备，水灰比为0.5~0.8，添加速凝剂调整初凝时间，用量为水泥用量的2%~5%，结合现场动态调整速凝剂用量、注浆压力等参数；

（3）灌浆完毕，路基达到一定强度后，可恢复通车。

2）永久加固方案

沿河公路的路基水毁类型主要包括以下四种类型：河湾凹岸的冲刷、顺直和弯曲河道的压缩冲刷、洪水水位过高而淹没路面引发的水流冲刷或急速退水冲刷、河道挖沙引起河床下切而导致基础淘空。该病害的路基水毁类型属于河湾凹岸的冲刷。

一般根据河道特征（河道平面形态、河宽、河床质材料等）、水流特点（流速、水位），在分析冲刷位置、范围和深度的基础上，选用合理的水毁处治对策。山区河湾凹岸的路基水毁，可采用石砌护坡、挡土墙防护、挡土墙配合护坡以及挡土墙配合丁坝群等措施处治。考虑该病害路段的路基部分被河道水流严重冲毁，采用挡墙+路堤坡面硬化护坡的永久加固方案。

（1）路堤坡脚处增设浸水挡墙（图2-4-21）加固，挡墙采用C30混凝土现浇，墙高3m，基础扩大至2m，以抵御河流日常冲刷，挡墙上游端部与原有排水沟沟壁闭合。

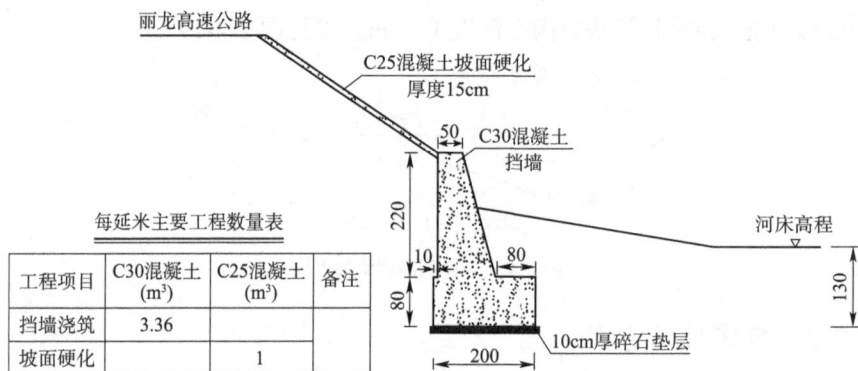

每延米主要工程数量表

| 工程项目 | C30混凝土 (m³) | C25混凝土 (m³) | 备注 |
|---|---|---|---|
| 挡墙浇筑 | 3.36 | | |
| 坡面硬化 | | 1 | |

图2-4-21 挡墙横断面（尺寸单位：cm）

（2）挡墙浇筑完毕后，采用15cm厚C25混凝土进行坡面硬化。

3）主要施工工序

主要施工工序如图2-4-22所示。

（1）路基回填。首先采用砂卵石回填路基冲刷淘空空洞。

（2）钻孔灌浆。桩身开挖前，应做好整平孔口地面、桩区地表截排水及防渗水工作。

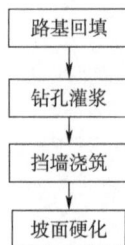

图2-4-22 主要施工工序

钻孔塌孔、注浆跑浆是施工过程中容易出现的施工难题。对涉及回填石料部分孔位采用φ108mm、壁厚5mm套管，进行跟管钻孔，成孔后利用套管支撑注浆孔防止塌孔。注浆孔间距1.5m，梅花形布置，三排共计72孔，灌浆浆液采用32.5级普通硅酸盐水泥制备，水灰比为0.5，将速凝剂比例由5%上调至7%，并采用分孔点间歇注浆的方式，加快浆液凝固，调整水泥浆流动度，可避免因回填空隙过大而出现注浆跑浆。

（3）挡土墙浇筑。挡土墙使用C30混凝土浇筑。

（4）坡面硬化。挡土墙上的路堤边坡用15cm厚C25混凝土硬化，完工后现场见图2-4-23。

图 2-4-23　坡面硬化完工后现场

#### 2.4.5.4　反馈事项

(1)在沿河路堤,设计阶段应充分考虑有效的冲刷防护措施。

(2)适当扩大基础,墙身少占水域。

(3)鉴于路基长时间泡水,待注浆完成且强度达到通行条件后恢复通行。

## 2.4.6　BH-01-6 水毁(二)

### 2.4.6.1　病害概况

| 病害编号 | BH-01-6 | 病害名称 | 水毁(二) |
|---|---|---|---|
| 公路路线 | 黄衢南高速公路 | 发生时间 | 2017 年 6 月 24 日 |
| 病害实照 |  | | |
| 病害情况 | (1)具体部位:K1392 + 850 ~ K1393 + 000 段右侧路基坡脚。<br>(2)定量损坏程度:老河道防洪堤被洪水冲毁,被冲毁的高速公路路基长 11m,高路堤边坡被淘空。<br>(3)定性损坏程度:沿河路基边坡整体不稳定,可能存在二次灾害 | | |
| 养护工程类别 | 应急养护 | | |
| 案例资料提供者 | 浙江省交通集团高速公路衢州管理中心:朱慧芳、张素敏 | | |

### 2.4.6.2 病害机理分析

| 病害编号 | | BH-01-6 | 病害名称 | 水毁(二) |
|---|---|---|---|---|
| 病害机理分析 | | 主要因素: <br>(1)地形条件:上游河道在此直角拐弯,洪水直冲该段路堤,对路堤外侧老河道防洪堤冲刷严重。 <br>(2)设计结构:沿河路堤采用填方路堤,路堤坡脚未得到有效的冲刷防护,容易受到高水位水流冲刷而发生路堤水毁 | | |
| | | 次要因素: <br>(1)水文条件:受本次连续暴雨影响,河水流量增大,水流湍急。 <br>(2)其他因素:该填方路基的局部边沟紧挨老河道防洪堤坝 | | |
| 病害等级 | | 重度 | | |

### 2.4.6.3 病害处治方案

根据不同的水毁情况,对老河道堤坝实施分段改造设计,如图 2-4-24 所示。

(1)K1392+670~K1392+850 段。考虑高速公路边坡稳定性、经济性,采用老河道堤坝坡脚增设挡墙加固方案(图 2-4-25)。对老河道堤坝重新修复,挡墙墙顶高程采用老堤坝高程控制,墙身采用 C20 片石混凝土浇筑。挡墙基础埋设按照入岩 0.5m 控制,入岩特别困难路段设置墙前护坦,护坦采用宽 6.0m、厚 50cm C20 钢筋混凝土并设置 1.0m 厚 C20 钢筋混凝土护脚,护脚埋深同挡墙基础埋深。

(2)K1392+850~K1393+000 段。该段老河道堤坝已被洪水冲毁,采用在老河道堤坝位置修筑挡墙方案(图 2-4-26)。挡墙修筑同 K1392+670~K1392+850 段。同时,该段老河道堤坝内侧有一道灌溉沟,此次堤坝挡墙重建后,将墙背与挡墙填平,灌溉沟渠采用 $\phi$500mm 圆管暗埋通过,以解决高程问题。

(3)K1393+000~K1393+100 段。该段老河道堤坝已基本破坏,采用在老河道堤坝位置修筑挡墙方案。设计考虑修复重建,挡墙高度按 5.0m 控制,外露 3.5m,埋深 1.5m,挡墙外侧设置护坦,护坦用 C20 钢筋混凝土浇筑,宽 6m、厚 0.5m,并设置 1.0m 厚 C20 钢筋混凝土护脚,护脚埋深同挡墙基础埋深。该段堤坝重建后,墙背后侧保持原地形高程,被冲毁灌溉沟用 C20 混凝土恢复,尺寸为 60cm×80cm,并将 K1393+052 处钢筋混凝土盖板涵接长至老河道堤坝。

处治完工后现场实况如图 2-4-27 所示。

### 2.4.6.4 反馈事项

(1)高速公路路堤边坡已被部分淘空,通过路基边坡坡脚增设挡墙,虽然边坡开挖面相对较大,但有利于路堤边坡的永久性稳定,可使路基水毁病害得到有效整治。

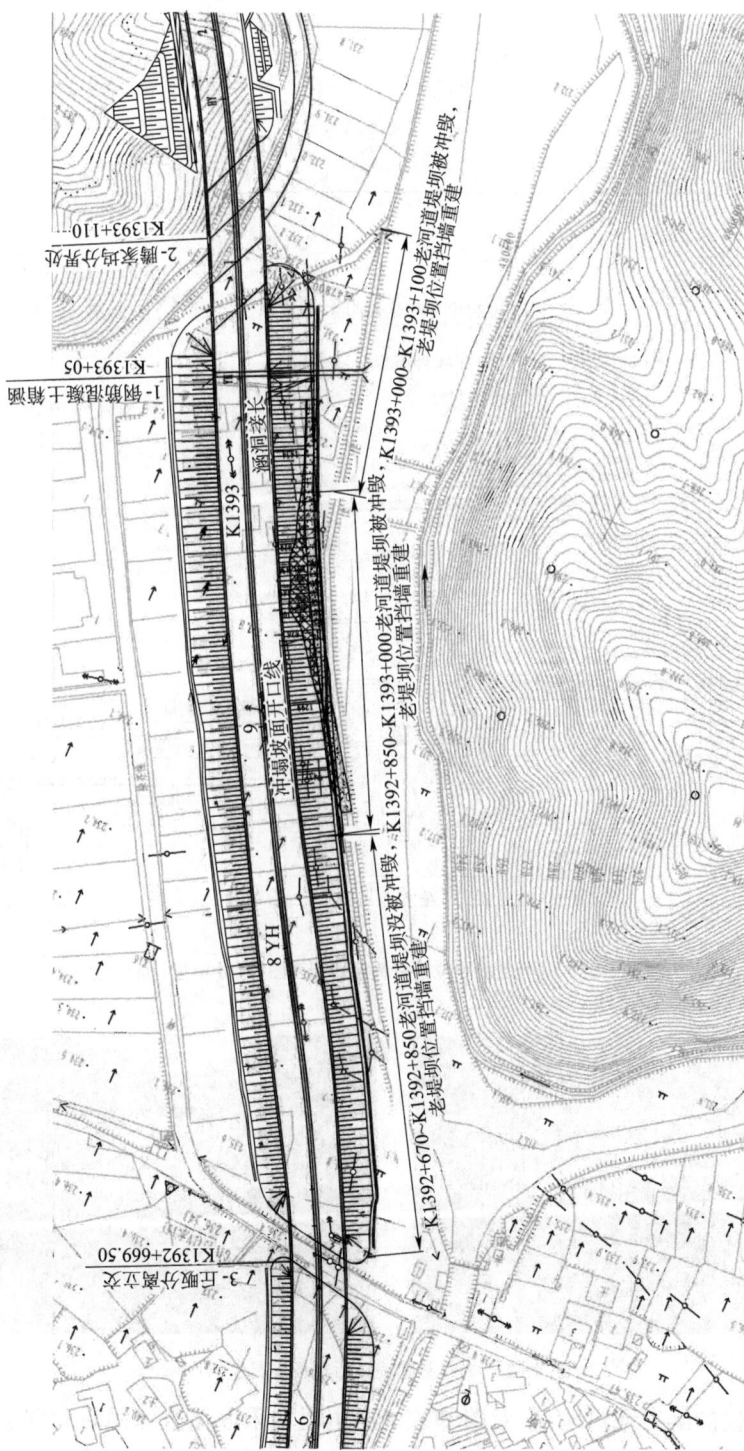

图2-4-24 老河道堤坝分段改造设计图

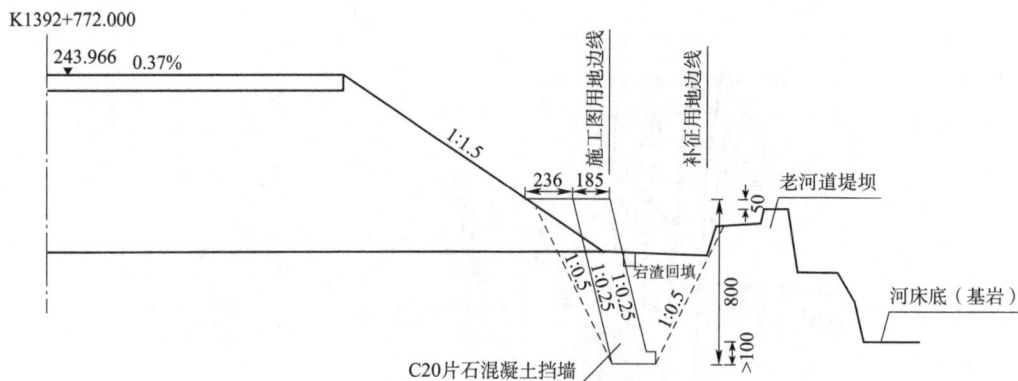

图 2-4-25　老河道堤坝坡脚增设挡墙剖面图(尺寸单位:cm)

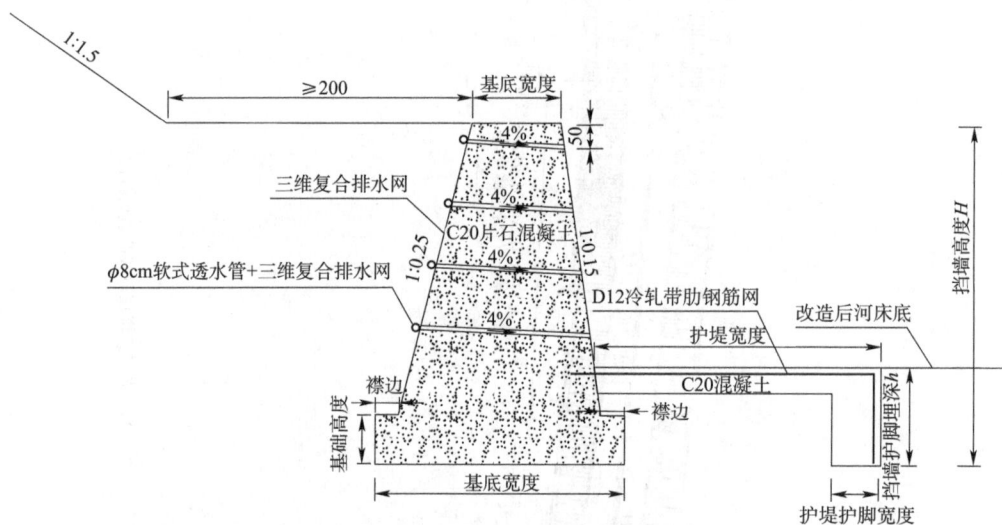

图 2-4-26　老河道堤坝位置修筑挡墙剖面图(尺寸单位:cm)

图 2-4-27　处治完工后现场实况

(2)结合当地的既存灌溉沟渠,对路基和老河道堤坝采取综合加固治理方案。

## 2.4.7 BH-01-7 泥石流

### 2.4.7.1 病害概况

| 病害编号 | BH-01-7 | 病害名称 | 泥石流 |
|---|---|---|---|
| 公路路线 | 龙庆高速公路 | 发生时间 | 2019 年 7 月 5 日 |
| 病害实照 | | | |
| 病害情况 | (1)具体部位:K2735+300 半山丘隧道口附近。<br>(2)定量损坏程度:约 2240m³ 泥石流涌入硬路肩及主车道;公路坡面长度 128m 的地表出现明显位移。<br>(3)定性损坏程度:造成 G25 长深线双向查田至黄田段高速公路断流 60 多小时 | | |
| 养护工程类别 | 应急养护 | | |
| 案例资料提供者 | 浙江省交通集团高速公路丽水管理中心:叶孙敏、周展 | | |

### 2.4.7.2 病害机理分析

| 病害编号 | BH-01-7 | 病害名称 | 泥石流 |
|---|---|---|---|
| 病害机理分析 | 主要因素:<br>(1)地质条件:坡体有大量的松散土体。<br>(2)地质结构:土层堆积较厚,厚度为 3~6m。<br>(3)水文条件:当地大暴雨,地表水下渗 | | |
| | 次要因素:<br>坡脚侵蚀:滑坡区域新建梯田蓄水,坡脚受水田浸润侵蚀岸坡失稳 | | |
| 病害等级 | 重度 | | |

本案例所述的泥石流病害机理主要表现在以下几个方面:

(1)泥石流区域的洪积土厚度大、结构松散,土体的抗剪强度降低。

(2)雨水、地表汇流、冲沟径流的渗入均形成大量的地下水。持续降雨致坡体松散土体饱和,为松散土石堆积物转化为泥石流提供了充分必要条件。

（3）水田基质为洪积土，透水性好，水田蓄水对坡脚浸润侵蚀，致使岸坡失稳，易造成滑坡。大暴雨冲刷路基边坡示意如图2-4-28所示。

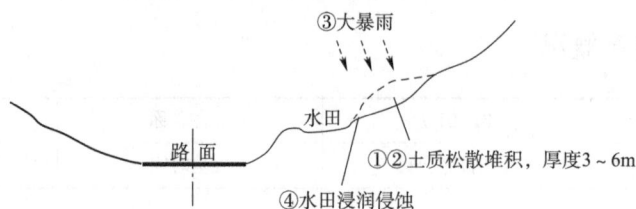

③大暴雨
水田
路面
①②土质松散堆积，厚度3~6m
④水田浸润侵蚀

图2-4-28　大暴雨冲刷路基边坡

### 2.4.7.3　病害处治方案

采用应急处置措施+格宾石笼拦挡坝整治+抗滑桩整治方案。

1）应急处置措施

泥石流发生后，首先应立即启动应急预案，实施双向断流交通管制；之后，做好排水引流、路段监控等应急处置措施。抢险施工持续35d，其间高速公路单向通车。

（1）清理滑坡堆积物。为防止滑坡堆积物再次发生滑动，将滑坡前缘的滑坡堆积物清理外运，清理外运应遵循自上而下、由外而内的清理原则，在施工过程中应派遣专门的巡视员进行巡视，发现危险及时报警撤离，保证施工安全。

（2）排水引流。对滑坡体表面四周进行排水引流；对两处滑坡坡面用彩条布全覆盖，防止雨水再次冲刷；在滑坡体下方打桩固基，边沟外侧加设毛竹片围挡，防止泥石流直接冲入水沟。

（3）路段监控。采用毛竹片+钢管做好路面防护措施，增设应急照明、监控设施等，对灾害点和管制路段进行24h监控。

应急处置现场如图2-4-29所示。

2）格宾石笼拦挡坝整治

格宾石笼拦挡坝顶宽1.5m，底宽5.0m，平均高6.0m，如图2-4-30所示。背滑塌面由下至上每层缩进1.25m、0.75m、0.75m；迎滑塌面由下至上每层缩进0.25m、0.25m、0.25m，埋深不小于1.5m。

图2-4-29　应急处置现场

图2-4-30　格宾石笼拦挡坝

（1）格宾石笼。在 K2735＋200、K2735＋300 两处距离高速公路边坡约 30m 位置各设置一道格宾石笼拦挡坝。坝中部设置一排工字钢桩，紧贴地面处埋设两根钢筋水泥涵管，用于接通水沟排水。

（2）松木桩。为确保格宾石笼拦挡坝的结构性安全，防止滑坡再次发生滑动对下方格宾石笼拦挡坝产生直接冲击，在距离高速公路边坡约 80m 的滑坡隐患下部较窄处设置两处松木桩。

3）抗滑桩整治

抗滑桩 A 桩共 8 根，长度 18m，直径 1.0m；B 桩共 13 根，长度 16m，直径 1.5m；C 桩共 27 根，长度 16m，直径 0.8m（图 2-4-31）。桩身采用 C30 混凝土浇筑厚度为 70mm 的纵向受力钢筋保护层，钢筋采用 HRB400 热轧带肋钢筋。

（1）在 K2735＋200、K2735＋300 滑坡位置分别增设 8 根、13 根抗滑桩，同时在 K2735＋300 滑坡位置增设桩板式挡土墙。

图 2-4-31　抗滑桩设计示意图（尺寸单位：m）

（2）坡顶治理采用桩板式挡土墙，其中抗滑桩采用旋挖机成孔圆形桩 28 根，截面直径 0.8m（C 桩），桩长 16.0m，嵌固段长 14m，桩间距为 4.0m，净距为 3.2m。

#### 2.4.7.4　反馈事项

（1）采用格宾石笼拦挡坝，能有效拦截表层泥沙，基本消除泥石流对下游交通设施及村庄的影响。

（2）采用抗滑桩防治泥石流区域的地基稳定，效果良好。

（3）泥石流常发生在暴雨季节，应加强日常养护巡查，同时也需要关注公路线外的建设活动和地质环境，必要时可使用无人机配合人工巡查。

### 2.4.8　BH-01-8 坡面孤石

#### 2.4.8.1　病害概况

| 病害编号 | BH-01-8 | 病害名称 | 坡面孤石 |
|---|---|---|---|
| 公路路线 | 丽龙高速公路 | 发生时间 | 2018 年 4 月 17 日 |
| 病害实照 | 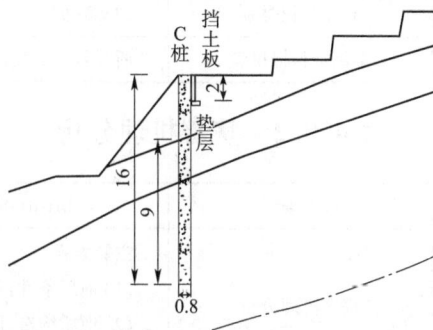 | | |

| 病害情况 | (1)具体部位:K96+690~K96+910边坡上,北面至高速公路水平距离12m,垂直高差约40m。<br>(2)定量损坏程度:孤石长2.5m,宽2m,厚度0.5~1m,方量约4m³。<br>(3)定性损坏程度:孤石对高速公路通行构成威胁 |
|---|---|
| 养护工程类别 | 预防养护 |
| 案例资料提供者 | 浙江省交通集团高速公路丽水管理中心;钟峰莹 |

## 2.4.8.2 病害机理分析

| 病害编号 | BH-01-8 | 病害名称 | 坡面孤石 |
|---|---|---|---|
| 病害机理分析 | 主要因素:<br>(1)地形条件:花岗岩剥蚀残丘。边坡高度45m,边坡坡角63°。<br>(2)地质构造:风化引起多个不连续的结构面。<br>(3)地层构造:地表水的冲刷、渗透不断加快岩体的风化与剥蚀 | | |
| 病害机理分析 | 次要因素:<br>其他因素:施工阶段未及时清除孤石 | | |
| 病害等级 | 重度 | | |

因该位置草木茂盛,处于公路用地与地方山地的管辖交界处,日常巡查及早期定期检查未发现该隐患,在边坡整治过程中对该位置进行清表后发现孤石。边坡孤石位置示意图如图2-4-32所示。

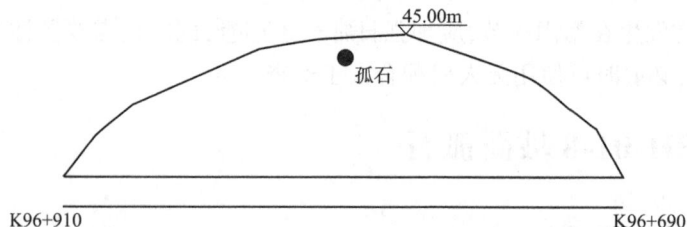

图 2-4-32 边坡孤石位置示意图

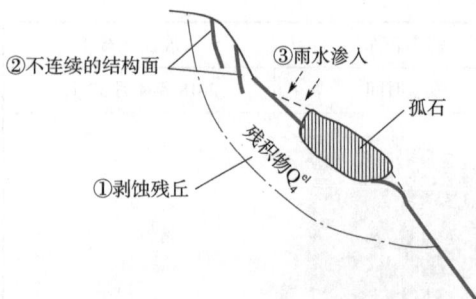

图 2-4-33 边坡孤石形成机理

由于在建设期未对该孤石进行合理处治,现对高速公路通行造成较大的安全隐患。边坡孤石形成机理(图2-4-33)如下。

(1)该孤石位于丽龙高速公路上行K96+690~K96+910边坡上,边坡高度45m,边坡坡角63°。该边坡孤石所处地形地貌为花岗岩剥蚀残丘,呈馒头状,发育有少量冲沟。在残丘地表分布厚度不均的残积土,斜坡地段被坡积黏性土覆盖。

(2)风化引起多个不连续的结构面。在地表水、地下水作用下,岩体裂隙发育的不均匀性、不规则性导致岩体风化程度的不均匀性,引起岩体的裂隙、破碎,最终形成孤石。

（3）地表水的冲刷、渗透不断加快岩体的风化与剥蚀。公路边坡上端的地表水未能及时排除或排水不畅,雨水不断渗入岩体内部,使得岩体的结构面不断延伸,形成一个独立的、凸起的结构体。

### 2.4.8.3　应急处置

发现孤石后,经多次踏勘现场,专家和专业技术人员一致认为该边坡存在安全隐患,并在处治前采用支架对孤石进行临时防护（图 2-4-34）,同时安排养护单位对该边坡以不少于一周两次的频率进行巡检。

### 2.4.8.4　病害处治方案

孤石上方有一组由西北向东南的 10kV 高压线,高差约 17m,与电杆水平距离 17m;北面距离厂房最近约点约 130m。高速公路边坡上方存在大块的孤石,从低成本角度出发一般采用起重机、爆破等处治方式。由于该孤石所处地势较高,起重机无法作业,本次设计方案采用定向控制爆破施工方案。

为了确保高速公路交通通行安全,先设置爆破时飞石阻拦防护封道交通管制,然后进行定向控制爆破,最后清理碎石。具体施工工艺流程见图 2-4-35。

图 2-4-34　爆破前孤石临时防护

```
┌─────────────────┐
│ 设置飞石阻拦防护栅 │
└─────────────────┘
         ↓
┌─────────────────┐
│   封道交通管制    │
└─────────────────┘
         ↓
┌─────────────────┐
│    错层钻孔      │
└─────────────────┘
         ↓
┌─────────────────┐
│    爆破装药      │
└─────────────────┘
         ↓
┌─────────────────┐
│    爆破作业      │
└─────────────────┘
         ↓
┌─────────────────┐
│    碎石清运      │
└─────────────────┘
         ↓
┌─────────────────┐
│   挖坑填埋碎石    │
└─────────────────┘
```

图 2-4-35　定向控制爆破施工工艺流程图

为了防止爆破产生的飞散物对高速公路、高压线产生破坏,并保证一次性爆破后岩石的块度大小适合人工搬运,按照"多钻孔、弱装药、错层装药、多层防护、加强防护"的原则爆破（图 2-4-36、图 2-4-37）。孤石四周用脚手片固定,脚手片的外围用钢丝网包裹,钢丝网的上端用沙袋压住,防止爆破后碎石抛向四周,确保爆破时周边建筑物和设施设备的安全。爆破完成后将碎石进行清运处治,保证碎石不会滚落至高速公路。

### 2.4.8.5　反馈事项

定向控制爆破的处治方案实施效果较好,未对高速公路路面及其他结构物造成影响,爆破前后分流时间仅半小时,施工工期短,对高速公路正常营运的影响降到最低。

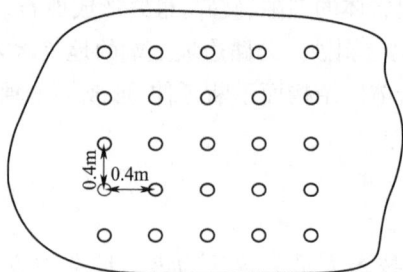

图 2-4-36　炮孔示意图　　　　　图 2-4-37　孤石爆破作业的安全措施

（1）爆破前采取主动与被动相结合的方式对孤石进行保护，防止爆破过程中大石块滚落至边坡和路面，爆破前做好交通管制。

（2）山坡较陡、安全防护措施难以保证时，可采用静态爆破或静力破碎机破除等方法。

（3）高速公路新建阶段，尽早发现山坡孤石隐患，及时处治。

## 2.4.9　BH-01-9 边坡坍塌

### 2.4.9.1　病害概况

| 病害编号 | BH-01-9 | 病害名称 | 边坡坍塌 |
|---|---|---|---|
| 公路路线 | 杭金衢高速公路 | 发生时间 | 2016 年 7 月 7 日 |
| 病害实照 | 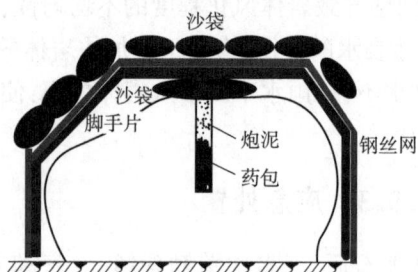 | | |
| 病害情况 | （1）具体部位：K144 + 420 ~ K144 + 720 右幅边坡。<br>（2）定量损坏程度：滑坡范围长 140m，坡面高 18m，塌方面积约为 2520m²。<br>（3）定性损坏程度：该处边坡发生错位、滑塌，塌方坡脚滑动已至高速公路边，坡顶存在裂缝，且处于持续扩大阶段 | | |
| 养护工程类别 | 应急养护 | | |
| 案例资料提供者 | 浙江省交通集团高速公路金华管理中心：叶剑威 | | |

### 2.4.9.2 病害机理分析

| 病害编号 | BH-01-9 | 病害名称 | 边坡坍塌 |
|---|---|---|---|
| 病害机理分析 | 主要因素：<br>（1）地质条件：该段落坡面存在大量碎石土，结构松散，孔隙率大，渗透性好。强风化的边坡土层有较多的表面裂隙。<br>（2）设计结构：边坡坡度较陡，坡脚防护措施不足 | | |
| | 次要因素：<br>水文条件：连续强降雨导致土层内集聚大量地下水 | | |
| 病害等级 | 重度 | | |

（1）地质条件差。该边坡为二级土质边坡，原边坡坡率1:0.75，坡面采用5~8cm厚层基材挂网防护。风化后的岩土层容易受到雨水、温度和空气等自然条件的侵蚀作用，导致岩石破碎，表土层更加松散，加剧病害发展。

（2）连续强降雨导致土层内集聚大量地下水。险情发生在梅雨季节，持续的雨水冲刷坡面和渗透至边坡滑动面，加剧病害发展，致使边坡发生坍塌。

边坡坍塌形成机理如图2-4-38所示。

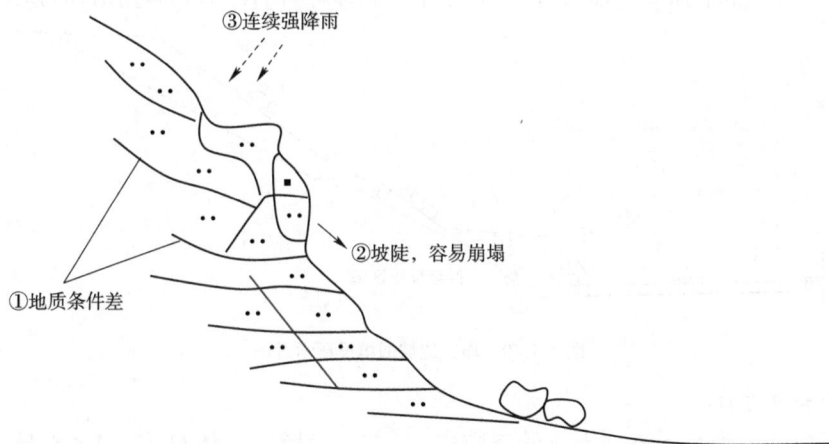

图2-4-38 边坡坍塌形成机理

### 2.4.9.3 应急处置

应急处置用松木桩加固抗滑，在原高速公路护栏外侧堆放沙袋防止土方冲滑至高速公路路面。抢险期间封闭衢州方向硬路肩和主行车道，同时全天候实施交通管制维护和观测边坡塌方发展情况。

### 2.4.9.4 病害处治方案

该坍塌处治方案采用塌方边坡刷坡+坡脚设置挡墙+塌方回填反压+完善排水系统的综合治理方法。坍塌处治工艺流程如图2-4-39所示。

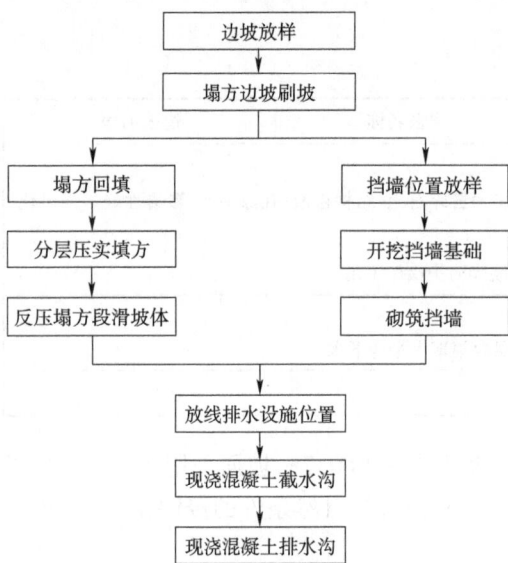

图 2-4-39　坍塌处治工艺流程图

1)塌方边坡刷坡

为保证塌方坡体的稳定性,避免塌方进一步扩大,对该段塌方边坡进行刷坡处理,边坡坡率调整为 1：2.0。施工时采用"自上而下分层、两端同步、逐级掘进"的方式施工。

2)坡脚设置挡墙

由于边坡土质松散,持续滑塌,若不采取措施,滑塌土方将破坏新建拼宽路,甚至冲向原高速公路危及车辆行驶安全。从防止新建拼宽路段被破坏和保证原高速公路安全通行两个角度考虑,在坡脚处加设 2.5m 仰斜式 C20 混凝土路堑墙,共计 110m 挡墙。

3)塌方回填反压

对 K144+420～K144+720 右幅塌方段进行回填反压处理(图 2-4-40),增加抗滑坡体部分自身土重,使塌方段的滑坡体达到新的稳定平衡。回填反压利用卸载及刷坡土方分层压实,每层厚度不大于 30cm,压实度应符合《公路土工试验规程》(JTG 3430—2020)的要求。

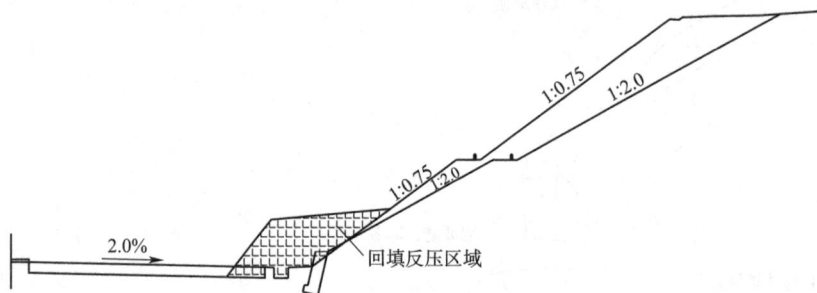

图 2-4-40　塌方边坡回填反压示意图

4)完善排水系统

降雨形成的地表水下渗到土体的空隙中,一方面会增加土体自重,加大滑坡体重量,使下滑距离增加,另一方面会使土体的抗剪强度降低,最终造成边坡塌方。因此,完善排水系统是塌方抢险时的一项重要防治措施。在塌方抢险时,为排除塌方段的水,以"截、排和引导"为原则修建排水工程。该段塌方排水系统分为以下几部分:

(1)边坡平台截水沟。为减轻雨水对塌方边坡的冲刷,在挖方边坡平台处用 C20 混凝土浇筑截水沟,尺寸为 40cm×40cm。

(2)堑顶截水沟。根据该塌方段现场地形条件和坡面的汇水情况,在路堑坡口 5m 以外设置浆砌片石矩形截水沟,将边坡附近低洼处汇集的水引向路基外排走。在二级边坡平台处设置急流槽(图 2-4-41)连接至路基边沟。

(3)路基边临时排水沟。在路基坡脚位置设置临时排水沟,将边坡坡面上汇聚的雨水引至路基外排走。

处治后效果如图 2-4-42 所示。

<table>
<tr><td>图 2-4-41　滑坡段急流槽现场施工图</td><td>图 2-4-42　处治后效果图</td></tr>
</table>

#### 2.4.9.5　反馈事项

本次边坡抢险施工中,通过塌方边坡刷坡、坡脚设置挡墙、塌方回填反压、完善排水系统,有效处治了土质边坡局部溜坍、塌方病害,使施工部位与周围环境更加协调,达到预期的处治效果。

(1)关于高陡土质边坡,设计阶段应采取针对性的防护措施。

(2)根据边坡的节理走向、初期边坡裂缝情况,预判坍塌的风险指标,加强日常巡检。

(3)针对土质边坡的排水设施,应采取以"截、排和引导"为原则的排水设计。

### 2.4.10　BH-01-10 砌石挡墙鼓肚

#### 2.4.10.1　病害概况

| 病害编号 | BH-01-10 | 病害名称 | 砌石挡墙鼓肚 |
|---|---|---|---|
| 公路路线 | 杭金衢高速公路 | 发生时间 | 2012 年 2 月 29 日 |
| 病害实照 | | | |

| | |
|---|---|
| 病害情况 | (1)具体部位:杭州方向 K280+797～K281+027 一级边坡挡墙(图2-4-43)。<br>(2)定量损坏程度:一级和二级护面墙存在大面积的鼓肚、勾缝脱落、裂缝渗水,三至五级侧面锚喷面出现 20 条裂缝,其中最大裂缝长约 40m,宽约 2cm。<br>(3)定性损坏程度:挡墙外倾变形,存在倾倒隐患,对高速公路行车构成威胁 |
| 养护工程类别 | 应急养护 |
| 案例资料提供者 | 浙江省交通集团高速公路金华管理中心:张元杰 |

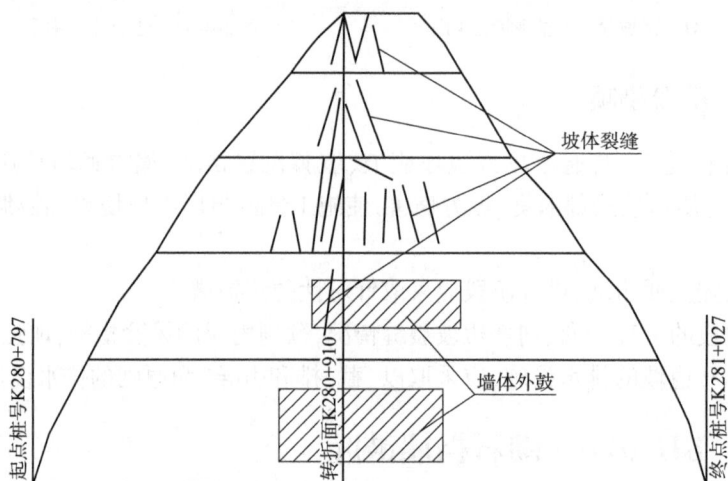

图 2-4-43　病害位置示意

## 2.4.10.2　病害机理分析

| 病害编号 | BH-01-10 | 病害名称 | 砌石挡墙鼓肚 |
|---|---|---|---|
| 病害机理分析 | 主要因素:<br>(1)地质条件:该山体岩层处于金衢盆地地质断裂带,边坡岩性脆弱,裂隙较发育。<br>(2)施工因素:坐浆不饱满,采用大量小石块填塞,近似于干砌。护面墙勾缝强度不足 | | |
| | 次要因素:<br>雨水侵蚀:雨水从墙面石块缝隙间渗入,导致墙面开始外鼓 | | |
| 病害等级 | 重度 | | |

该路段边坡高39m,第一、二级为浆砌块石护面墙防护,第三、四、五级为锚喷防护。一级坡高10m,坡率1:0.6,二级坡高9m,坡率1:0.6,三级坡高8m,坡率1:0.75,四级坡高7m,坡率1:0.75,五级坡高5m,坡率1:0.75。

挡墙鼓肚病害机理(图2-4-44)分析如下。

(1)边坡岩性脆弱。根据地质资料及调查,该山体岩层处于金衢盆地地质断裂带,边坡主要地层岩性为上侏罗统大爽组($J_3d$)中段青灰夹灰白色含角砾凝灰岩,裂隙较发育,表现为岩体表面浅层开裂,致使锚喷面出现裂缝。

(2)坐浆不饱满,近似于干砌。该边坡一、二级护面墙施工质量较差,大部分石块尺寸过小,坐浆不饱满,并采用大量小石块填塞,施工工艺近似于干砌。护面墙勾缝强度不足,勾缝逐渐风化、脱落。

(3)雨水渗入墙体。雨水从墙面石块缝隙间渗入,导致墙面开始外鼓。

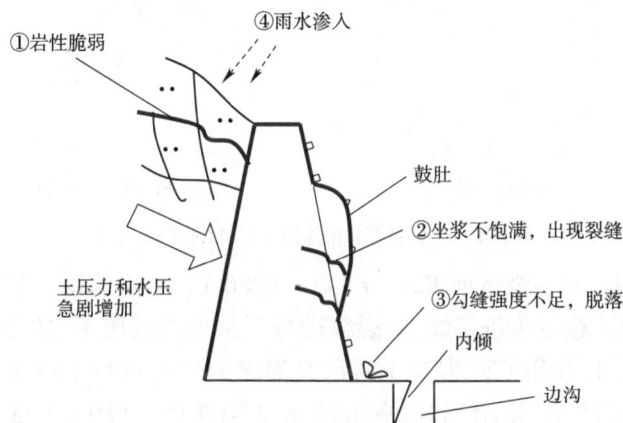

图 2-4-44 挡墙鼓肚形成机理

### 2.4.10.3 病害处治方案

对一至四级护面墙、锚喷面维修加固时,在施工范围内沿护栏外侧放置水马(注水),并在护栏外侧搭设钢管架,防止高空碎石坠落至路面。一级护面墙维修加固时,施工前沿护栏外侧搭建长 50(70)m、高 3m 的竹编栏栅(施工网),以防止碎小石块飞溅到车道上。在竹编栏栅搭建前,先借助护栏固定脚手架,之后安装竹编栏栅(施工网)。如图 2-4-45 所示。

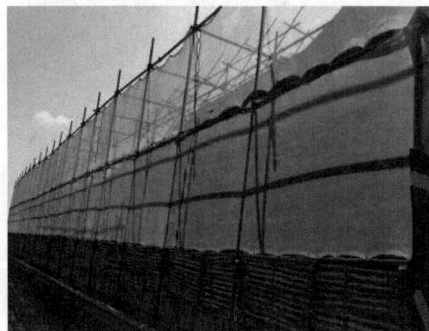

a) 水马隔离  b) 竹编栏栅(施工网)防护

图 2-4-45 现场应急防护措施

由于建设期时,该边坡一、二级护面墙施工质量较差,对 K280+837 ~ K280+877 段一级护面墙进行拆除并重新砌筑,在该段范围内设置锚杆框格梁加固;对 K280+905 段一、二级护面墙进行拆除重新砌筑并注水泥浆,对三、四级锚喷面局部采用锚杆框格梁加固,五级边坡坡面整形后采用植物防护;对一、二级护面墙脱落的勾缝进行维修;对边坡范围内内倾边沟进行填筑。锚杆框格梁加固方案如图 2-4-46 所示。

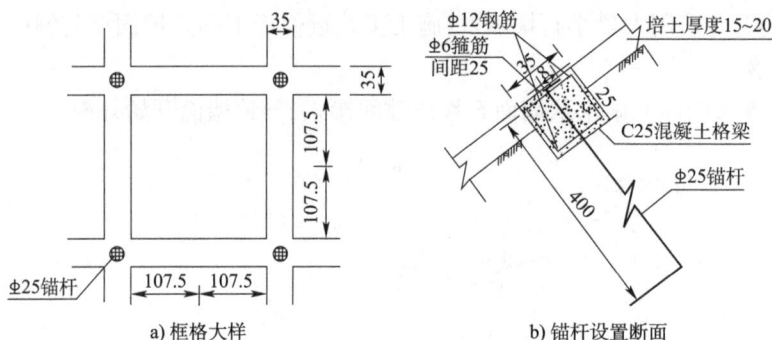

图 2-4-46　锚杆框格梁加固方案(尺寸单位:cm)

(1)护面墙加固。对一级面 K280 + 837 ~ K280 + 877 段墙面外鼓范围进行维修。拆除护面墙后,发现坡面存在两条裂缝,对裂缝进行了重力式低压灌注浆封闭,注浆采用纯水泥浆,水灰比为 1:0.4,并用 C20 混凝土对已经揭露的坡面进行了封闭。对一级护面墙外鼓、山体潜在崩塌体范围使用锚杆和框格加固,完成锚杆总长 880m、C25 混凝土框格梁总长 470.1m。

(2)护面墙注浆。在重新维修过的墙面进行钻孔,孔径 5cm,梅花形布设,间距 2m,注浆孔深度深入护面墙墙背 50cm。采用压密法注浆,分阶段自下而上,待下一层的水泥浆硬化后,再进行上一层的灌浆施工,直至整个墙面施工完毕。

(3)锚喷面用锚杆框格梁加固。锚孔水平和垂直间距均为 2.5m,孔径为 100mm,孔深 15m,成孔与水平方向成 15°角。锚孔用 M30 砂浆注浆,锚杆采用 ϕ25 热轧带肋钢筋,框格梁浮于锚喷面表面。

修复后墙体如图 2-4-47 所示。

a)护面墙加固后　　　　　　　　　　　b)锚杆框格梁加固后

图 2-4-47　修复后墙体

### 2.4.10.4　反馈事项

(1)经后期跟踪监测,一、二级护面墙维修、注浆及三、四级锚喷面框格梁加固后,整体效果较好。

(2)施工阶段,应加强挡墙的坐浆配合比控制和勾缝施工质量管控。

(3)养护阶段,应加强边坡挡墙泄水孔的巡查与维修。

## 2.4.11　BH-01-11 挡土墙基底冲刷

### 2.4.11.1　病害概况

| 病害编号 | BH-01-11 | 病害名称 | 挡土墙基底冲刷 |
|---|---|---|---|
| 公路路线 | 丽龙高速公路 | 发生时间 | 2022 年 6 月 20 日 |
| 病害实照 | | | |
| 病害情况 | (1)具体部位:K2628+850 桥梁与路基交界处桥头路肩挡土墙。<br>(2)定量损坏程度:挡土墙基础被河流冲刷,基础被淘空,挡土墙整体下沉约 20cm,墙顶路侧混凝土护栏向外倾斜,最宽处达 40cm,护栏右侧下方为 G235 国道,相邻一模挡土墙局部基础底部被淘空,最大淘空深度达 30cm。<br>(3)定性损坏程度:挡土墙外倾变形,存在倾倒隐患,导致丽龙高速公路龙泉方向交通中断,车辆借道通行 | | |
| 养护工程类别 | 应急养护 | | |
| 案例资料提供者 | 浙江省交通集团高速公路丽水管理中心:苏智君 | | |

### 2.4.11.2　病害机理分析

| 病害编号 | BH-01-11 | 病害名称 | 挡土墙基底冲刷 |
|---|---|---|---|
| 病害机理分析 | 主要因素:<br>(1)地质条件:墙底地层为多层的砂卵石,易受急流冲刷淘空。<br>(2)水文条件:泄洪时受超高水位影响,防洪堤被冲毁,造成河水直接冲刷挡土墙,挡土墙基础底部被淘空。<br>(3)水利因素:上游水库大流量泄洪,河道水位进一步升高。河堤凹岸处易受水流直接冲刷 | | |
| 病害机理分析 | 次要因素:<br>挡土墙基础防冲刷措施不足 | | |
| 病害等级 | 重度 | | |

连续大雨暴雨天气,加之水库大流量泄洪,挡土墙基础被河流冲刷,基础底部被淘空,最大淘空深度达 30cm,造成挡土墙外倾变形,参见图 2-4-48。

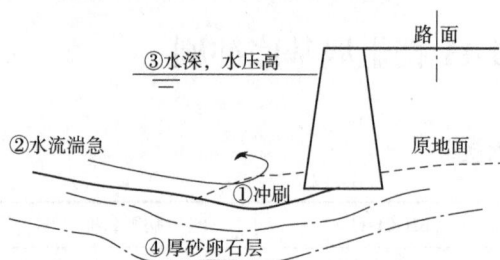

图 2-4-48　水库大流量泄洪冲刷引起挡土墙基底被淘空

### 2.4.11.3　病害处治方案

1)处治方案

采用河床表面水泥混凝土硬化加固措施+增设路肩挡土墙底部护脚+新增桥台前挡水墙整治方案。

拆除第一模挡土墙后重建水泥混凝土挡土墙;第二模挡土墙基底淘空使用水泥混凝土回填加固,增设水泥混凝土护脚防止基底冲刷,并对挡土墙进行注浆加固;桥下新增横向挡水墙,并在墙脚增设石笼防冲刷;恢复桥下原防洪堤,并硬化坡面;回填泡沫混凝土,恢复路面。

为提高挡土墙的抗冲刷能力,增加挡土墙的基础埋深(埋深 2.5m),恢复现有防洪堤,对墙脚坡面进行硬化处理与坡面顺接。考虑到现状桥下均为土质坡面,除增加基础埋深外,对挡水墙基础采用"石笼+反滤土工布"的防冲刷方案。对台后填土及新增挡土墙合围的其他区域均采用泡沫混凝土回填。

(1)河床表面水泥混凝土硬化加固措施。挡土墙护脚坡面采用厚 30cm C35 混凝土硬化,与现状护坡面顺接。

(2)增设路肩挡土墙底部护脚。护脚采用 C35 混凝土,高 3.0~3.5m,宽 2.0~2.1m;挡土墙处治长度约为 20.15m;结合地质情况,护脚底部增设小型钢管桩。

(3)新增桥台前挡水墙。

①挡水墙。挡水墙基础高 0.8~3.5m;挡水墙处治长度约为 20.15m,挡水墙的平面图、断面图分别如图 2-4-49、图 2-4-50 所示。

②石笼护脚:厚 0.5m,长 5m。

2)处治施工工艺

处治施工工艺流程见图 2-4-51。

3)主要施工工序

(1)拆除桥头搭板。拆除桥头搭板时施工车辆应位于桥梁侧,降低对邻近挡墙(第二模挡墙)的影响。

(2)浇筑路肩挡土墙护脚。基础埋深 2m 以上采用 C35 混凝土浇筑,墙身采用 C25 混凝土浇筑。

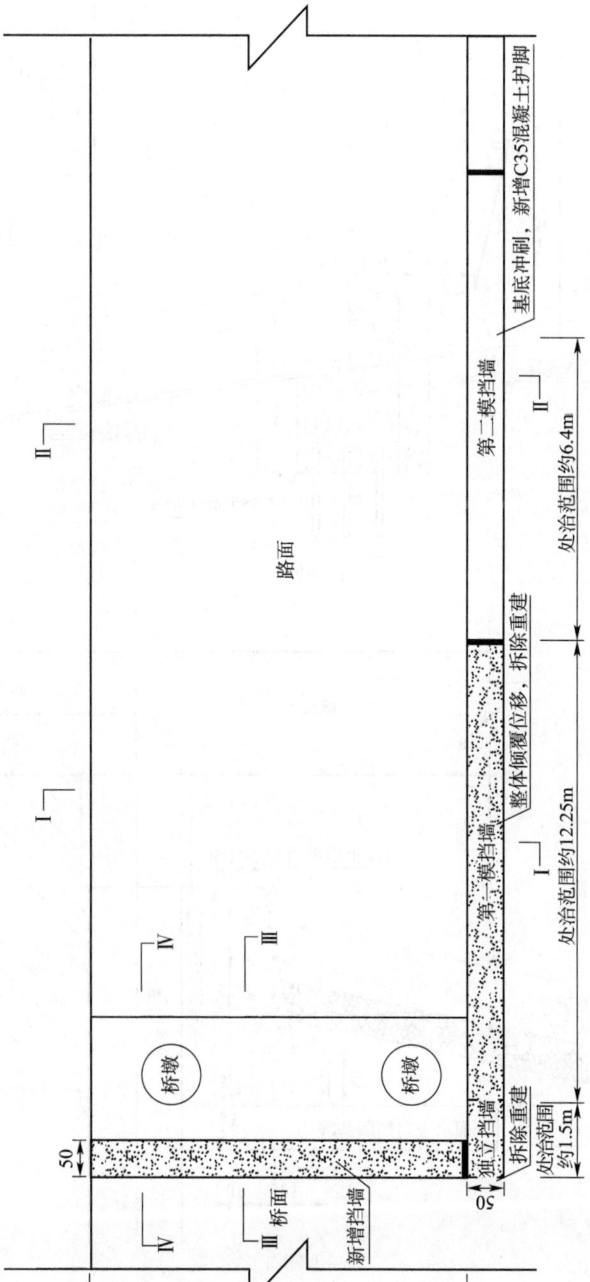

图2-4-49　处治平面图（尺寸单位:cm）

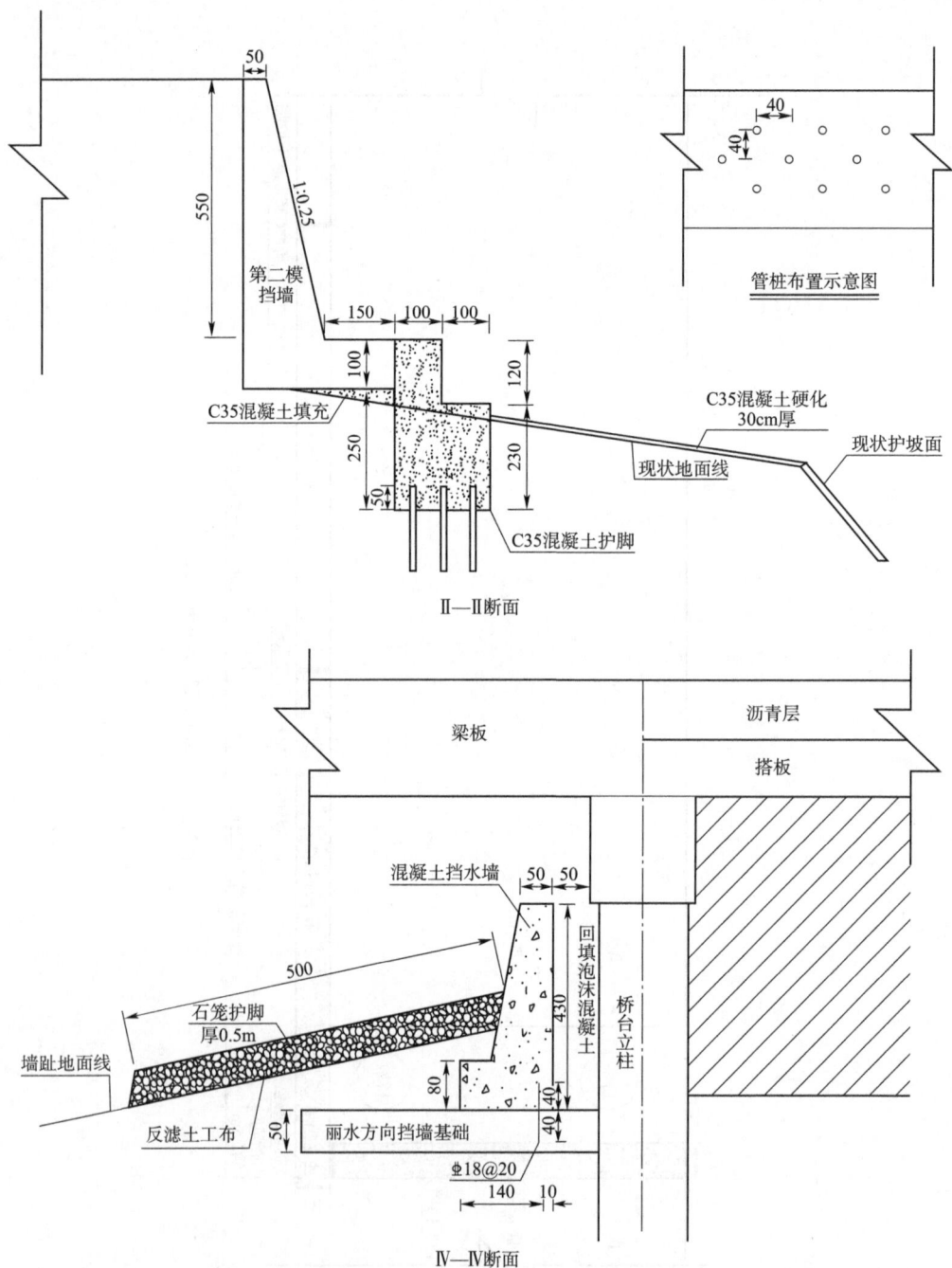

图 2-4-50　第二模处治断面图(尺寸单位:cm)

（3）基础埋深 2.5m 以上采用 C35 混凝土浇筑,墙身采用 C25 混凝土浇筑。

（4）泡沫混凝土回填。顶部设置一层钢丝网,位置设在底部上方 40 ~ 60cm 范围之内。因施工点位工作面狭小,使用了工期短、自重轻、防水性好且施工方便的泡沫混凝土。

处治施工后情况如图 2-4-52 所示。

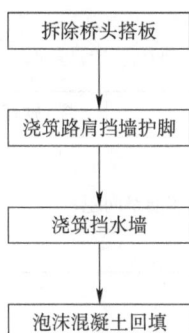

图 2-4-51 施工工艺流程图       图 2-4-52 处治施工后情况

### 2.4.11.4 反馈事项

（1）用泡沫混凝土回填路基，可提早 1 个月开放交通，路基质量及耐久性将得到明显提高，相比传统的土方回填，具有施工快、重量轻、防水性好、路基变形小、整体性好等优点。

（2）河道凹岸处，在新建设计阶段应考虑水流冲刷的沿河浸水挡墙加固措施。

## 2.4.12 BH-01-12 砌石挡土墙坍塌

### 2.4.12.1 病害概况

| 病害编号 | BH-01-12 | 病害名称 | 砌石挡土墙坍塌 |
|---|---|---|---|
| 公路路线 | 龙丽高速公路 | 发生时间 | 2019 年 4 月 3 日 |
| 病害实照 |  | | |
| 病害情况 | （1）具体部位：K90＋150～K90＋770 的路堑墙。<br>（2）定量损坏程度：经现场测量，路堑挡土墙塌方长度 10m，高度 7m，宽度 3m，塌方体积约 210m³。<br>（3）定性损坏程度：该路堑挡土墙发生倒塌，致使机耕道坍塌 | | |
| 养护工程类别 | 应急养护 | | |
| 案例资料提供者 | 浙江省交通集团高速公路丽水管理中心；钟峰莹 | | |

## 2.4.12.2 病害机理分析

| 病害编号 | BH-01-12 | 病害名称 | 砌石挡土墙坍塌 |
|---|---|---|---|
| 病害机理分析 | 主要因素：<br>(1)施工条件：填土材料差,砂浆强度低,存在施工质量问题。<br>(2)设计结构：浆砌片石挡土墙墙体厚度偏小 | | |
| | 次要因素：<br>水利因素：持续降雨的影响 | | |
| 病害等级 | 重度 | | |

挡土墙为衡重式浆砌片石挡土墙,高度 7m,长度 620m,挡土墙坡率为 1∶0.25。挡土墙顶部有一宽约 4.5m 的机耕道。

(1)填土材料差。新建时部分填土材料为细粒土,土的抗剪强度偏低。浆砌片石挡土墙砂浆强度低,墙体整体稳定性较差。

(2)浆砌片石挡土墙墙体厚度偏小。

(3)持续降雨的影响。病害发生前几日,持续降雨,挡土墙上方机耕道路发生坍塌,增加了既有高速挡土墙的墙背土压力,导致 K90＋700 位置挡土墙发生倒塌。

挡土墙坍塌机理如图 2-4-53 所示。

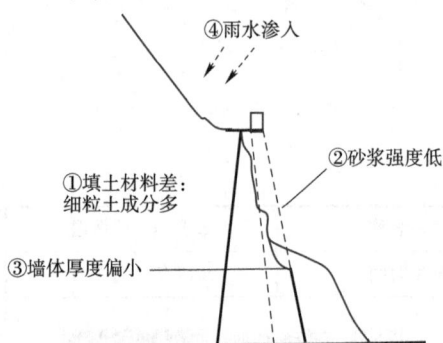

图 2-4-53 挡土墙坍塌机理

## 2.4.12.3 应急处置

(1)道路管控。现场设置预警岗、观察岗。现场查勘清除二次坍塌隐患,封闭硬路肩,并在区间内设置预警车一辆,检查频率为每 2h 一次,有异常情况及时上报。

(2)机耕道管控。对塌方点上方机耕道采取管制、警示措施,及时告知地方政府及相关部门,采用隔离栅及毛竹片对地方道路进行隔离,禁止附近村民进入事故点。

(3)现场应急检测与评估。经现场勘查,该段挡土墙整体较为稳定,研判不会发生二次坍塌,立即采取清除挡土墙顶部混凝土护栏,对相邻挡土墙采取堆土反压等措施。

## 2.4.12.4 病害处治方案

施工进场清理土石方发现,原挡土墙砌筑施工质量较差,块石存在外鼓较多,事故点相邻挡土墙存在开裂、鼓肚现象,经实地查看挡土墙塌方灾害处治情况,建议该病害处治方案采用 C20 混凝土现浇＋M7.5 浆砌片石挡土墙。对挡土墙上方机耕道土石方进行清理,对相邻挡土墙进行堆土反压等,并将侧幅挡土墙列入处治范围内。具体处治方案如下：

(1)K90＋700～K90＋710 段挡土墙:清除塌落物,采用 C20 混凝土现浇挡墙,挡土墙位置增设 3 排 φ75mm PVC 管泄水孔;

（2）K90 + 710 ～ K90 + 720 段挡土墙：整幅拆除重砌，基础采用 C20 混凝土现浇，墙身采用 M7.5 浆砌片石砌筑，挡土墙位置增设 3 排 $\phi$75mm PVC 管泄水孔；

（3）挡土墙砌筑完毕后，墙背采用土石混合料回填夯实，恢复机耕道。

施工图设计如图 2-4-54 ～ 图 2-4-56 所示。

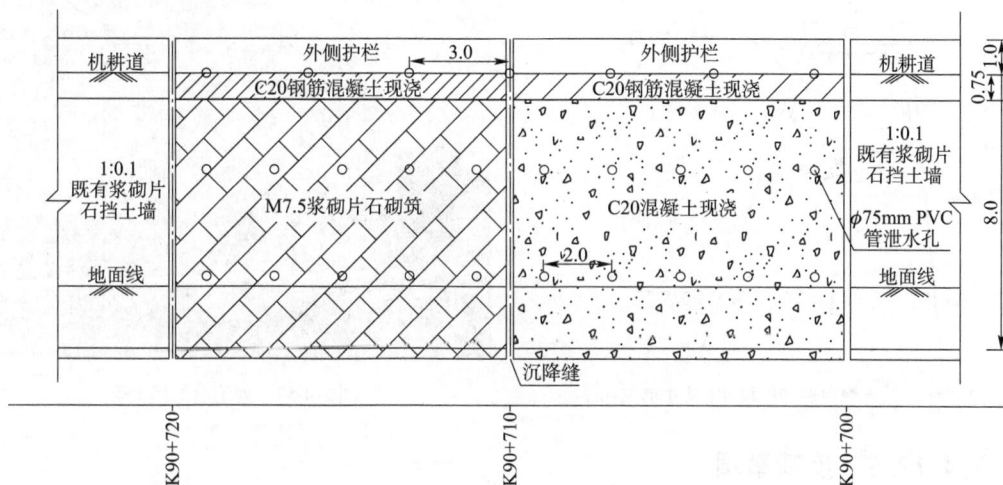

图 2-4-54　K90 + 700 ～ K90 + 710 上行 K90 + 700 处路堑挡土墙水毁处治（尺寸单位：m）

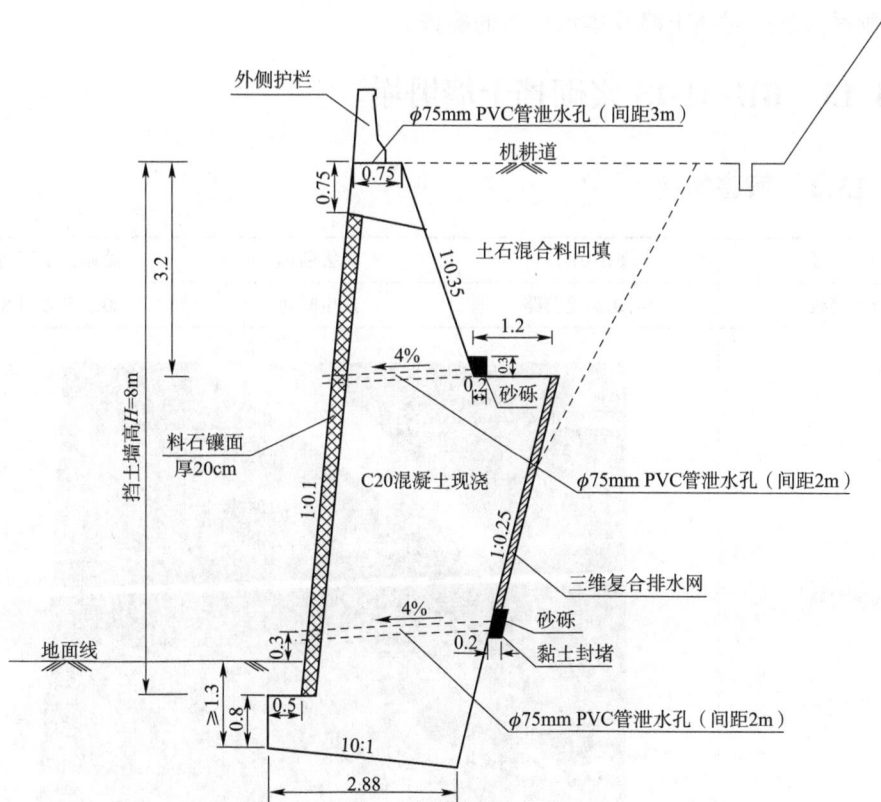

图 2-4-55　路堑挡土墙设计断面（尺寸单位：m）

处治后的挡土墙如图 2-4-57 所示。

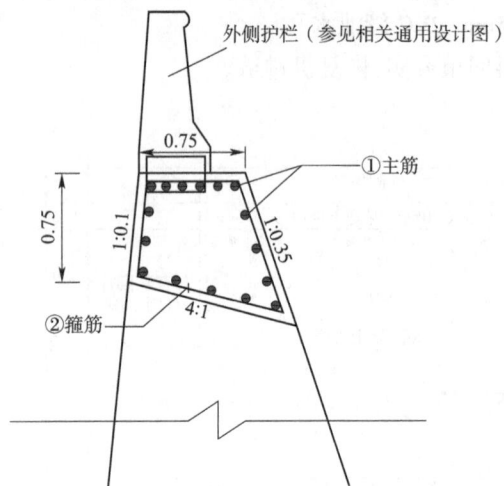

图 2-4-56　挡土墙顶部护栏设计(尺寸单位:m)

图 2-4-57　处治后的挡土墙

### 2.4.12.5　反馈事项

(1)施工阶段,应加强衡重式挡土墙的填土材料、砌筑和勾缝等施工质量管控。

(2)雨季应加强对挡土墙及排水设施的检查。

## 2.4.13　BH-01-13 浆砌挡土墙坍塌

### 2.4.13.1　病害概况

| 病害编号 | BH-01-13 | 病害名称 | 浆砌挡土墙坍塌 |
|---|---|---|---|
| 公路路线 | 诸永高速公路 | 发生时间 | 2022 年 2 月 8 日 |
| 病害实照 | |  | |

续上表

| 病害情况 | （1）具体部位：K179+800~K180+030挡土墙。<br>（2）定量损坏程度：路堤挡土墙上部土石混合料和墙体片块石滚落，覆盖于左幅溪口沿江桥第12#墩和13#墩之间，长度约20m，高度约14m，路基塌方处内凹深度2~3m，顶部中央混凝土护栏部分掉落。<br>（3）定性损坏程度：由于牵引作用，坍塌两侧挡墙发生鼓包，路面结构层尚完整但处于悬空状态，路面未出现下凹 |
|---|---|
| 养护工程类别 | 应急养护 |
| 案例资料提供者 | 浙江省交通集团高速公路温州管理中心；肖忠飞、马兆生 |

### 2.4.13.2　病害机理分析

| 病害编号 | BH-01-13 | 病害名称 | 浆砌挡土墙坍塌 |
|---|---|---|---|
| 病害机理分析 | 主要因素：<br>（1）地层因素：覆盖层为强风化晶屑熔结凝灰岩，节理裂隙发育。<br>（2）水利条件：雨水冲刷墙体，渗入墙背填土。<br>（3）设计条件：挡土墙截面强度不足 | | |
| 病害机理分析 | 次要因素：<br>砂浆强度低 | | |
| 病害等级 | 重度 | | |

K179+800~K180+030右幅为半填半挖路基。该段衡重式路肩挡土墙设置在路肩内，长230m，挡土墙每隔10m设置一道伸缩缝，缝宽2cm，墙体设置泄水孔，间距2m，上下排交错设置。

（1）地质情况：覆盖层厚度0.6m，为强风化晶屑熔结凝灰岩，灰色，凝灰质结构，块状构造，节理裂隙发育，70°~90°组理发育明显。场地右侧为山坡，山体坡角大多为15°~25°，局部达50°左右，山体自然状态较稳定。

（2）雨水冲刷墙体，渗入墙背填土。场地左侧为楠溪江，地形平坦，楠溪江属季节性溪流，暴雨时水量较大，对岸坡冲刷严重。墙体长期受水流冲刷、植物生长剥蚀等作用而发生风化脱落，挡土墙强度折减较大。

（3）挡土墙截面强度不足。连日的降雨使挡土墙台背土体达到饱和状态，在行车荷载反复作用下，挡土墙截面强度不足，从而由上挡土墙根部向衡重台下斜向墙面发生剪切破坏，引起墙身及路基局部坍塌，同时由于牵引作用，坍塌处两侧挡土墙出现鼓包。

（4）挡墙砂浆老化。勾缝砂浆脱落，缝中局部生长有杂草和苔藓，墙面漏水痕迹明显，可见砂浆老化、风化明显。

浆砌挡土墙坍塌形成机理如图2-4-58所示。

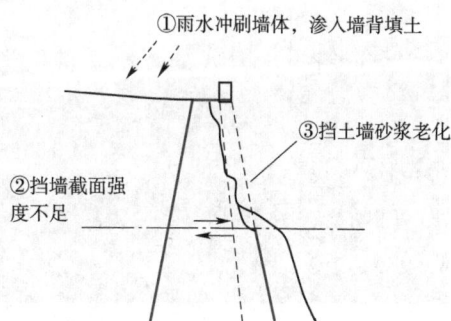

①雨水冲刷墙体，渗入墙背填土
③挡土墙砂浆老化
②挡墙截面强度不足

图2-4-58　浆砌挡土墙坍塌形成机理

### 2.4.13.3 应急处置

该病害案例应急处置主要包含道路交通管制、应急安全防护、应急检测、监测监控等。

1）道路交通管制

现场采取硬隔离封闭行车道，留一条应急车道保证车辆通行，设置相应标志等设施，对该路段黄牌型货车、中大型客车采取禁行措施，关闭岩坦收费站温州方向进口，积极对接台州、金华等地交管部门，做好交通分流引流等交通组织管理工作，并在高速公路沿线电子情报板进行播报。

2）应急安全防护

（1）施工前，对塌方区域坡面采用喷射混凝土进行临时固结，如图2-4-59所示。

图2-4-59　塌方区域坡面喷射混凝土防护

（2）在塌方区域覆盖雨布，减少雨水冲刷坡面，避免造成进一步坍塌。随后设置长30m、宽20m的φ25mm SNS主动柔性防护网，如图2-4-60所示。

（3）在既有墩柱上设置防撞缓冲装置（绑扎轮胎），防止塌落块石碰撞。

（4）对小桩号侧底部部分脱空的护栏（长度约10m）采用70吨位吊车24h微微吊起、施加预拉力的方法进行稳固，如图2-4-61所示，时间持续20d。

图2-4-60　挂设SNS主动柔性防护网

图2-4-61　小桩号护栏施加预拉力稳固

3）应急检测

（1）使用步进频率的车载三维探地雷达和二维探地雷达，在短时间内快速对道路塌陷区及相邻车道进行全覆盖式探测，精准探测塌陷路段及塌陷区附近路段道路下方因坍塌引起的次生道路病害范围，为道路修复方案的精准设计提供基础数据。

（2）使用机载激光雷达及地面式激光扫描仪对道路坍塌区进行激光3D点云扫描，获取精确的塌陷区的范围等信息，并在短时间内对塌陷区进行实景建模（图2-4-62）。

图2-4-62　机载激光雷达+地面式激光扫描仪融合点云扫描成果图

4）监测监控

（1）监测范围、项目与布置。

对挡土墙水毁段桥墩和水毁挡土墙大里程、小里程方向各70m范围内挡土墙进行变形监测。坍塌治理监测项目有表面位移监测（水平位移、垂直位移）、路面裂缝监测，监测内容为K179+977~K180+000路段的桥墩表面位移、路面裂缝，K179+900~K180+070路段的路堤挡土墙表面位移。

靠近路堤墙水毁段40m范围内挡土墙监测点按间距5m布设，在挡土墙上部、中部位布设两排，鼓胀处需加密监测点，共计22个，外侧30m范围内挡土墙监测点按间距10m布设，在挡土墙中部位设一排，共计4个，挡土墙监测点共计26个。桥墩监测点布设于桥墩露出地面2m高位置，逐个布设，共计4个。监测点位分布如图2-4-63所示。

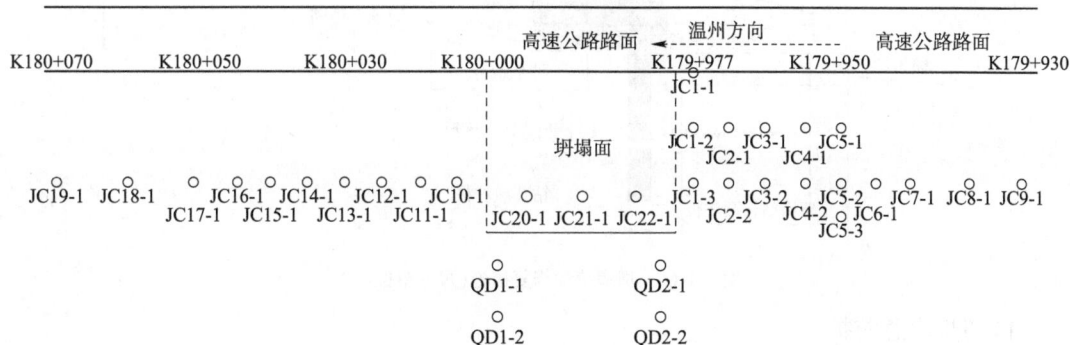

图2-4-63　监测点位分布立面图

挡土墙位移监测点采用钻孔埋设连接杆方式,钻孔深度1m,观测装置采用固定杆件安装棱镜,固定杆件与埋设的固定螺栓连接,固定杆件尺寸与固定螺栓规格可根据采用的测量装置尺寸要求加工。

(2)人工巡检。

由经验丰富的地质工程师带领专业技术人员使用无人机和地质雷达、地质锤、钢尺、激光测距仪等勘测设备进行现场巡检,及时查明裸露区域的路基防护工程病害、不利地质状况及潜在危险因素。人工巡检频率为一天两次,如遇变形加速或强降雨,增加巡检次数和加大巡检力度。

人工巡检主要包含以下内容:①路基、路面有无新裂缝、坍塌发生,原有裂缝有无扩大、延伸;②地表有无隆起或下陷,挖方坡体后缘有无裂缝,前缘有无剪口出现,局部楔形体有无滑动现象;③排水沟、截水沟是否畅通,排水孔是否正常;④挡土墙基础是否出现架空现象,原有空隙有无扩大;⑤有无新的地下水露头,原有的渗水量和水质是否正常;⑥监测设备运行是否正常、有无损坏。

### 2.4.13.4 病害处治方案

基于"快速修复"的思路,采用"初步应急防护 + 桩基加强防护 + 台阶式挡土墙反压加固 + 浇筑混凝土修复挡土墙"处治方案分步实施,如图 2-4-64 所示。

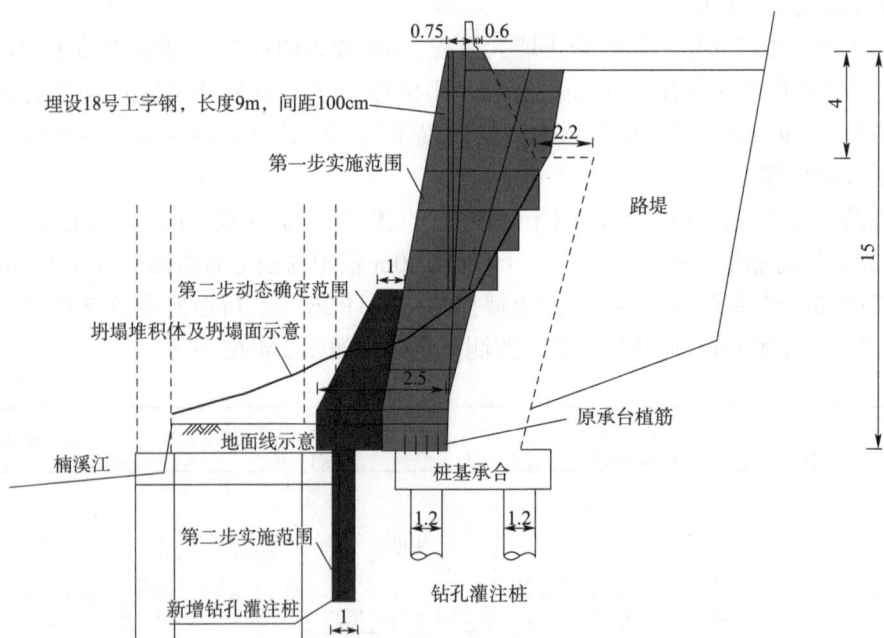

图 2-4-64 坍塌范围修复措施(尺寸单位:m)

1)初步应急防护

为了避免坍塌面长时间暴露而进一步恶化,对坍塌部位采取喷射混凝土及挂设 SNS 主动柔性防护网的初步应急措施进行防护。

2）桩基加强防护

为保证桥梁安全,对路基挡土墙墙脚采用桩基加强防护,保证路基挡土墙结构的长久稳定。本次处治充分利用现有挡土墙基础为桩基承台、承台外侧露出挡土墙面有 2m 宽度可以利用的有利条件,在原桩基承台的外侧上新增挡墙的桩基础,以解决地基承载力不足问题。

3）台阶式挡土墙反压加固

考虑到修复挡土墙高达 15m 左右,对地基承载力要求高,而目前地形地层条件其实是不利于高大挡土墙直接布设的。如果修复挡土墙直接坐落于现有地层上,一旦发生过量变形甚至失稳,不仅对右幅通行产生重大影响,还会对左幅桥梁结构产生破坏推挤,后果严重。为了能够快速施工达到早期的支挡效果,采用现浇外侧支挡。

4）浇筑混凝土修复挡土墙

清理塌方体后采用 C40 混凝土挡土墙进行修复。对于现有坍塌面较陡的部位,在下部挡土墙形成一定强度后,适当清理形成台阶状再进行上部挡土墙的浇筑;滑塌范围两侧挡土墙鼓包,反压高度根据实际施工进度适当调整,但不小于鼓包变形最大位置高度。

浆砌挡墙坍塌处治流程如图 2-4-65 所示,挡土墙施工完成效果如图 2-4-66 所示。

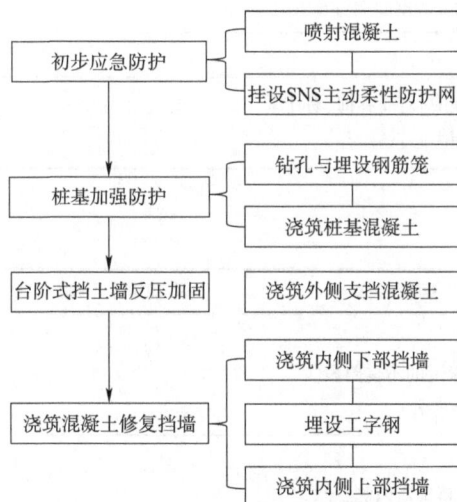

图 2-4-65  浆砌挡墙坍塌处治流程图

图 2-4-66  挡土墙施工完成效果图

## 2.4.13.5  反馈事项

（1）以建管养一体化理念推进隐患治理。在建设期设计阶段就应持续关注如弯道、"三高"路段及其他特殊路段的监控设施布设;在运营阶段开展隐患分类分级,完善高路堤的检查及安全风险评价方法,推进以安全置顶为原则的建管养一体化措施落地。

（2）加强挡墙监测与巡查管理。采用三维雷达监测技术,有效开展挡墙隐形病害的实测分析。

## 2.4.14 BH-01-14 路基排水不畅

### 2.4.14.1 病害概况

| 病害编号 | BH-01-14 | 病害名称 | 路基排水不畅 |
|---|---|---|---|
| 公路路线 | 丽龙高速公路 | 发生时间 | 2022 年 2 月 8 日 |
| 病害实照 | | | |
| 病害情况 | (1)具体部位:上行线 K2598＋460 位于超高路段,下行线 K2680＋260 位于纵横坡变坡点,下行线 K2617＋240 位于隧道进口。<br>(2)定量损坏程度:水珠扬起高度超过 2.0m,影响第二车道的车辆行驶。<br>(3)定性损坏程度:造成超车道积水,严重影响行车安全 | | |
| 养护工程类别 | 修复养护 | | |
| 案例资料提供者 | 浙江省交通集团高速公路丽水管理中心:潘春梅、易伟琴<br>浙江省交通集团高速公路金华管理中心:杨丽芬 | | |

### 2.4.14.2 病害机理分析

| 病害编号 | BH-01-14 | 病害名称 | 路基排水不畅 |
|---|---|---|---|
| 病害机理分析 | 主要因素:<br>(1)地形条件:处于长下坡和连续弯道的不良路段。<br>(2)设计条件:路面横坡度的设计值偏小 | | |
| | 次要因素:<br>(1)排水条件:路基排水不畅,造成超车道内侧积水。<br>(2)水文条件:强降雨时,雨水渗入路基 | | |
| 病害等级 | 重度 | | |

(1)处于长下坡和连续弯道的不良路段。丽龙高速公路是典型的山区高速公路。建设期受地形及周围环境因素影响,路线线形相对较差,转弯半径过小,长下坡和连续弯道等不良路段较多。

(2)路面横坡度的设计值偏小。每逢强降雨时,长下坡路基两侧边沟难以及时排除路基范围内的水流,造成超车道积水,对双向行驶车辆造成较大的安全隐患。

(3)路基排水不畅,造成超车道内侧积水。上行线 K2598＋460 位于超高路段、下行线

K2680+260位于纵横坡变坡点、下行线K2617+240位于隧道进口且建设期未设置排水系统,强降雨时此处易形成弯道内侧路面积水。

排水不畅形成机理如图2-4-67所示。

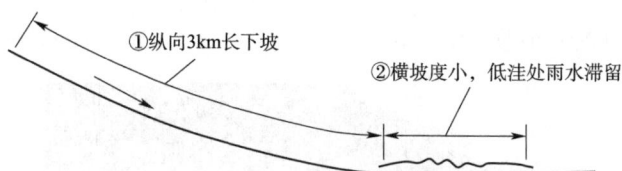

图2-4-67 排水不畅形成机理

### 2.4.14.3 病害处治方案

采用在超车道路缘带纵向开槽方式。

工艺流程如图2-4-68所示。

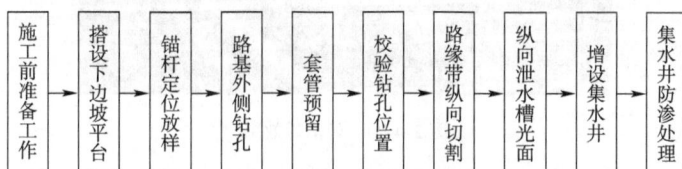

图2-4-68 工艺流程图

关键工序如下:

(1)搭设下边坡平台。在下边坡距离路面2m处搭设作业平台,清理钢管架基础搭设位置表土、松石,并对基础范围的钢管支撑点进行简单硬化,以保证支架基础的平整度、支撑力和稳定性。

(2)路基外侧钻孔。凿岩机的钻孔方向为垂直于路面行车方向,设置2%~4%向路基外侧的横坡。路基钻孔排水横断面见图2-4-69。

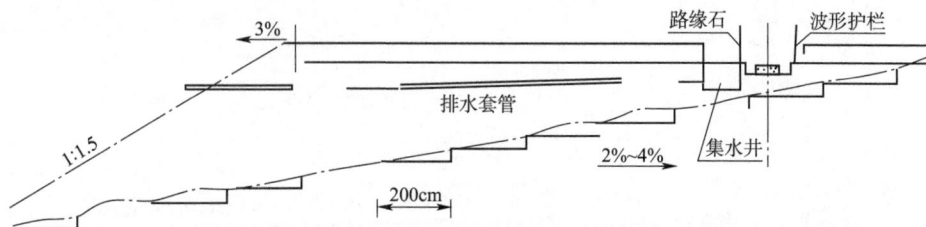

图2-4-69 路基钻孔排水横断面图

(3)套管预留。通过路基外侧搭设平台安装边坡锚杆钻孔设备,钻孔的同时套上$\phi$146mm钢套管,钻孔至集水井位置后拔除钻头。

(4)路缘带纵向切割与纵向泄水槽光面。对超车道路缘带边缘进行清扫,在路缘石边缘10cm处进行纵向拉线放样,使用切割机沿放样直线进行切割,切割深度为10cm(上面层+中面层),用镐头机对该部分沥青混凝土进行凿除。用普通硅酸盐水泥砂浆对凿出凹槽部分进行抹面,防止路面水渗透到基层和底基层,避免路面结构破损。

(5)增设集水井。在路基钻孔与路缘带纵向切槽垂直投影交点处开挖尺寸为80cm×80cm的正方形集水井,开挖深度为超过钻孔套管下沿10~20cm,以便于集水井沉淀泥沙和树叶等杂物。

处治后效果如图2-4-70所示。

图2-4-70　处治后效果

### 2.4.14.4　反馈事项

(1)路基钻孔处治路面积水方案,具有施工工艺简单、适用范围广、不影响行车安全、工程造价低等特点,可广泛运用于全国高速公路积水路段处治。如果所处路段为土质填方路堤,也可以采用横向埋设渗沟的处治方式。

(2)在路线弯道、长下坡路段,应做好综合排水治理工作。

# 3 路面类病害

路面是用各种筑路材料铺筑在路基上,直接承受车辆荷载的层状构造物。路面病害直接影响车辆行驶的安全性和舒适性。路面病害类型复杂,表现特征多样。根据路面材料不同,路面病害主要分为沥青路面病害和水泥混凝土路面病害。鉴于我国高速公路路面基本为沥青路面,本书只介绍沥青路面病害。

## 3.1 常见路面病害

常见沥青路面病害有裂缝、变形等,各自的特征见表3-1-1。

常见沥青路面病害及其特征                                    表 3-1-1

| 病害分类及典型类型 | | 主要特征 |
|---|---|---|
| 裂缝类 | 龟裂 | 网格式的,网格内最长距离小于0.5m,不规则裂缝,其形状类似于乌龟背壳 |
| | 块状裂缝 | 网格式的,网格内最长距离不小于0.5m,不规则裂缝 |
| | 纵向裂缝 | 道路行车方向出现的规则裂缝 |
| | 横向裂缝 | 路面横断面方向出现的规则裂缝 |
| 变形类 | 车辙 | 道路行车方向轮迹处的凹陷变形 |
| | 波浪拥包 | 有规律地起伏,其形状类似于波浪 |
| | 沉陷 | 面层产生沉陷并伴有裂缝 |
| 其他类 | 松散 | 粗细集料部分散失 |
| | 坑槽 | 混合料已经散失形成的坑 |
| | 泛油 | 路面表面出现薄油层 |
| | 跳车 | 车辆通过时突然颠簸 |
| | 积水 | 水滞留在路面上 |

# 3.2　路面病害识别与成因

## 3.2.1　裂缝类

在面层可观察到各类裂缝,可采用自动化、信息化及便捷检测设备巡检辅以人工现场复核进行识别。

成因:龟裂的成因一般是重载车辆的反复碾压和路面整体强度不足、基层湿软、稳定性不良等综合因素。块状裂缝的成因一般是铺设沥青路面的沥青混合料采用大量低针入度沥青和亲水性集料或沥青老化失去弹性或在低温作用下沥青混凝土产生缩裂等。纵向裂缝的成因一般是路基边部压实不足或路堤边部产生沉降或在沥青混合料摊铺时,纵向接缝处理不当或基层开裂的反射等。横向裂缝的成因一般是地基或填土路堤纵向不均匀沉降或沥青混合料摊铺时,横向接缝处理不当或温度变化过大或基层开裂的反射等。

## 3.2.2　变形类

在面层可观察到各类变形,往往伴随着裂缝,可采用自动化、信息化及便捷检测设备巡检辅以人工现场复核进行识别。

成因:车辙成因是受轮载作用,路基、路面各结构层塑性变形累积。波浪拥包成因为级配不良的沥青混合料受较大水平力作用导致面层材料沿侧向发生剪切。沉陷成因为路基压实不足或路基水文条件差,难以承受路面传递的荷载而发生竖向变形。

## 3.2.3　其他类

其他类病害识别方法和成因应根据实际情况而定。

1)松散

可在面层上观察到零散的粗细集料,可采用自动化、信息化及便捷检测设备巡检辅以人工现场复核进行识别。其成因是水损坏、表面层沥青黏附性下降或沥青老化变质等。

2)坑槽

可在路表面观察到凹坑,往往还有积水,可采用自动化、信息化及便捷检测设备巡检辅以人工现场复核进行识别。其成因是路面病害没有及时处理,导致混合料散失。

3)泛油

可在路表面观察到薄油层,可采用自动化、信息化及便捷检测设备巡检辅以人工现场复核进行识别。其成因是沥青含量偏多或稠度偏低,当气温较高时,在行车作用下沥青被挤出。

4)跳车

可在路表面观察到高差,主要发生在桥梁等结构物和路面交界处,车辆通过时有突然颠簸的现象,可采用自动化、信息化及便捷检测设备巡检辅以人工现场复核进行识别。其成因是路面或结构物的不均匀沉降。

5)积水

可在路表面观察到水膜或水坑,可采用雨天人工巡查进行识别。其成因是面层变形、排水系统堵塞或路面过水距离过大等。

# 3.3　路面病害处治方法

## 3.3.1　裂缝类

裂缝处治可采用灌缝、贴缝、带状挖补方式,或进行组合使用。

若为单条裂缝,可以直接采取灌缝或贴缝的方法进行处治;若为裂缝带,则需清除表层的沥青混凝土,根据实际裂缝的作用深度来确定挖除的沥青层深度,侧壁采用嵌缝条进行粘贴,然后铺设一定厚度的沥青混合料;若为基层开裂反射导致面层开裂,应彻底清理路面沥青结构层,同时保证宽度满足要求,并且在封缝路面基层上粘贴聚酯玻纤布,清理基层后洒布改性乳化沥青黏层,然后铺设沥青混合料;若为龟裂和块状裂缝等不规则裂缝,应根据破坏程度确定开挖深度,开挖应沿着被损坏处外侧1m处进行。清理沥青结构层时,沥青结构层之间的搭接宽度应大于50cm。

## 3.3.2　变形类

(1)根据车辙病害类型、范围、严重程度及原因,合理确定采用局部车辙处治或大范围直接填充、就地热再生、铣刨重铺等措施。

(2)根据波浪拥包病害类型及产生原因,合理确定采用局部铣刨、局部铣刨重铺、就地热再生、整体铣刨重铺等措施,重铺材料可采用热拌、冷拌或温拌沥青混合料、功能性罩面材料等。

(3)根据沉陷病害类型、发生部位、严重程度及原因,合理确定采用挖补、填补或注浆等措施。

## 3.3.3　其他类

(1)根据松散病害类型、范围、严重程度及原因,合理确定采用封层、就地热再生、铣刨或挖除松散部分后重铺沥青面层等措施。

(2)根据坑槽病害类型、范围、严重程度及原因,合理确定采用就地热修补、热料热补、冷料冷补等措施。

(3)根据泛油病害类型、范围、严重程度及原因,合理确定采用微表处、超薄罩面或薄层罩面、碎石封层、就地热再生、铣刨泛油面层后重铺等措施。

（4）根据跳车病害类型、范围、严重程度及原因,合理确定采用加固地基或路基、桥头搭板、路面加铺等措施。

（5）根据积水病害类型、范围、严重程度及原因,合理确定采用沉陷处治、路面切槽、疏通或修复排水系统、铣刨重铺排水路面结构等措施。

对于因基层病害反射到面层的病害,对路面使用功能影响较小的,可采用补强罩面的方法,改善沥青路面状况,从而阻止雨水通过裂缝进入基层,延缓基层结构的扩大破坏。严重影响路面使用功能的,应封闭部分交通,铲除现有全部基层结构层,将基层开挖范围内的杂物彻底清除,并进行有效处理后重新铺筑,从而彻底解决基层病害,同时注意与现有道路连接段的衔接,并且在施工中避免雨水进入基层对路幅旁边路段基层造成影响。

# 3.4 路面病害典型案例

## 3.4.1 BH-02-1 面层裂缝（温度疲劳开裂）

### 3.4.1.1 病害概况

| 病害编号 | BH-02-1 | 病害名称 | 面层裂缝（温度疲劳开裂） |
| --- | --- | --- | --- |
| 公路路线 | 台金高速公路 | 发生时间 | 2022 年 7 月 5 日 |
| 病害实照 | | | |
| 病害情况 | 路面多处纵向开裂 | | |
| 养护工程类别 | 预防养护 | | |
| 案例资料提供者 | 浙江省交通集团高速公路台州管理中心:王飞、王琪、陈智铭 | | |

### 3.4.1.2　病害机理分析

| 病害编号 | BH-02-1 | | 病害名称 | 面层裂缝(温度疲劳开裂) |
|---|---|---|---|---|
| 病害机理分析 | 主要因素: <br> (1)面层材料强度不足。 <br> (2)温度应力 | | | |
| | 次要因素: <br> (1)重载交通。 <br> (2)交通量大 | | | |
| 病害等级 | 轻度:主要裂缝宽度小于或等于3mm。 <br> 重度:主要裂缝宽度大于3mm | | | |

本类型纵向裂缝深度多数为路表下几毫米,较深的已经开裂至层底;裂缝长度从一米到几十米不等,裂缝宽度有几毫米不等。从外观形态上主要表现为单条直线型裂缝。其显著特点是以长条状出现,很少有分岔。开裂口的形状以上宽下窄为主,由于路面面层材料应力不足且路面交通量大,在重载或超载作用下易产生上宽下窄纵向裂缝。

应力不足产生的纵向裂缝主要发生在行车道,裂缝自上而下发展。其中,车道中心处的纵向裂缝基本沿垂直方向自上而下发展,具有受拉开裂特征;轮迹带处的纵向裂缝则在一定深度以一定角度向下发展,具有剪切开裂特征。即车道中心处的纵向裂缝主要由拉应力导致,而轮迹带处的纵向裂缝主要由荷载引起的剪应力导致。在重载(150%标准荷载)交通情况下,面层的剪应力会达到0.34MPa;拉应变会达到77$\mu\varepsilon$。重载交通情况下,面层也会因剪应力不足或疲劳破坏产生纵向裂缝。

### 3.4.1.3　病害处治方案

灌贴工艺是一种预防性的养护措施,适用于上宽下窄的裂缝处治,主要作用是防止水进一步侵蚀道路。使用贴缝带、密封胶能够阻止渗水、基底结冰和结构破坏,更重要的是,贴缝带、密封胶能够延长沥青路面的使用寿命,而且施工费用较低,仅为挖补路面费用的1/6。

灌贴处治宜遵循"主缝灌,微缝贴;入冬开春为主,夏秋为辅;见缝就灌"的原则,选择在初冬季节降雪来临前或开春季节雨季来临前开展。

针对本案例单条微裂缝,采用灌贴工艺处治。

1)灌贴工艺流程

灌贴工艺流程如图3-4-1所示。

2)施工关键技术

(1)人工灌缝。

沿放样标准线进行吹风清理,连续不断灌入胶体(图3-4-2),胶体应覆盖裂缝,宽度5cm±1cm,边缘整齐,无遗漏。

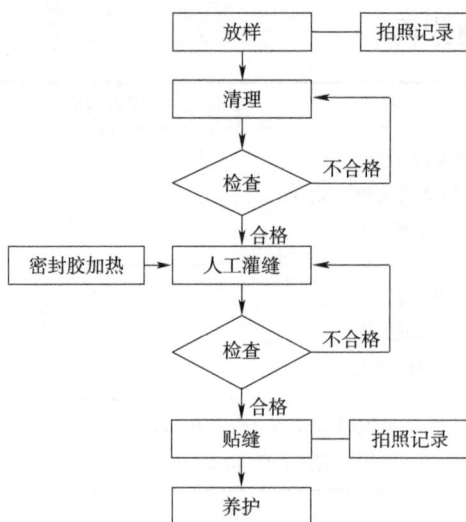

图 3-4-1　灌贴工艺流程图

图 3-4-2　灌缝示意图

（2）贴缝。

将贴缝带的隔离纸揭去，以裂缝为中心线将贴缝带平整地贴在路面上，如遇不规则的裂缝，用剪刀将贴缝带剪断，按裂缝的走向跟踪粘贴，在结合处形成 4~8cm 重叠。敲打贴缝带表面，使贴缝带紧贴裂缝，无气泡、褶皱、脱落情况（图3-4-3）。

图 3-4-3　贴缝示意图

### 3.4.1.4　反馈事项

灌贴处治的作用：（1）增强结构稳定性；（2）阻止雨水下渗对基层造成破坏，从而延长路面使用寿命；（3）减少次生病害，如裂缝洞等。

对于日夜温差较大的地区，应从沥青标号方面进行分析，结合温差、交通流量和道路功能采用不同的沥青标号。结合区域气候特征选择密封胶类型，区域最低气温不低于0℃，宜选用高温型密封胶；区域最低气温不低于 -10℃，宜选用普通型密封胶；区域最低气温不低于 -20℃，宜选用低温型密封胶；区域最低气温不低

于 –30℃,宜选用寒冷型密封胶;区域最低气温不低于 –40℃,宜选用严寒型密封胶。宜根据裂缝情况选用适宜的施工方法,裂缝宽度不大于 5mm 时,宜选用贴式灌缝;裂缝宽度大于 5mm 且不大于 1cm 时,宜选用针式灌缝;裂缝宽度大于 1cm 时,宜选用开槽灌缝或其他处理方式。

对于较严重并伴有严重沉陷的网状裂缝,或基层完好,面层已成块状的裂缝,按照修补坑槽方案进行挖补,以防雨水下渗形成翻浆或坑槽。

## 3.4.2 BH-02-2 隧道路面裂缝

### 3.4.2.1 病害概况

| 病害编号 | BH-02-2 | 病害名称 | 隧道路面裂缝 |
|---|---|---|---|
| 公路路线 | 甬台温高速公路 | 发生时间 | 2017 年 7 月 10 日 |
| 病害实照 | <br>横向反射裂缝　　　　　　Y 形反射裂缝<br>注:旧混凝土路面补强时常在原有路面上加铺一层沥青罩面,当混凝土移位产生的拉应力超过沥青罩面层的抗拉强度时,罩面层就会开裂,形成反射裂缝 | | |
| 病害情况 | (1)具体部位:猫狸岭隧道群。<br>(2)建设期采用水泥混凝土路面,由于重载交通且通车年限较长,路面出现较多病害,裂缝密集,且裂缝宽度较大。<br>(3)后期加铺沥青面层,路面有明显的纵、横向裂缝,同向裂缝间距为 4～4.5m,伴随有块状裂缝和龟裂等 | | |
| 养护工程类别 | 修复养护 | | |
| 案例资料提供者 | 浙江省交通集团高速公路台州管理中心:王建国、杜侃、王奔宇 | | |

### 3.4.2.2 病害机理分析

| 病害编号 | BH-02-2 | 病害名称 | 隧道路面裂缝 |
|---|---|---|---|
| 病害机理分析 | 主要因素：<br>水泥混凝土板间应力集中反射到沥青路面开裂 | | |
| | 次要因素：<br>(1)水泥混凝土板脆性破坏,出现断板。<br>(2)重载交通 | | |
| 病害等级 | 轻度：主要裂缝宽度小于或等于3mm。<br>重度：主要裂缝宽度大于3mm | | |

本类型病害是沥青面层下水泥混凝土板已无法为沥青面层提供稳定的支撑,水泥混凝土板间接缝处、碎板、断板、板角隔断裂而引起的反射裂缝及其衍生病害。

旧混凝土基层裂缝是旧混凝土板块已经破损,板块本身就已经存在接缝传荷能力差、板底脱空、板块开裂、边角破碎等病害。

(1)间距4~4.5m横向裂缝,裂缝常出现在混凝土板接缝处,主要是因水泥混凝土接缝破碎或失效,板间扰动过大,接缝处应力集中造成的沥青路面反射裂缝。

(2)间距小于5m的横向裂缝,主要是因水泥混凝土板出现断板而引起的沥青面层反射裂缝。

(3)沥青面层横向裂缝出现规则的斜向支缝,主要是因水泥混凝土板出现角隔断裂而产生的Y形反射裂缝。

### 3.4.2.3 病害处治方案

针对甬台温高速公路台州二期猫狸岭隧道群隧道路面反射裂缝较多、平整度不佳等问题,采用同步纤维碎石封层(1.5cm) + 改性AC-20(6cm) + 掺聚酯纤维改性AC-13(4cm)的修复养护技术,可在保证平整度的情况下,最大限度地延缓底部水泥板块裂缝反射。

同步纤维碎石封层技术是指采用纤维封层设备同时撒布沥青黏结料和纤维及碎石,经碾压后形成应力吸收中间层的一种道路建养技术;掺聚酯纤维改性AC-13是一项改性AC-13沥青混合料掺加聚酯纤维提高混合料抗拉性能的技术。

1)本类型病害处治的施工工艺流程

其施工工艺流程见图3-4-4。

2)病害处治施工关键技术

(1)施工前,需对隧道混凝土板块中破板、断板、脱空板块进行处理。

(2)施工前,对混凝土板块进行抛丸处理并用空压机吹净以提高同步纤维碎石封层的黏结性。

(3)同步纤维碎石封层养护施工中,纤维材料的作用显著且极为重要。本案例采用玄武岩纤维材料施工,长度在30~120mm以内。但应根据工程量以及工程的质量标准,确定合理的纤维加入比例,一般为45~70g/m²,对于龟裂严重的位置适当增加比例。

(4)同步纤维碎石封层养护施工中,碎石撒布率应控制在95%~100%,不可过量撒布,同步纤维碎石封层车速和轮胎压路机车速应相匹配,控制车速在3.5km/h,碎石撒布后,用轮胎压路机跟进碾压作业,碾压2遍或3遍,初压速度2km/h,其后碾压速度为2.5km/h。施工结束,待改性乳化沥青破乳后方可开放交通,但需对过往车辆限速在20~30km/h,清扫散落的集料,以免弹起损坏车窗玻璃等,造成安全隐患。

| 沥青面层铣刨清理 | → | 对水泥混凝土进行局部修复 | → | 抛丸后撒布同步纤维碎石封层 | → | 摊铺6cm AC-20+4cm掺聚酯纤维AC-13 |

图3-4-4 施工工艺流程图

### 3.4.2.4 反馈事项

本处治方案优点:(1)施工后各项路况指标有效提升。(2)同步纤维碎石封层有效延缓反射裂缝的发展。(3)相对于改性AC-13沥青混合料,掺聚酯纤维改性AC-13的高温稳定性、低温抗裂性、疲劳耐久性、水稳定性、抗滑性能都有一定提高。其缺点为造价较高,施工较复杂。

本处治方案适用于高速公路隧道"白改黑"路面罩面加铺,可在大流量路段运用,能有效解决平整度、反射裂缝等问题。

## 3.4.3 BH-02-3 接缝裂缝

### 3.4.3.1 病害概况

| 病害编号 | BH-02-3 | 病害名称 | 接缝裂缝 |
|---|---|---|---|
| 公路路线 | 杭金衢高速公路杭绍段 | 发生时间 | 2022年6月29日 |
| 病害实照 |  | | |
| 病害情况 | (1)部分纵向裂缝连续长度超过200m。<br>(2)纵向裂缝主要分布于第3车道拼宽处,块状修补于第3、4车道均有分布。<br>(3)病害规模保持高位:2019年度第3车道路面损坏规模为23.27m²/车道公里,第4车道为12.23m²/车道公里。 | | |
| 养护工程类别 | 修复养护 | | |
| 案例资料提供者 | 浙江省交通集团高速公路杭州南管理中心;冯宗逵 | | |

### 3.4.3.2 病害机理分析

| 病害编号 | BH-02-3 | | 病害名称 | 接缝裂缝 |
|---|---|---|---|---|
| 病害机理分析 | 主要因素:<br>下层病害反射 | | | |
| | 次要因素:<br>设计和施工 | | | |
| 病害等级 | 轻度:主要裂缝宽度小于或等于3mm。 | | | |
| | 重度:主要裂缝宽度大于3mm | | | |

沥青路面接缝裂缝一般为纵向裂缝,位于新旧路面拼接处,主要成因为拼宽路段与原路段搭接处治不到位。

(1)根据拓宽路段施工图设计,面层存在两级台阶拼接,第1级台阶拼接为拓宽部位中面层处,第2级台阶拼接为拓宽部位下面层处,部分路段在台阶界面处设置聚酯玻纤布,削弱了层间抗剪力。拓宽路面结构见图3-4-5。

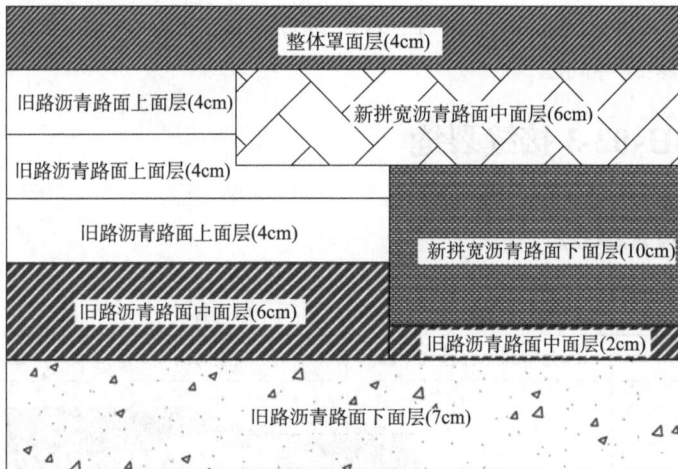

图3-4-5 拓宽路面结构图

(2)第1级台阶拼接为旧路两层4cm细粒式混凝土与拓宽部位中面层拼接,且拼宽面层厚度小于旧路上两层厚度,过渡部位层间不连续。当拼接缝位于轮迹带时易向上反射裂缝,外观上表现为纵向裂缝,内部表现为拓宽结构与旧路结构发生整体性黏结断裂,裂缝沿拼接界面竖向发展,对于层间黏结不良的部位还会加速层间破坏;裂缝最深可发展至台阶拼接的底部,即拓宽基层底部,裂缝深度为90~130mm。如图3-4-6所示,裂缝沿拼接缝竖向发展,贯穿面层,裂缝深度106mm。

(3)第2级台阶拼接为旧路6cm中粒式混凝土与拓宽部位下面层拼接,拼接缝处深度较大,但在部分路段出现了反射裂缝,同样也存在新旧结构间整体黏结断裂问题,裂缝沿拼接界面竖向发展,裂缝最深可发展至台阶拼接的底部,即拓宽部位的底基层底部,裂缝深度为170~220mm。如图3-4-7所示,裂缝沿拼接缝竖向发展,贯穿基层,裂缝深度175mm。

(4)对于部分旧路路面本身层间黏结的路段,其拼接裂缝还会导致多个层间界面破坏,轮迹带处拼接相对于中线处拼接破损风险较高,加快路面水损坏的发生。

图 3-4-6 芯样图示(一)

图 3-4-7 芯样图示(二)

### 3.4.3.3 病害处治方案

1)病害处治的工艺流程及关键工序

对于初步发展的纵向裂缝,以控制裂缝的发展、恢复路面功能为主,防止雨水进入裂缝造成纵向裂缝过快发展,最大限度地降低和减轻裂缝产生的概率和程度;可采用灌贴工艺等。

待纵向裂缝发展稳定时,可采取彻底处治的方式对存在纵向拼宽裂缝的路段进行处理。

本案例中采用了在拼接缝位置边部侧面喷洒改性热沥青加基层顶面铺设聚酯玻纤布和下面层顶面铺设抗裂贴的处治方案。

处治工艺流程如图 3-4-8 所示。

2)施工关键技术

(1)原路面面层铣刨与清洁。

进行原路面面层铣刨前,需对原路面进行清扫,保证原路面的清洁。在工作面进行人工测量定位,规划好铣刨机的行进方向。施工前需检查铣刨机是否处于正常工作状态,为了利于现场施工,基层和面层边部要进行阶梯状铣刨,旧路铣刨时每一层搭接宽度不小于20cm,如图 3-4-9 所示。

为了保证拓宽拼缝位置新旧路面的黏结性能,在铣刨完成后现场采用空压机对颗粒状铣

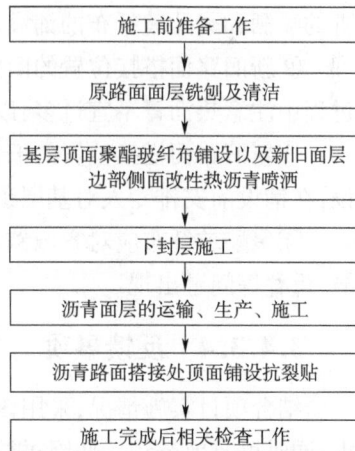

施工前准备工作

↓

原路面面层铣刨及清洁

↓

基层顶面聚酯玻纤布铺设以及新旧面层边部侧面改性热沥青喷洒

↓

下封层施工

↓

沥青面层的运输、生产、施工

↓

沥青路面搭接处顶面铺设抗裂贴

↓

施工完成后相关检查工作

图 3-4-8 处治工艺流程图

刨残留物进行清除,直至表面无灰尘、石屑、砂粒等,表面干燥后方可进行拼接位置的施工。

图 3-4-9 铣刨分层铣刨留有搭接的位置

(2)基层顶面聚酯玻纤布铺设以及新旧面层边部侧面改性热沥青喷洒(图 3-4-10)。

图 3-4-10 新旧路面搭接位置的旧路面边部侧面喷洒改性热沥青以及铺设聚酯玻纤布

①在水泥稳定碎石基层施工并养护验收合格后,方可进行新旧路面搭接位置改性热沥青的喷洒和聚酯玻纤布的铺设。

②新旧路面搭接位置的旧路面边部清扫完毕后对侧面进行改性热沥青的喷洒,在喷洒过程中注意热沥青不宜过多,以不成股下流为度。

③新旧路面搭接位置的旧路面边部侧面改性热沥青喷洒完成后进行聚酯玻纤布的铺设,在铺设前安排专人对基层顶面进行清扫,避免出现异物给铺设带来一定影响。

④聚酯玻纤布应对齐旧路面边部铺设,人工铺设过程中应注意进行整平工作,防止起皱、重叠等问题出现。

### 3.4.3.4 反馈事项

结合项目实施情况,采用该处治方案进行施工,可确保施工质量满足设计及相关规范要求,同时可有效节约后期因拼缝质量造成的路面病害维修养护费用。同时该处治方案施工较为简单,施工人员可操作性较强,达到预期效果。

## 3.4.4 BH-02-4 松散

### 3.4.4.1 病害概况

| 病害编号 | BH-02-4 | 病害名称 | 松散 |
|---|---|---|---|
| 公路路线 | 黄衢南高速公路衢黄段 | 发生时间 | 2020 年 5 月 8 日 |

续上表

| 病害实照 | |
|---|---|
| 病害情况 | （1）不同于常规水损害导致的松散,该路段通车早期路面状况良好,在运营第四年出现集料散失现象,沥青路面材料已经有所老化。<br>（2）该路段松散病害集中于沥青面层的表面层,该层粗集料含有较多暗红色集料。黄衢南高速公路衢黄段路面病害分布密度为4.92m²/车道公里,除集料散失严重区域,路面无明显破损。现场取芯时芯样中下面层混合料完整密实,仅上面层有明显孔隙,其内部含有较多泥沙。<br>（3）集料散失发生区域规模较大,且无法确定病害边界。集料散失主要集中于K1421＋000～K1456＋745,集料散失不具有明显边界,严重程度无法量化描述,影响范围约30km单幅路面 |
| 养护工程类别 | 修复养护 |
| 案例资料提供者 | 浙江省交通集团高速公路衢州管理中心;刘雪锋、王亮 |

### 3.4.4.2　病害机理分析

| 病害编号 | BH-02-4 | | 病害名称 | 松散 |
|---|---|---|---|---|
| 病害机理分析 | 主要因素:<br>（1）沥青和集料质量参差不齐。<br>（2）水侵害 | | | |
| | 次要因素:<br>（1）交通荷载。<br>（2）施工管理 | | | |
| 病害等级 | 等级 | 试验项目 | | |
| | | 飞散试验 | | 吸水率试验 |
| | 轻微 | 飞散次数＞300 | | 吸水率＜1.5% |
| | 中等 | 200≤飞散次数≤300 | | |
| | 严重 | 飞散次数＜200 | | 吸水率≥1.5% |

　　松散是指沥青路面粗细集料散失,沥青失去黏结力,从而在沥青路面表面形成的脱皮、麻面、露骨、表面剥落、小坑洞等现象。

　　在散失路段取样进行飞散试验(飞散次数达到300次的试件见图3-4-11)时,发现其飞散试验的质量损失率超过40%,是正常值的2倍,集料散失病害降低了面层混凝土的结构密实性。混凝土抗飞散性能越低,吸水率越高,严重散失部位的芯样吸水率平均值为 2.85%,最大可达到 5.17%,远超正常路面吸水率(约 1%),因此集料散失导致路面结构中空隙增加,容纳水的能力提高,结构内部更易形成动水压力,加速散失现象发生。

图 3-4-11　飞散次数达到 300 次的试件

此外,在面层施工中,施工温度低、面层压实不足、沥青混合料离析以及施工机械泄漏的柴油溶解沥青等也是面层松散的原因。

### 3.4.4.3　病害处治方案

本案例松散规模大,影响范围广,但结合芯样情况分析,中下面层混合料基本完整,因此采用 2cm UTFC-Ⅱ型超薄磨耗层。

1)病害处治的工艺流程

超薄磨耗层主要应用于高等级道路的预防性养护和非结构性损坏的养护,使用同步摊铺工艺进行施工,即沥青混合料的摊铺和改性乳化沥青黏结层喷洒同步进行,然后用钢轮压路机碾压成型。该技术具有成本低,降低路面噪声,改善路面平整度,增强行车舒适性,极大地提高路面抗滑性能,可减少雨天行车水雾、防止车辆水中侧滑,全天候提高行车安全性,约 80% 的孔隙连通可兼顾路面排水功能,快速摊铺和快速开放交通,减少对路面结构破坏等优点。

超薄磨耗层预防养护工艺流程如图 3-4-12 所示。

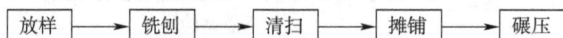

放样 → 铣刨 → 清扫 → 摊铺 → 碾压

图 3-4-12　超薄磨耗层预防养护工艺流程图

2)施工关键技术

(1)摊铺速度控制在 10~20m/min,输出量与混合料的运送量、成型能力相匹配,以保证混合料均匀、稳定、不间断地摊铺。

(2)碾压需要吨位 10~13t 的双钢轮压路机,静压时轮迹重叠 1/4~1/3 碾压宽度,为防止压路机工作时粘轮,应适当洒水以保持钢轮湿润。碾压过程中不需振动。碾压速度不大于 5km/h。

### 3.4.4.4 反馈事项

基于飞散试验和吸水率试验的试验结果,加铺超薄磨耗层具有控制路表集料散失病害作用。截至 2020 年底,全线基本完成一轮路面超薄磨耗层预防性养护,黄衢南高速公路上路表集料散失问题基本得到解决。

加铺超薄磨耗层路段通车 2 年内,构造深度快速衰减,由 1.2 ~ 1.3mm 区间衰减至 0.8mm 左右;通车 3 ~ 4 年,超薄磨耗层进入磨耗阶段,构造深度衰减速率有所下降,构造深度衰减至 0.68mm。随后进入稳定阶段,构造深度基本不发生变化。

超薄磨耗层预防养护工艺整体来说还是较为成熟的,但实施前需合理选择实施路段,原路面病害较为严重的不建议选择该方案。

## 3.4.5 BH-02-5 坑槽

### 3.4.5.1 病害概况

| 病害编号 | BH-02-5 | 病害名称 | 坑槽 |
|---|---|---|---|
| 公路路线 | 丽龙高速公路 | 发生时间 | 2018 年 8 月 27 日 |
| 病害实照 | | | |
| 病害情况 | (1)该路段于 2018 年雨季过后出现零星坑槽,坑槽病害主要集中在 3 处,均为 20 ~ 30m 不等的路段,且集中在主车道的右侧轮迹处,该处伴随中轻度车辙及推移现象。零星坑槽及推移处经过小修病害修补后形成较为集中的连片修补,影响路面的外观及路况指标。<br>(2)从芯样情况来看,坑槽以中面层坑槽为主 | | |
| 养护工程类别 | 修复养护 | | |
| 案例资料提供者 | 浙江省交通集团高速公路丽水管理中心:易伟琴、潘春梅 | | |

### 3.4.5.2 病害机理分析

| 病害编号 | | BH-02-5 | 病害名称 | 坑槽 |
|---|---|---|---|---|
| 病害机理分析 | | 主要因素:<br>(1)沥青黏附性下降。<br>(2)取芯后没有及时处理或回填材料质量差 | | |
| | | 次要因素:<br>(1)施工管理。<br>(2)柴油的污染 | | |
| 病害等级 | | 轻度:坑槽深度小于25mm,或面积小于 0.1m²。<br>重度:坑槽深度大于或等于25mm,面积大于或等于 0.1m² | | |

坑槽是沥青路面常见病害之一,严重影响驾驶员的行车安全及舒适度,若不及时对其进行处理,在车辆荷载作用下,沥青及集料剥落面积会继续扩大,损伤面积会扩大,因此坑槽病害常伴随车辙及波浪拥包等病害。

坑槽根据深度可分为单层坑槽、双层坑槽、多层坑槽。本类型坑槽以单层坑槽为主。

本类型坑槽病害主要由以下三方面因素而引起。

1)层间黏结强度不足

行车道橡胶沥青 SAMI(Stress Absorbing Membrane Interlayer,应力吸收层)沥青铺洒不均匀,应力吸收层沥青用量大,车辆行车过程中竖向荷载的作用,使上面层与应力吸收层发生剪切,在反复的剪切作用下逐渐形成推移进而产生坑槽病害。

为了验证此因素,对病害断面进行横向四点取芯,取芯结果如图 3-4-13 所示,仅 1、4 位置的芯样完整取出中、上面层。分别对 2、3 处进行补取,均未能取出。

芯样 1:芯样中、上面层完整,表面光滑密实,层间橡胶沥青应力吸收层 SAMI 黏结力好,但橡胶沥青应力吸收层 SAMI 明显沥青用量过大,在芯样边侧表面一圈均有沥青析出。

图 3-4-13　取样位置示意图

芯样 2:芯样中面层断裂,层间橡胶沥青应力吸收层 SAMI 黏结力好,但同芯样 1 一样,橡胶沥青应力吸收层 SAMI 明显沥青用量过大,沥青在芯样边侧表面一圈析出。

芯样 3:芯样中面层断裂,层间橡胶沥青应力吸收层 SAMI 黏结力较好,中面层芯样松散,未能完整取出,取出部分表面有大量孔隙。

芯样 4:芯样中、上面层完整,表面光滑密实,层间橡胶沥青应力吸收层 SAMI 黏结力好,未见橡胶沥青应力吸收层 SAMI 沥青在芯样表面析出现象。

从车辙位置处取芯状况结合黏层黏结力拉拔试验分析可以得出,坑槽位置路面沥青混合料状况不良,车辙轮迹带和右侧隆起位置的芯样中面层均出现断裂和松散。

2)交通荷载

交通荷载是坑槽形成的重要因素,同时也会加快坑槽病害的发展。车辆在经过坑槽时,会产生颠簸,颠簸会产生额外的冲击力,冲击力与坑槽深度成正比,冲击力会加快坑槽病害的发展。

3)水损害

水损害是水通过沥青路面进入缝隙当中,从而让水分浸润集料,使沥青膜从集料表面脱落,失去附着力的过程。通常情况下,如果公路处于雨水较少的地区,在长时间的使用环境下可以保持良好的使用性能,但一旦面临降水,水分迅速从面层空隙或裂缝进入,在短时间内便达到饱和状态,而油水不相容即沥青(油)失去包裹集料的能力,最终导致坑槽出现。

### 3.4.5.3　病害处治方案

一般来说,遵循"圆槽方补、斜槽正补、小槽大补"原则对坑槽进行应急修补,对连续坑槽进行合并修补。考虑到零星坑槽及推移处经过小修病害修补后形成较为集中的连片修补,影响路面的外观及路况指标,结合本次坑槽主要为中面层坑槽,本次处治采取铣刨回铺的方式。

该路段病害处理与一般路面的区别:一般路段以两层及以上结构层产生病害为主,因此处治方式多为两层铣刨,上面层回铺4cm改性沥青AC-13C,中面层回铺6cm改性沥青AC-20C。该路段以加铺层被破坏而形成单层坑槽为主,伴随轮迹处的单层混合料推移;修补率过大易导致PCI路况指标不理想;坑槽修补个数过多易导致RQI路况指标不理想。因此,本次处治采取只铣刨加铺层并进行回铺的方式,不仅解决了病害路面连续坑洞影响PCI与RQI的问题,恢复了路况指标,而且降低了工程投入,路面同样拥有工后良好的耐久性。

### 3.4.5.4　反馈事项

该路段出现病害主要原因为应力吸收层SAMI沥青洒布不均,局部SMAI沥青洒布量较大,加之车辆竖向荷载的作用,上面层在应力吸收层上发生剪切,导致在施工后3年内形成坑槽、波浪拥包推移等病害。该现象表明,SAMI技术在施工过程中,对沥青洒布量有严格的要求,沥青洒布过多和过少,均会影响后续路面状况。在SAMI施工过程中,应精确控制沥青洒布量,在上坡或下坡路段,应在洒布过后尽快进行下一步施工。同时应确保集料温度适宜及摊铺连续,橡胶沥青具有高黏结性、高裹覆性的特点,在洒布沥青之前,还应确保空气温度和地面温度都不得低于15℃,风速不影响橡胶沥青洒布效果,避免温度过低、风速过大等导致沥青洒布不均匀。

## 3.4.6 BH-02-6 车辙

### 3.4.6.1 病害概况

| 病害编号 | BH-02-6 | 病害名称 | 车辙 |
|---|---|---|---|
| 公路路线 | 杭金衢高速公路杭绍段 | 发生时间 | 2018 年 5 月 18 日 |
| 病害实照 | | | |
| 病害情况 | 通车运行不到 2 年时间,路面出现以车辙为主的典型病害;车辙深度约 2cm | | |
| 养护工程类别 | 修复养护 | | |
| 案例资料提供者 | 浙江省交通集团高速公路杭州南管理中心;冯宗逵 | | |

### 3.4.6.2 病害机理分析

| 病害编号 | BH-02-6 | 病害名称 | 车辙 |
|---|---|---|---|
| 病害机理分析 | 主要因素:<br>(1)沥青混合料高温稳定性不足。<br>(2)重载交通 | | |
| | 次要因素:<br>(1)渠化交通。<br>(2)交通量大 | | |
| 病害等级 | 轻度:车辙深度在 10 ~ 15mm 之间。<br>重度:车辙深度大于 15mm | | |

　　面层车辙是沥青路面在与时间有关的荷载因素和环境因素共同作用下产生竖直方向永久变形的积累,不仅降低道路行驶质量,缩短道路的使用寿命,而且难以用常规的养护手段进行维修改善。通常要采用规模较大、造价较高的铣刨加铺方法。

　　根据成因,车辙可分为四类:

　　(1)磨耗型车辙。此种车辙主要是沥青路面结构顶层材料在车轮的物理磨耗和自然环境因素的作用下不断损失造成的。

　　(2)结构性车辙。此种车辙是路面结构在交通荷载的反复作用下产生永久变形引起的。这种变形主要是路基变形传递到面层而形成的。

（3）压密型车辙。此种车辙可能是铺筑过程中压实不好引起的,也可能是混合料级配设计不当引起的。开放交通后轮迹带下的面层继续受到压实,产生压密变形。

（4）失稳型车辙。此种车辙是目前高速公路上车辙的主要类型。通常认为,在高温状态下,失稳型车辙源于沥青混合料的侧向流动变形。每个轮迹带处只有一个辙槽,从断面图清楚地看到单侧轮迹带处的车辙槽近似呈 U 形,辙槽内表面在横向上的凹凸不平变化不大,可视为内壁光滑的凹槽。

该路段交通量大,重载车比例较高,面层沥青混合料高温稳定性不足,车辆荷载反复作用下形成较为严重的以失稳型车辙为主的车辙病害。

### 3.4.6.3　病害处治方案

因本路段路面出现以车辙为主的典型病害,并伴有沥青老化、局部路段在拼接缝处出现纵向裂缝等多种病害,为提高路面高温稳定性、抗车辙能力和抗裂性能,修复方案采取铣刨两层回铺 4.5cm SMA-13C 改性沥青＋6.5cm AC-20C 改性沥青工艺,同时对伴有裂缝路段在中面层回铺之前采用摊铺聚酯防裂布进行处治。铣刨厚度应根据路段实际路面结构层厚度来控制,以不留夹层为原则,同时避免铣刨过深对结构层过分扰动。

聚酯防裂布处治的关键工艺如下:

（1）聚酯防裂布由玻璃纤维制造,对人体皮肤易产生刺激作用,工人施工时一定要戴防护手套,以免纤维刺入皮肤。

（2）沥青务必喷洒均匀并紧接着摊铺聚酯防裂布。

（3）摊铺后,在沥青黏层油冷却至常温前,任何车辆或行人不得进入。

### 3.4.6.4　反馈事项

为了提高路面抗车辙能力,对于大流量路段或重载交通路段,建议设计阶段采用高模量沥青或提高沥青混合料石料粒径。病害处治以后,路况指标得到提升,车辆行驶舒适度提高。

此外,可根据实际情况对轻度车辙采用就地热再生等技术手段进行处治,性价比更高。

## 3.4.7　BH-02-7 车辙（长上坡路段）

### 3.4.7.1　病害概况

| 病害编号 | BH-02-7 | 病害名称 | 车辙（长上坡路段） |
|---|---|---|---|
| 公路路线 | 金丽温高速公路丽水段 | 发生时间 | 2018 年 4 月 26 日 |
| 病害实照 | | | |

| 病害情况 | 路面整体强度良好,存在裂缝、沥青老化、车辙、表面集料剥落等病害,绝大多数病害为浅层病害,少数纵向、横向裂缝涉及中、下面层 |
|---|---|
| 养护工程类别 | 预防养护 |
| 案例资料提供者 | 浙江省交通集团高速公路丽水管理中心;何敏红、周展 |

### 3.4.7.2 病害机理分析

| 病害编号 | BH-02-7 | 病害名称 | 车辙(长上坡路段) |
|---|---|---|---|
| 病害机理分析 | 主要因素:<br>沥青混合料服役时间长,轮迹带变形累积 | | |
| | 次要因素:<br>部分路段受线形影响易发生车辙 | | |
| 病害等级 | 轻度:车辙深度在 10～15mm 之间。<br>重度:车辙深度大于 15mm | | |

车辙是沥青路面常见病害之一,影响驾驶员的行车安全及舒适度,若不及时对其进行处治,在车辆荷载作用下,车辙深度会增加,并可能衍生为坑槽等病害。

根据车辙程度划分标准,本路段车辙属于轻度车辙,成因主要为沥青混合料流动、压密,部分路段因弯道、上坡等线形原因导致重载车行驶速度慢而产生车辙。

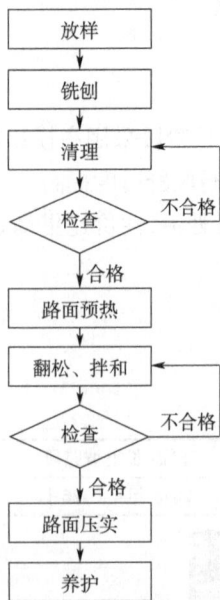

放样 → 铣刨 → 清理 → 检查(不合格返回清理) → 合格 → 路面预热 → 翻松、拌和 → 检查(不合格返回翻松、拌和) → 合格 → 路面压实 → 养护

图 3-4-14 就地热再生预防养护流程图

### 3.4.7.3 病害处治方案

1)病害处治的工艺流程及关键工序

本路段位于金丽温高速公路丽水段沿江高架桥路段,不适合采取厚层罩面加铺及大规模铣刨回铺等措施,因此大中修养护措施覆盖率较低,运营多年后易产生老化及车辙等病害。为修复桥面轻微车辙病害,抑制老化等功能性衰减,延长桥面铺装层使用寿命,并提高养护性价比,2018 年对以上桥面路段主车道实施就地热再生预防养护措施。就地热再生预防养护流程如图 3-4-14 所示。

2)施工关键技术

(1)放样划线。

确定处治范围,对需要处理点进行放样,在处治范围以外 10～15cm 划线,放样边线应与路面平行或垂直,并呈矩形状。放样结束后拍照记录。

(2)路面预热。

采用就地热再生预热机组将原路面加热至一定的温度。

(3)原路面翻松、拌和。

采用再生机将旧路面翻松,在翻松后的原路面材料中加入再生剂,拟添加的混合料级配及掺量应根据原路面混合料的筛分结果确定,并与新沥青混合料在复拌机的搅拌器中拌和均匀,形成新品质的沥青混合料摊铺到路面上。

(4)路面压实。

采用压路机碾压成型。

### 3.4.7.4　反馈事项

该路段病害处理与一般路段的区别:一般路段以两层及以上结构层产生病害为主,铣刨多采用两层铣刨加铺的处治方式。该路段病害类型为轻微车辙及轮迹带磨光、沥青膜剥落等。本次处治采用原路面就地热再生的方式,处治了路表轻微病害,恢复了路况指标,降低了工程投入,路面同样拥有工后良好的耐久性。处治后效果如图 3-4-15 所示。

图 3-4-15　处治后效果

## 3.4.8　BH-02-8 波浪拥包

### 3.4.8.1　病害概况

| 病害编号 | BH-02-8 | 病害名称 | 波浪拥包 |
|---|---|---|---|
| 公路路线 | 诸永高速公路 | 发生时间 | 2012 年 6 月 18 日 |
| 病害实照 |  | | |
| 病害情况 | (1)路段为桥梁上坡、弯道路段(大坎桥、大坎水库桥、坎口水库桥),最小弯道半径1250m,最大坡度4%。<br>(2)主车道长期受到重型货车荷载离心力作用,桥面经常性产生波浪拥包等病害 | | |
| 养护工程类别 | 修复养护 | | |
| 案例资料提供者 | 浙江省交通集团高速公路杭州南管理中心:冯宗遽 | | |

### 3.4.8.2　病害机理分析

| 病害编号 | BH-02-8 | 病害名称 | 波浪拥包 |
|---|---|---|---|
| 病害机理分析 | 主要因素：<br>(1)局部路面受到过大的离心力作用。<br>(2)面层和基层结合不良 | | |
| | 次要因素：<br>重载交通 | | |
| 病害等级 | 轻度：波峰和波谷高差在 10～25mm 之间。<br>重度：波峰和波谷高差大于 25mm | | |

波浪拥包是路表面的局部凸起。

波浪拥包的形成机理类似于车辙,波浪拥包的继续发展不仅会形成车辙,而且会形成松散甚至坑槽。

在平曲线半径较小路段和长直线进入小半径平曲线的缓和曲线路段,车辆行驶产生较大的离心力和水平推力,沥青面层被挤碾到路肩上堆积成包,形成波浪拥包。车辆从长直线末进入小半径平曲线前,往往要刹车减速,也导致路面剪切力偏大,当剪切力大于路面结构层的黏结力时,路面也会形成波浪拥包。

在路面基层施工过程中,混合料含水率较大或混合料颗粒偏细,则在车辆碾压过程中,使基层表面出现灰浆,形成光滑的表面层,降低了沥青面层与基层之间的摩擦系数;又或者基层表面清扫不干净、透层油黏度低及洒布不均等造成沥青面层和基层黏结不良,也容易在行车过程中形成波浪拥包。

在沥青路面运行早期,沥青混合料中的颗粒构成尚不稳定,处于徐变阶段,沥青路面结构层的抗弯拉强度及抗冲击强度均没有达到最佳值。而早期重型车(或超载车)的通行使结构层的拉应力远远大于沥青面层的抗弯拉强度,经车辆反复碾压,出现波浪拥包。

### 3.4.8.3　病害处治方案

原桥面铺装结构为 4cm AC-13C +6cm AC-20C,因车辙、波浪拥包病害较严重,对该段采用了铣刨回铺处治,以及时保通。此外,现场坑槽较多,并发车辙病害,裂缝发展较宽,经分析铣刨一层易留夹层,影响处理效果。因此,本次对该段铣刨两层,考虑到提高面层的高温稳定性,桥面维修后经常性产生车辙、波浪拥包等病害,该段采用5cm厚SMA-13沥青玛瑞脂碎石(掺玄武岩纤维)+5cm厚SMA-10沥青玛瑞脂碎石(掺玄武岩纤维)的倒装结构进行回铺处治。

### 3.4.8.4　反馈事项

(1)桥梁路面病害处治时,应注意铣刨夹层的处理。

(2)因该路段处于上坡弯道和桥隧相连路段,车流量较大,二类封道易引起后方严重堵车,交通组织困难,交通管控要求相对较高。在此情况下,利用洒水降温提前撤场并开放交通。

## 3.4.9　BH-02-9 面层沉陷

### 3.4.9.1　病害概况

| 病害编号 | BH-02-9 | 病害名称 | 面层沉陷 |
|---|---|---|---|
| 公路路线 | 杭金衢高速公路金华段 | 发生时间 | 2022 年 7 月 5 日 |
| 病害实照 | | | |
| 病害情况 | 衢州方向 K266＋620 第 3 车道路面出现了局部沉陷现象,沉陷范围长约 5m,宽 2m,最大深度约 15cm,且沉陷区边缘存在一条长约 1m 的纵向裂缝 | | |
| 养护工程类别 | 修复养护 | | |
| 案例资料提供者 | 浙江省交通集团高速公路金华管理中心;李晨瑶 | | |

### 3.4.9.2　病害机理分析

| 病害编号 | BH-02-9 | 病害名称 | 面层沉陷 |
|---|---|---|---|
| 病害机理分析 | 主要因素:<br>路基被淘空<br><br>次要因素:<br>重载交通 | | |
| 病害等级 | 轻度:沉陷深度在 10～25mm 之间,行车无明显颠簸感。<br>重度:沉陷深度大于 25mm,行车有明显颠簸感 | | |

沥青路面面层沉陷是指因路基、路面等结构层产生竖向变形而导致路面局部凹陷,低于周边路面的现象。

地表水和地下水长期侵蚀基层和路基材料,导致面层抗剪能力减弱或基层承载力降低甚至基层和路基被渗流淘空,在车载作用下发生不均匀沉陷,沉陷深度可以是几毫米到几十厘米不等,多表现为突发性。

造成面层沉陷的因素很多。本案例主要有以下两方面因素:

(1)台背压实不足。

台背机械碾压不易到边,填充材料压实度不够,土基松软。随着高速公路建成并投入使用,在外界压力的共同作用下,土基填料逐渐被压实,产生沉降,如图3-4-16所示。

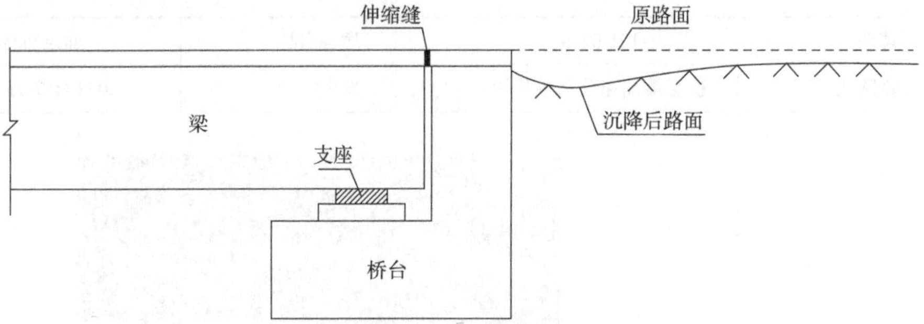

图3-4-16　台背填土沉降

(2)水的影响。

桥头搭板和路基交接处产生接缝或空隙时,水进入路基,在重载汽车的作用下会产生动水压力,雨水和路基材料中的细料形成唧浆和泥浆顺桥台流出,致使路基材料中的细料不断减少,进而形成脱空,出现局部沉陷。

### 3.4.9.3　病害处治方案

1)病害处治工艺流程

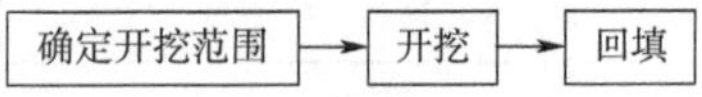

图3-4-17　开挖回填流程图

对沉陷空洞范围进行扩大挖除至稳定部分为止,并用沥青混合料进行回填压实处治,其流程如图3-4-17所示。

2)施工关键技术

(1)确定开挖范围。

实际开挖情况如下:开挖断面9.15m×2.6m,开挖深度1.1m,挖开后长度(9.15m)相比原预估开挖长度(8m)有所增加。其中靠桥头一侧1.7m×2.6m范围内情况相对较好,处理深度约40cm;另一侧7.45m×2.6m范围内脱空现象严重(图3-4-18),处理深度约1.1m。

图3-4-18　衢州方向K266+620沉陷路面脱空现象

（2）回填。

分层回填、压实（图3-4-19），共回填约26m³。

图3-4-19　回填、压实

### 3.4.9.4　反馈事项

（1）桥台搭板脱空此类隐患存在较大的隐蔽性和安全风险，且发生问题后社会影响大，建议对曾在拓宽施工期间发现的锥坡挖除后有桥台搭板脱空等现象的所有桥梁采用雷达无损检测等方法进行一次全面排查。根据排查结果，进行设计和处理，确保高速公路运营畅通安全。

（2）建议巡查人员在日常养护巡检中将拓宽路段曾发现的锥坡挖除后存在桥台搭板脱空等现象的桥梁列为巡查重点，现场检查路面是否沉陷、桥台前（侧）墙是否渗水等，若重点部位有异常情况则及时汇报处治。

（3）认真处理施工缝，确保密实、平直。接缝采用平接方式。采用小体积双钢轮压路机碾压横向接缝。作业过程中，勤测量，用3m直尺测量接头位置混凝土平直程度，与要求不一致的部位画线标记；并用切割机进行处理；摊铺作业前在接缝位置涂抹同样标号的热沥青。压路机顺着横向接缝进行作业，每一次作业均向新铺面层延伸20～25cm，直到全部置于新铺面层后，才能顺着中线方向继续进行碾压作业，全部碾压到位后进行竖向碾压作业。

（4）沉陷现象在前期往往难以发现，可采用三维探地雷达无损检测技术进行排查。

## 3.4.10　BH-02-10 基层沉陷（岩溶塌陷）

### 3.4.10.1　病害概况

| 病害编号 | BH-02-10 | 病害名称 | 基层沉陷（岩溶塌陷） |
|---|---|---|---|
| 公路路线 | 黄衢南高速公路衢南段 | 发生时间 | 2010年6月4日 |

续上表

| 病害实照 | |
|---|---|
| 病害情况 | (1)黄衢南高速公路衢南段地质情况复杂,部分路段岩溶发育,在勘察设计及施工过程中皆发现有岩溶影响。<br>(2)2010 年 6 月 4 日,黄衢南高速公路衢南段 K1478＋520 路段发生了岩溶塌陷 |
| 养护工程类别 | 修复养护 |
| 案例资料提供者 | 浙江省交通集团高速公路衢州管理中心;刘雪锋、王亮 |

### 3.4.10.2 病害机理分析

| 病害编号 | BH-02-10 | 病害名称 | 基层沉陷(岩溶塌陷) |
|---|---|---|---|
| 病害机理分析 | 主要因素:<br>(1)地下水。<br>(2)重载交通 | | |
| | 次要因素:<br>施工时没有彻底处治岩溶地段 | | |
| 病害等级 | 轻度:沉陷深度在 10～25mm 之间,行车无明显颠簸感。<br>重度:沉陷深度大于 25mm,行车有明显颠簸感 | | |

　　岩溶塌陷是在可溶岩上覆土层中的空洞向上发育或上覆荷载增大,其空洞顶部垮塌,在地表产生塌坑的现象。受岩溶发育的不均匀性影响,岩溶塌陷的发育在空间上具有隐蔽性,发育过程具有累进性,塌陷的发生又具有突发性。

　　岩溶塌陷主要由地下水和车辆动荷载的双重作用引起。

　　在雨季,地表水将沿路面或路基下渗,水动力及冲刷作用带走微细颗粒,破坏岩溶区域的原始结构,同时降低土层强度,潜蚀作用使洞穴、裂隙中的充填物被带走,首先在覆盖层或填方填料底部岩溶洞隙开口处形成溶穴;随着水流的下渗,水流不断对土体产生潜蚀作用,形成土体溶穴,特别是当溶洞发育于基岩面上的洼地型底部时,渗水流于基岩面上汇集并流向溶洞,还会对基岩面附近岩土层产生冲刷和掏蚀作用,形成溶洞;随着土体溶穴的不断向上扩展和车辆动荷载的反复作用,洞壁失稳坍塌,周而复始,造成填方路基土体失稳、地表开裂、下沉或塌陷。岩溶塌陷形成示意图如图3-4-20所示。

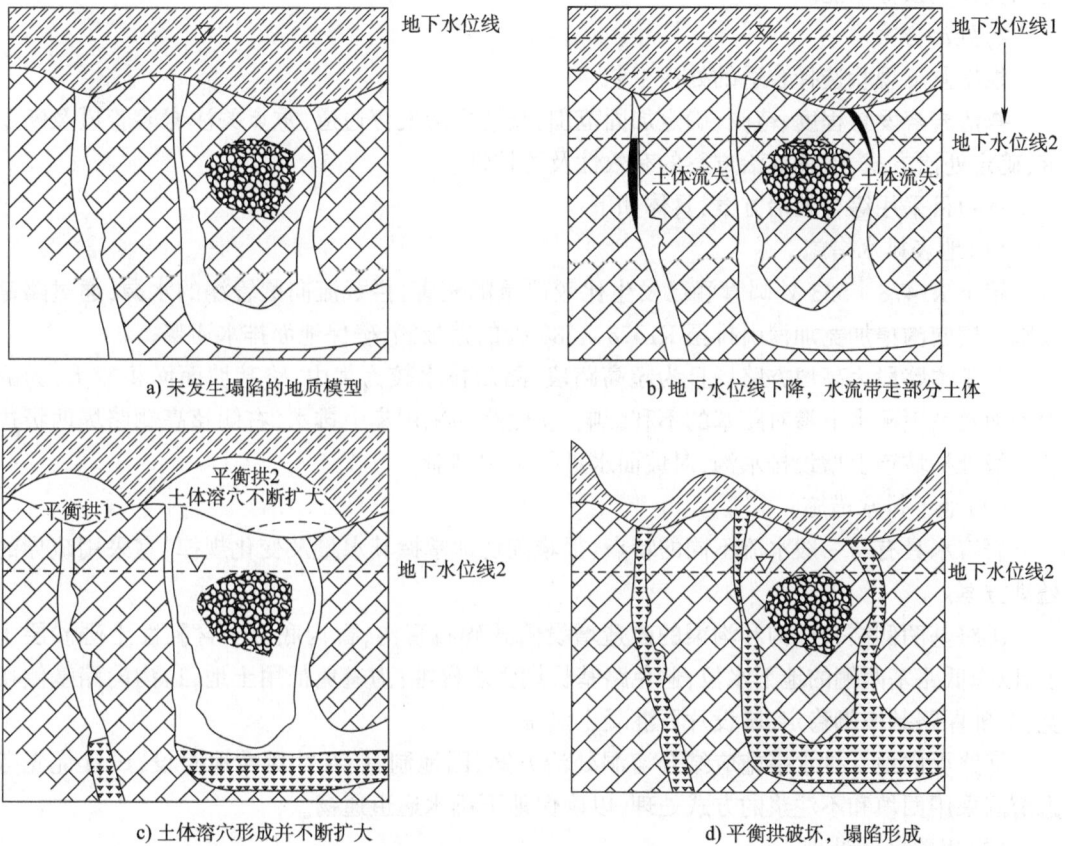

a) 未发生塌陷的地质模型  b) 地下水位线下降,水流带走部分土体

c) 土体溶穴形成并不断扩大  d) 平衡拱破坏,塌陷形成

图 3-4-20 岩溶塌陷形成示意图

### 3.4.10.3 病害监测及处治方案

1)监测方案

一般来说,已有道路的岩溶区域在施工过程中已做合理的处治,但是岩溶塌陷具有累进性,对岩溶不良地质路段进行监测与预警是必要的,对岩溶路段地下水和路基等稳定性进行监测,提前预警,及时管控,防止自然灾害对高速公路行车安全造成影响。

(1)建立高速路况巡查机制,配合测量所用的测绳、测尺、裂缝仪、游标卡尺以及水准仪、全站仪等工具,对岩溶路段进行步检巡查,重点对路基、路面、沿线设施、边沟、桥梁、涵洞的外观、裂缝、沉降等异常情况进行目测检查。

(2)对岩溶路段线路两侧500m范围内的地下、地面、水文情况进行调查,设立测量断面、水位断面等测量的标志信息,形成岩溶路段水文地质条件基本数据库,对岩溶路段线路两侧500m范围内的每个水库、水塘、溪流及地下泉水点,定期进行水文观测,包括水位、泥沙、浊度等观测内容。

在充分调查各岩溶路段的水文地质条件的基础上,选择合理的地下水位监测点,结合国内外先进的动态监测技术,采用数值计算等方法研究地下水位对岩溶塌陷的影响,实现实时监测及预测预警功能。

2)处治方案

根据监测现状选择合适的处治工艺。

查清岩溶发育程度、范围,确定加固范围;查清岩溶发育通道,重点关注岩溶管道及断层带,确定处治方式,保证处治方案的有效性及可控性。

本项目采用综合处治方案,具体如下:

(1)地表排水措施。

鉴于K1478+533处圆管涵已发生比较严重的病害,拦截流向圆管涵的水源,通过路基坡脚外横向沟渠加宽加深引排至K1478+688处的盖板涵,确保地面排水通畅。

鉴于本路段为高填方路堤且为超高路段,路面排水较为集中,路基坡面面积较大,为减少路面及坡面雨水下渗对路基的不利影响,左侧路面采用集中排水,右侧超高侧路堤两级边坡分级处护坡道上增设排水沟,对坡面水进行集中排泄。

(2)地下排水措施。

岩溶水具有与一般水流不同的特点,很难确切地掌握其水量及变化规律,宜采用疏导的处理方案。

①路基两侧结合边沟和沟渠的改造增设管式碎石盲沟,盲沟底位于含黏性土砾砂层土上,以降低路基两侧的地下水位,避免路基长期受水侵蚀;为避免征用土地,边沟向路基侧拓宽;为确保路基坡脚稳定,增设片石混凝土挡墙。

②路堤内地下排水措施应结合溶洞处治方案,因地制宜、有针对性地布设,设计优先考虑溶洞采用回填和不注浆的方式处理,以确保地下排水通道通畅。

(3)塌陷区域处理。

路基路面地表和地下排水采取有效措施避免雨水对路基的侵蚀,适当降低地下水位对路基的影响;对溶洞塌陷区进行回填、强夯和注浆处理;地下溶洞采用回填处理,路基底部4m采用超前管棚处理;原有双圆管涵填筑碎石作为地下溶洞排水通道,新增设两个顶推圆管涵;路基塌陷区路面采用复合式路面,提高路基路面强度。

## 3.4.10.4 反馈事项

岩溶塌陷的发生有突发性和隐蔽性,但也有一定的规律可循,加强公路的养护、巡视,加强重点路段的监测,根据情况进行必要的处治,在一定程度上可以预防突发性自然灾害的发生,最大限度地减少自然灾害带来的影响,对于公路的运营安全具有重要的现实意义。

## 3.4.11 BH-02-11 积水

### 3.4.11.1 病害概况

| 病害编号 | BH-02-11 | 病害名称 | 积水 |
|---|---|---|---|
| 公路路线 | 杭金衢高速公路金华段 | 发生时间 | 2018 年 10 月 7 日 |
| 病害实照 |  | | |
| 病害情况 | (1)具体部位:宽幅(双向 6 车道、8 车道及以上)路段。<br>(2)水流在路面滞留,形成较厚的水膜 | | |
| 养护工程类别 | 修复养护 | | |
| 案例资料提供者 | 浙江省交通集团高速公路金华管理中心:胡恩海 | | |

### 3.4.11.2 病害机理分析

| 病害编号 | BH-02-11 | 病害名称 | 积水 |
|---|---|---|---|
| 病害机理分析 | 主要因素:<br>(1)超高缓和段横坡不足。<br>(2)路面幅度过宽 | | |
| 病害机理分析 | 次要因素:<br>排水系统堵塞 | | |

超高缓和路段横坡不足、路面幅度过宽导致雨水在路表面的径流路径过长,水流在路面滞留,从而形成积水。

一个完整的超高缓和路段(两个渐变段 + 全超高段)的三维水流路径示意图如图 3-4-21 所示。

### 3.4.11.3 病害处治方案

1)病害处治方法

为解决拓宽后超高缓和段安全的顽疾,有效降低雨天行车事故率并恢复路段通行效能,于 2020 年分两期实施了超高缓和路段路面排水综合治理工程。该工程在分析特定超高缓和段暴雨水膜行为的基础上,通过双层排水沥青路面和横向截水装置的组合设置,有效解决超高缓和路段雨天的路面雨水滞留问题。

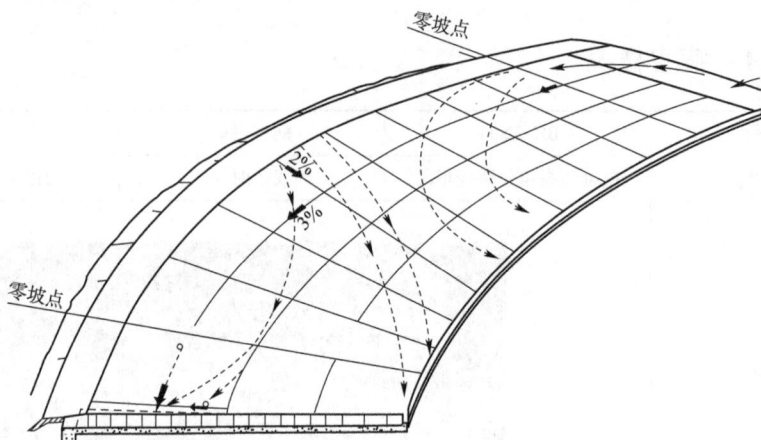

图 3-4-21  超高缓和路段的三维水流路径示意图

2)工艺流程及关键工序

(1)双层排水沥青路面施工工艺。

排水沥青混合料配合比设计和拌和工艺为:"集料 + 纤维"干拌 15s,喷洒沥青,3 ~ 5s 后投放矿粉,湿拌 45s,整个循环周期 63 ~ 65s。其中纤维通过人工投放。排水沥青路面设计空隙率 20.5%,设计油石比 5%。

混合料级配调试和相关验证试验表明,PAC-16 排水沥青混合料的抗水损害性能、高温稳定性能、车辙试件渗水系数均满足技术要求,可作为杭金衢高速公路双层排水沥青路面罩面工程 PAC-16 型沥青混合料生产的依据。

(2)横截沟施工工艺。

横截沟施工核心工艺为:基坑开挖和基坑清理。

开挖前,开挖范围内的护栏要提前拆除。开挖宽度 0.9m,深度 0.7m。挖除过程中要不断检查开挖宽度、深度是否达到设计要求。开挖、清理完成后,用压缩空气吹净槽底、槽壁废渣、浮渣等。装车时尽量靠封闭区内侧操作,防止沥青块等掉落到通行车道,运输时注意覆盖。开挖与清理现场施工图如图 3-4-22 所示。

图 3-4-22  开挖与清理现场施工图

对于早期出现路面集料剥落的情况,分析原因主要有集料原材料软弱颗粒含量超标、含泥量超标、沥青胶结材料质量指标不满足要求等。因此,对多个宕口的玄武岩石料进行对比后,决定采用玄武岩集料作为排水路面粗集料。沥青胶结材料选用情况:采用干法工艺拌和形成的高黏沥青,即在拌和过程中采用改性沥青作为胶结料的基础上再额外投放高黏剂进行拌和。该工艺在大面积生产过程中,可能存在拌和不均匀的情况。因此,采用湿法拌和工艺,并采用成品的高黏改性沥青作为 PAC-16 排水路面沥青胶结料。

### 3.4.11.4　反馈事项

杭金衢高速公路金华段纵向对比结果表明,7 个超高缓和路段的雨天碰撞事故从 2018 年和 2019 年的 25 起、30 起降低到了 2020 年的 2 起,鉴于其中 1 起事故(衢州方向 K269 + 000)发生于二期改造工程前,实际改造后的超高缓和路段仅发生 1 起事故,事故率从 2018 年和 2019 年的 2.1 起/月、2.5 起/月降低到了 0.17 起/月,从根本上解决了超高缓和路段的雨天路面严重积水问题,达到了预期的工程安全保畅目标。

建议多雨地区纵坡较小的超高缓和路段,在设计时纵坡增大至1%以上。针对已竣工工程,平、纵面已基本无调整余地,建议通过增加附属排水措施及交通安全设施来提高积水路段的行车安全性。

# 4 桥梁类病害

桥梁是公路的重要组成部分。桥梁的桥面系、上部结构、支座、墩台及基础、附属设施、河床及调治构造物等组成部分的健康安全直接关系到桥梁的安全和交通的顺畅与舒适。桥梁的结构形式多,构件类型多,病害种类多,表现特征多。本书只介绍混凝土梁式桥的病害。

## 4.1 常见桥梁结构病害

高速公路养护单位在近二十年的桥梁养护中,发现运营期桥梁会出现各种各样的病害,根据混凝土梁式桥结构常见病害的特性及对结构适用性、安全性和耐久性影响程度的不同,对常见病害按表4-1-1进行分类说明。

**常见桥梁结构**(混凝土梁式桥)**病害** 表4-1-1

| 病害发生部位 | 病害描述 |
| --- | --- |
| 桥面系 | 桥面铺装层纵、横坡是否顺适,有无严重的龟裂、纵横裂缝,有无坑槽、拥包、拱起、剥落、错台、磨光、泛油、变形、脱皮、露骨、接缝料损坏、桥头跳车等现象 |
| | 伸缩缝装置是否有异常变形、破损、脱落、漏水、失效,锚固区有无缺陷,是否存在明显的跳车 |
| | 栏杆、护栏有无缺失、破损等 |
| | 防排水系统是否顺畅,泄水管、引水槽有无明显缺陷,桥头排水沟功能是否完好 |
| 上部结构 | 混凝土构件有无开裂及裂缝是否超限,有无渗水、蜂窝、麻面、剥落、掉角、空洞、孔洞、露筋及钢筋锈蚀 |
| | 主梁跨中、支点及变截面处,悬臂端牛腿或中间铰部位,刚构的固结处和桁架的节点部位,混凝土是否开裂、缺损,钢筋有无锈蚀 |
| | 预应力钢束锚固区段混凝土有无开裂,沿预应力筋的混凝土表面有无纵向裂缝 |
| | 桥面线形及结构变位情况 |
| | 混凝土碳化深度、钢筋锈蚀 |
| | 主梁有无积水、渗水,箱梁通风是否良好 |
| | 组合梁的桥面板与梁的结合部位及预制桥面板之间的接头处混凝土有无开裂、渗水 |
| | 装配式梁桥的横向连接构件是否开裂,连接钢板的焊缝有无锈蚀、断裂 |

| 病害发生部位 | 病害描述 |
|---|---|
| 支座 | 支座是否缺失;组件是否完整、清洁,有无断裂、错位、脱空 |
| | 活动支座实际位移量、转角量是否正常,固定支座的锚销是否完好 |
| | 橡胶支座是否老化、开裂,有无位置串动、脱空,有无过大的剪切变形或压缩变形,各夹层钢板之间的橡胶层外凸是否均匀 |
| | 四氟滑板支座是否脏污、老化,聚四氟乙烯板是否磨损、是否与支座脱离、是否倒置 |
| | 盆式橡胶支座的固定螺栓是否剪断,螺母是否松动,钢盆外露部分是否锈蚀,防尘罩是否完好,抗震装置是否完好 |
| | 支承垫石是否开裂、破损 |
| | 简易支座的油毡是否老化、破裂或失效 |
| | 支座螺纹、螺帽是否松动,锚螺杆有无剪切变形,上下座板(盆)的锈蚀状况 |
| | 支座封闭材料是否老化、开裂、脱落 |
| 墩台及基础 | 墩身、台身及基础变位情况 |
| | 混凝土墩身、台身、盖梁、台帽及系梁有无开裂、蜂窝、麻面、剥落、露筋、空洞、孔洞、钢筋锈蚀等 |
| | 墩台顶面是否清洁,有无杂物堆积,伸缩缝处是否漏水 |
| | 圬工砌体墩身、台身有无砌块破损、剥落、松动、变形、灰缝脱落,砌体泄水孔是否堵塞 |
| | 桥台翼墙、侧墙、耳墙有无破损、裂缝、位移、鼓肚、砌体松动;台背填土有无沉降或挤压隆起,排水是否畅通 |
| | 基础是否发生冲刷或淘空现象,地基有无侵蚀;水位涨落、干湿交替变化处基础有无冲刷磨损、颈缩、露筋,有无开裂,是否受到腐蚀 |
| | 锥坡、护坡有无缺陷、冲刷 |
| 附属设施 | 养护检修设施是否完好 |
| | 墩台防撞设施是否完备 |
| | 桥上避雷装置是否完好 |
| | 桥上航空灯、航道灯是否完好,能否保证正常照明;桥面照明及结构物内供养护检修的照明系统是否完好 |
| | 防抛网、声屏障是否完好 |
| | 结构监测系统仪器设备工作是否正常 |
| | 除湿设备工作是否正常 |
| 河床及调治构造物 | 桥位段河床有无明显冲淤或漂流物堵塞现象,有无冲刷及变迁状况。河底铺砌是否完好 |
| | 调治构造物是否完好,功能是否适用 |

注:病害情况按《公路桥涵养护规范》(JTG 5120—2021)划分。拱桥、钢梁桥、斜拉索桥、悬索桥以及组合式钢支座、摆柱支座、辊轴支座、球型支座的病害未列入。

# 4.2 桥梁病害识别与成因

在桥梁巡检中,一般采用目测方式识别桥梁病害,并对病害的范围大小进行量测,并与上一次检查对比发展程度,必要时可采用仪器设备进行探查,再分析病害成因和判断发展趋势。下文对桥梁病害主要常见病害进行成因分析。

## 4.2.1 桥面系病害成因

1)桥面铺装车辙、推移、拥包

桥面铺装车辙、推移、拥包是指在行车荷载作用下,桥面铺装在轮迹线位置产生凹陷,而形成车辙,继而出现面层材料横向推移并形成拥包的现象。

内因:(1)材料性能不良;(2)面层压实不足;(3)面层与梁顶板间黏结力不足。

外因:(1)温度过高;(2)重型车辆较多。

2)连续桥面墩顶横向裂缝

连续桥面墩顶横向裂缝是指简支梁桥桥面连续处产生横向裂缝的现象。

内因:(1)连续桥面处钢筋网布置不足;(2)两侧伸缩缝施工不良。

外因:(1)重型车辆导致梁体变形过大;(2)温度变化。

3)桥头跳车

桥头跳车是指台后接线路面与桥面之间产生高差导致车辆行驶通过时产生跳跃的现象。

内因:(1)桥头搭板缺失或失效;(2)软土地基导致台后接线路基沉降较大;(3)台后接线路基压实度不足引起较大的压缩变形;(4)台后接线路基材料遇水流失而凹陷。

外因:重型车辆导致台后接线路基沉降。

4)伸缩缝装置堵塞、松动、破损

伸缩缝装置堵塞、松动、破损是指伸缩缝内杂物堵塞,伸缩缝异型钢或钢板松动、断裂,伸缩缝锚固区混凝土开裂、破损等。

内因:(1)伸缩缝内泥沙淤积;(2)伸缩缝装置两边不平有高差;(3)伸缩缝锚固区与桥面铺装有较大的刚度差;(4)伸缩缝装置锚固钢筋与梁端预留钢筋之间焊接不良;(5)伸缩缝锚固区混凝土质量不佳;(6)伸缩缝锚固区混凝土内钢筋网片数量不足;(7)梳齿板伸缩缝装置锚固螺栓松动。

外因:(1)伸缩缝未及时清理;(2)重型车辆经常性碾压;(3)伸缩缝装置出现较轻微的病害时未及时进行养护维修,导致病害发展。

## 4.2.2 混凝土梁式桥上部结构病害成因

1)梁板混凝土破损、钢筋锈蚀、露筋

梁板混凝土破损、钢筋锈蚀、露筋是指梁板混凝土出现局部破损、掉块或角部局部缺损,严重时甚至出现钢筋和预应力钢绞线断裂,或因内部钢筋锈蚀梁板表面出现局部鼓胀或混凝土剥离,继而出现混凝土脱落、钢筋外露的现象。

内因:(1)局部混凝土质量较差;(2)混凝土保护层厚度不足;(3)保护层混凝土密实度不足;(4)混凝土开裂。

外因:(1)施工时拆模不当;(2)吊运时局部的缆索摩擦;(3)使用过程中外力的碰撞、刮擦;(4)局部火烧;(5)外界气体、水分侵蚀。

2)梁板裂缝

梁板裂缝是指梁板底面出现横向裂缝,部分横向裂缝向上发展,腹板产生竖向裂缝,从而引成 U 形裂缝,多出现于主梁跨中及附近截面;或近支点附近区段,腹板出现中间粗两端细的斜向裂缝;或梁体底板、腹板、顶板底面出现与行车方面平行的纵向裂缝的现象。

内因:(1)混凝土抗拉强度低;(2)受拉钢筋数量较少;(3)斜截面抗剪强度不足;(4)腹筋数量较少;(5)预应力损失过大导致有效预应力不足;(6)压浆时温度控制不当;(7)预应力管道偏位;(8)预应力钢筋张拉时或放张时加载龄期不足。

外因:(1)在车辆荷载作用下,受拉区拉应力或剪弯段局部主拉应力超过混凝土极限抗拉强度;(2)温度梯度作用。

3)空心板铰缝破损

空心板铰缝破损是指空心板铰缝出现破损,导致铰缝处渗水,相应桥面铺装产生纵向裂缝的现象。

内因:(1)梁间铰缝尺寸小,抗剪能力不足;(2)梁间铰缝内钢筋数量不足;(3)铰缝上方防水混凝土层内钢筋网片布置不足;(4)相邻梁板之间的刚度差异。

外因:行车道上重型车辆较多。

4)梁板滑移

梁板滑移是指上部结构梁体产生纵向或横向滑移而偏离固定位置的现象。

内因:(1)桥梁存在较大纵、横坡;(2)支座刚度偏小;(3)支座不平整;(4)限位装置失效。

外因:(1)重型车辆行驶过程中的振动或离心力;(2)外力挤压。

5)悬臂梁病害

悬臂梁病害是指悬臂端支点附近截面顶板产生横向裂缝、腹板竖向裂缝,牛腿及上方支座产生破损等现象。

内因:(1)悬臂梁支点处负弯矩较大;(2)梁体预制时梁端三角楔形块不平;(3)挂梁自由度较高。

外因:重型车辆及引起的振动。

## 4.2.3　支座病害成因

支座病害是指支座的破损、脱空、变形、老化、开裂、串动、偏位等现象。

内因:(1)支座垫石高程控制不当;(2)梁体预制时梁端三角楔形块不平;(3)垫石强度不足受压后破碎;(4)支座安装温度选择不当;(5)支座本身质量问题;(6)使用年限过长。

外因:(1)支座或垫石施工不良;(2)上部结构荷载过大。

## 4.2.4　墩台及基础病害成因

1）盖梁（台帽）竖向裂缝

盖梁（台帽）竖向裂缝是指盖梁（台帽）悬臂段根部上缘、柱间段下缘产生竖向裂缝的现象。

内因：（1）两端悬臂段较长；（2）柱间距过大；（3）受力主筋配置不足；（4）有效应力不足。

外因：上部结构通过支座传到盖梁（台帽）的荷载过大。

2）立柱钢筋锈蚀，混凝土开裂

立柱钢筋锈蚀，混凝土开裂是指桥梁墩柱或立柱内部钢筋锈蚀，导致混凝土表面产生横向裂缝、竖向裂缝或网状裂缝的现象。

内因：（1）墩柱高度大；（2）墩柱位于倾斜地层；（3）墩柱混凝土性能不良；（4）墩柱混凝土保护层偏小；（5）周边土质不良。

外因：（1）侧压力过大；（2）外界污染物侵蚀。

3）墩柱倾斜、偏位

墩柱产生倾斜、偏位。

内因：（1）墩柱刚度不足；（2）基础倾斜。

外因：墩柱承受不平衡的水平力。

4）独柱墩稳定性不足

独柱墩稳定性不足是指独柱墩因其结构特性，在桥面偏心超重荷载的作用下，其抗倾覆稳定性不足的现象。

内因：单点支撑不稳定的结构力学特性。

外因：桥面偏心超重荷载。

5）台身裂缝

台身产生竖向裂缝或横向裂缝。

内因：（1）台后路堤填土较高；（2）台后填土排水性能差；（3）台身刚度不足；（4）台身内钢筋配置过少。

外因：（1）台后土侧压力过大；（2）台身承受不均匀竖向荷载；（3）基础不均匀沉降。

6）水中基础冲刷、淘空

水中基础冲刷、淘空是指水中基础的底部或侧边将会承受流水的一般冲刷和局部冲刷作用，周边粒径较小的土层流失，导致淘空。

内因：（1）扩大基础埋置深度较小；（2）基础周边土层颗粒粒径小；（3）基础或桥墩的墩形系数过大。

外因：水流速度快。

## 4.2.5　附属设施病害成因

附属设施病害是指养护检修设施、墩台防撞设施、桥下避雷装置、桥上航空灯、航道灯、桥面照明及结构物内供养护检修的照明系统、防抛网、声屏障、结构监测系统仪器、除湿设备等出现破损、缺失的现象。

内因：(1)设施本身质量较差；(2)设施使用时间过长；

外因：(1)外力撞击或强风；(2)自然老化；(3)施工不当。

## 4.2.6　河床及调治构造物病害成因

河床的病害是指桥位段河床出现明显冲淤、或堵塞、或冲刷、或变迁，及河底铺砌破损的现象；调治构造物的病害是指调治构造物出现破损或功能不良的现象。

内因：设计时桥位选择不当；

外因：(1)水流速度快；(2)河道漂浮物多；(3)施工不当。

# 4.3　桥梁病害的处治方法

## 4.3.1　桥面系病害的处治方法

1)桥面铺装车辙、推移、拥包

桥面铺装产生轻微车辙不影响行车时，可暂时不处理；当车辙较严重而产生推移、拥包时，则应对桥面铺装进行重筑。

2)连续桥面墩顶横向裂缝

连续桥面墩顶横向裂缝产生初期，应采用裂缝贴式表面封闭或改性沥青进行灌缝处理。如果发现横向裂缝较宽或产生破损以致影响行车时，则应对该处桥面连续进行重筑。

3)桥头跳车

桥头跳车现象较轻微时，可在台后接线路面铺设过渡段的方式减少跳车现象；当桥头跳车较严重时，则应对台后接线的路基进行注浆、加固或换填措施。

4)伸缩缝装置堵塞、松动、破损

对伸缩缝因泥砂淤积的常见问题，应加强日常清理和疏通；对桥梁伸缩缝装置两边不平有高差，应对高差进行填补；对梳齿板式伸缩缝装置松动的锚固螺栓进行及时补拧；对伸缩缝的型钢损坏或锚固区混凝土严重破损应对伸缩缝进行重筑。

## 4.3.2　混凝土梁式桥上部结构病害的处治方法

1)混凝土破损、锈蚀、露筋

梁板混凝土出现局部破损、掉块或角部局部缺损时，可采用砂浆进行修补；梁内钢筋出现锈蚀或严重破损导致钢筋外露时，应在清理锈蚀区域混凝土以及钢筋除锈后恢复混凝土保护层；因火烧导致桥梁结构受损的，当结构受损范围较小时，可采用清表后植筋挂钢筋网加喷射超韧性混凝土的方法恢复保护层；混凝土破损导致构件承载能力有较大幅度下降、影响通行且常规处治效果不良时，可对受损梁板进行更换。

2）梁板裂缝

梁板出现裂缝的宽度小于0.15mm时，可采用砂浆、环氧树脂等材料进行表面封闭；当裂缝数量较多或裂缝宽度在0.1~1.5mm时，可采用自动低压渗注法进行封闭；当裂缝较深或裂缝宽度大于等于0.15mm时，可采用压力灌注法进行封闭加固；在裂缝处理的基础上，根据结构计算需要结构补强的时候，采用粘贴钢板或预应力提高结构承载能力。

3）空心板铰缝破损

空心板铰缝仅在端头出现渗水现象时，说明铰缝破损较轻微，可从桥下采取铰缝灌浆、粘贴型钢等方式进行维修加固；空心板铰缝通长渗水且对应的桥面铺装处产生纵向裂缝时，说明铰缝破损严重，应凿除面层进行铰缝重筑。

4）梁板滑移

应根据梁板滑移的方向和原因，有针对性地采用调整、复位和限位装置的方法进行修复或固定。

5）悬臂梁病害

悬臂端附近截面顶板产生横向裂缝、腹板竖向裂缝时，可对裂缝进行封闭、加固；牛腿及上方支座产生破损时，可进行维修或更换；挂梁出现挠度过大或其他病害时，可根据病害情况进行维修或加固。病害严重或常规的维修加固效果不佳时，可将悬臂梁结构改造成连续梁形式。

## 4.3.3 支座病害的处治方法

支座出现脱空、破损，严重的串动、偏位，数量较多的老化开裂、剪切变形时，应及时进行处治。

## 4.3.4 墩台及基础病害的处治方法

1）盖梁（台帽）竖向裂缝

盖梁（台帽）的竖向裂缝的处治可参照梁桥裂缝。

2）立柱钢筋锈蚀，混凝土开裂

柱式墩表面裂缝的处治可参照梁桥裂缝；当内部钢筋锈蚀时，可参照钢筋锈蚀的处治。

3）墩柱倾斜、偏位

因不平衡土压力引起的墩柱倾斜、偏位，应先清理填土消除墩柱两侧的不平衡土压力，再采用横向力进行纠偏；因支座不平或梁体推移等其他因素引起的墩柱倾斜、偏位，也应先消除致偏因素后再纠偏。

4）独柱墩稳定性不足

对于独柱墩，在基础承载力足够的情况下，可通过墩身拼宽法进行加固；墩身刚度足够的情况下，可采用钢限位加固法和钢盖梁加固法进行加固。

5）台身裂缝

台身横向裂缝可以根据宽度大小，采用表面封闭、压力灌注等方法进行封闭；在裂缝处理的基础上，根据结构计算需要结构补强时，采用粘贴钢板进行台身加固或对台后填土进行轻量化处理。

由于地基变形沉降导致台身产生的竖向裂缝,则应对地基进行加固后再进行封闭处理;由于台身荷载不均匀而导致的竖向裂缝,则应进行封闭、加固。

6)水中基础冲刷、淘空

对于水中基础的冲刷、淘空,常规的加固处理方式为采用抛石加固;当河床水流速度较快时,则可采用围护结构方式进行处治。对某些特殊河流,可选用整体式河床铺砌、导流堤等调治构造物减少流水对基础的局部冲刷。

## 4.3.5 附属设施病害的处治方法

附属设施应经常保养,出现破损、缺失的,可根据情况进行维修、补充或更换。

## 4.3.6 河床及调治构造物病害的处治方法

河床出现明显冲刷、淤积、堵塞、变迁时,可因地制宜地增设调治构造物;河床铺砌破损时,应及时进行修复。

调治构造物出现基础淘空、塌陷或其他损毁时应及时修复;发现调治构造物的位置不当,数量、长度不合理等,不能发挥正常作用时应及时改造。

# 4.4 桥梁病害典型案例

## 4.4.1 BH-03-1 伸缩缝装置破损(异型钢伸缩缝锚固区混凝土破损)

### 4.4.1.1 病害概况

| 病害编号 | BH-03-1 | 病害名称 | 伸缩缝装置破损(异型钢伸缩缝锚固区混凝土破损) |
|---|---|---|---|
| 公路路线 | 杭州绕城西复线杭绍段 | 发生时间 | 2021 年 1 月 30 日 |
| 病害实照 | | | |

| 病害情况 | (1)具体部位:温向 K106 + 170、温向 K107 + 600。<br>(2)异型钢伸缩缝锚固区混凝土破损,给高速公路的安全运行带来隐患 |
|---|---|
| 养护工程类别 | 修复养护 |
| 案例资料提供者 | 浙江省交通集团高速公路杭州南管理中心:俞鼎伦 |

### 4.4.1.2 病害机理分析

| 病害编号 | BH-03-1 | 病害名称 | 伸缩缝装置破损(异型钢<br>伸缩缝锚固区混凝土<br>破损) |
|---|---|---|---|
| 病害机理分析 | 主要因素:<br>伸缩缝锚固区施工不良 | | |
| | 次要因素:<br>(1)沥青混凝土桥面铺装与伸缩缝锚固区混凝土有高差。<br>(2)重载交通量占比较大 | | |

本案例病害为桥梁异型钢伸缩缝锚固区混凝土破损,病害发生的机理有以下方面:

(1)伸缩缝锚固区施工不良。锚固区门筋未按设计图要求加工、锚固钢筋与门筋间焊接不足、锚固区混凝土强度不足等。

(2)沥青混凝土桥面铺装与伸缩缝锚固区混凝土有高差。两者高差导致车轮碾压时压缩不协调而对伸缩缝装置及锚固区混凝土产生冲击。

(3)重载交通量占比较大。重载车辆在行驶过程中产生较大的局部压力和冲击,导致伸缩缝装置横向不均匀受力。局部受力过大导致重载交通轮载下方的伸缩缝装置产生松动、锚固区混凝土破损等。重载车辆通行情况如图 4-4-1 所示。

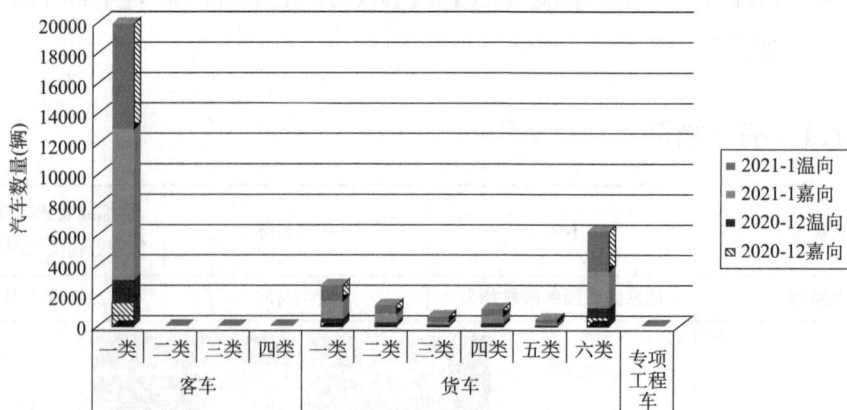

图 4-4-1 重载车辆通行情况

本病害是由伸缩缝锚固区施工不良所致,具体分析如下:

(1)门筋植入深度不满足设计要求。图纸(图 4-4-2)要求门筋植入深度不小于10cm,现场实测门筋平均植入深度为 6cm(图 4-4-3);

(2)部分门筋焊接不符合要求。部分门筋未与伸缩装置锚固板焊接,仅与连接钢筋焊接(图 4-4-4);

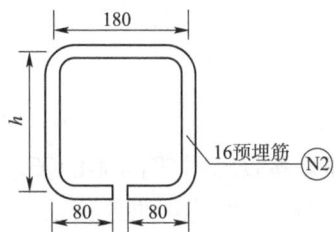

图4-4-2　施工图中设计要求的预埋筋(尺寸单位:mm)

图4-4-3　门筋植入深度不足

(3)钢筋网布设不满足设计要求。钢筋网平均间距为180mm,不满足设计图纸钢筋网间距为100mm的要求(图4-4-5)。图纸要求横向钢筋布设为均布4根,现场实际为3根(图4-4-6)。

图4-4-4　门筋与锚筋连接不到位

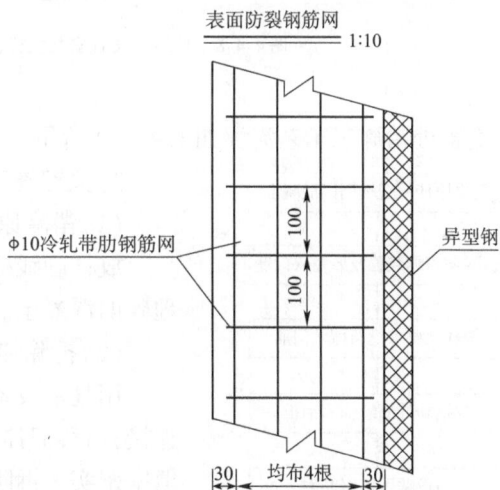

图4-4-5　施工图中设计要求的钢筋网(尺寸单位:mm)

(4)钢筋焊接不到位(图4-4-7)。钢筋焊接平均长度仅有6cm,低于设计要求的10cm。

图4-4-6　钢筋网布设不符合要求

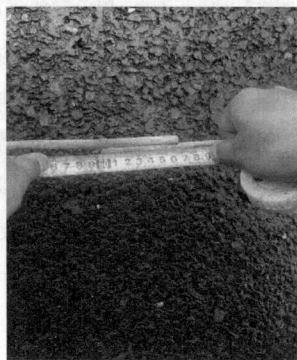

图4-4-7　钢筋焊接不到位

（5）混凝土强度不够。温向 K107 +600 伸缩缝混凝土的平均强度仅为 36MPa,低于设计要求的 50MPa。

### 4.4.1.3 病害处治

1）病害处治方案

本病害的处治采用挖除原伸缩缝装置后重新按设计图（图4-4-8）要求进行安装的方案。

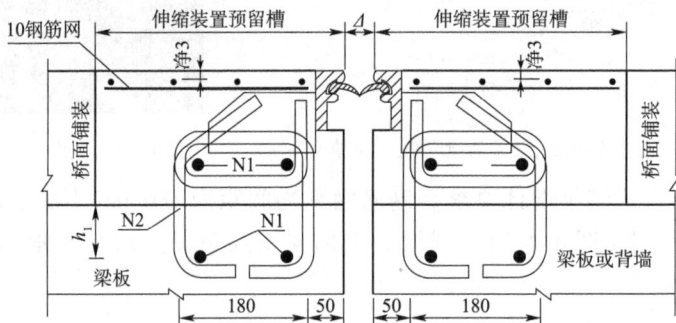

图4-4-8 伸缩缝装置安装大样（立面）（尺寸单位:mm）

2）工艺流程

本病害处治施工工艺流程如图4-4-9所示。

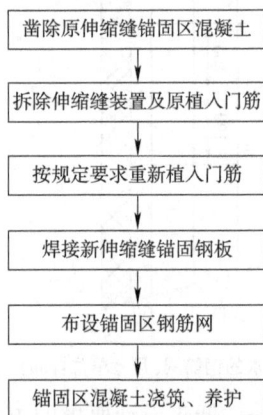

图4-4-9 伸缩缝破损处治施工工艺流程

3）关键施工工序及工艺要求

（1）凿除原伸缩缝锚固区混凝土。

放样画线标示凿除施工范围,用风镐打碎混凝土并清理碎旧混凝土。

（2）拆除伸缩缝装置及原植入门筋。

用气割设备割断旧伸缩缝与锚固钢筋及横穿钢筋的连接,吊移旧伸缩缝,清理干净预留槽内垃圾后用泡沫板填塞密实。拆除原植入门筋。

（3）按规定要求重新植入门筋。

理顺、调整伸缩缝原来的预埋锚固钢筋,对漏埋或折断的预埋筋位置按图纸布置要求补植钢筋。

（4）安装新伸缩缝装置（焊接新伸缩缝锚固钢板、布设锚固区钢筋网）。

①安装间隙:根据伸缩缝安装温度进行安装间隙计算,伸缩缝定位宽度误差为 ±2mm,要求误差同正或同负,不允许一条缝不同位置上同时出现正负误差。

②伸缩缝的高程控制。控制伸缩缝的高程,使伸缩缝上顶面比两侧沥青混凝土面层的高程低 2mm 左右,然后对伸缩缝的纵向直线进行调整。伸缩缝的高程与直线调整到符合要求后,进行临时固定,固定时应沿一端向另一端依次将伸缩缝边梁上的锚固装置与预留槽内的预埋筋每隔 2～3 个锚固筋焊一个焊点,两侧对称施焊,保证伸缩缝不再发生变形,严禁从一端平移施焊,以免造成伸缩缝翘曲。

③伸缩缝的焊接。固定后应对伸缩缝的高程复测一遍,确认在临时固定过程中未出

现任何变形、偏差后,把异型钢梁上的锚固钢筋与预埋板在两侧同时焊牢,也可先将一侧焊牢,待达到预定的安装温度时,再将另一侧焊牢。注意焊点与型钢距离不小于5cm,以免型钢变形。在焊接的同时,应随时用3m直尺、塞尺检测异型钢的平整度,平整度应控制在0~3mm范围。在固定焊接时,对预留槽内预埋筋与异型钢锚固筋位置偏差较大,采用钢筋进行加固连接,以确保缝体与梁体的牢固连接。伸缩缝焊接牢固后,应尽快将预先设定的临时固定卡具、定位钢筋用气割枪割去,使其自由伸缩,但应严格保护现场,防止车辆误压。

(5)锚固区混凝土浇筑、养护。

①混凝土浇筑。浇筑前应在伸缩缝内用泡沫板填塞密实,保证混凝土不污损、不填塞梁缝。混凝土振捣时应两侧同时进行,为保证混凝土密实,特别是型钢上混凝土的密实,用振捣棒振至不再有气泡为止。混凝土振捣密实后抹压平整,控制混凝土面比沥青路面的顶面略低1~2mm为宜,避免出现跳车现象。混凝土浇筑过程中应采取保护措施,严禁污染路面及桥面。

②混凝土养护。混凝土浇筑完成后,覆盖洒水养护,养护期间严禁车辆通行。混凝土达到设计强度的50%以上后,可安装橡胶止水带,安装前应把伸缩缝内填充的泡沫板、漏浆的混凝土硬块清理干净,确保梁体可正常变形。

伸缩缝破损处治后效果如图4-4-10所示。

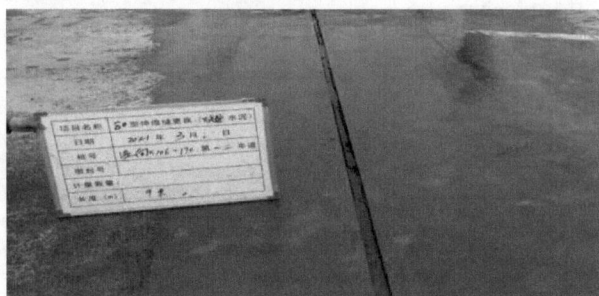

图4-4-10 伸缩缝破损处治后效果

### 4.4.1.4 反馈事项

本次异型钢伸缩缝锚固区混凝土破损经过修复处治后,使用情况良好,至今未出现破损现象。

高速公路桥梁伸缩缝病害的产生会对交通安全造成不良影响,应引起高度重视。

通过本案例可以发现,在桥梁伸缩缝施工中,梁端应严格按施工图要求设置足够数量的预埋筋,预埋筋数量不足时,须植入满足设计要求的门筋,伸缩缝锚固钢板与预埋钢筋(或后期植入的门筋)之间必须进行可靠的连接,保证伸缩缝锚固区的混凝土质量、伸缩缝安装间隙符合要求,控制伸缩缝、伸缩缝锚固区与桥面铺装之间的高差,减少伸缩缝病害的发生。

在日常巡查中,对桥梁伸缩缝重点关注,及时发现早期病害,制订维修计划,保证伸缩缝及时维修,保障桥梁行车安全。

## 4.4.2　BH-03-2 伸缩缝装置破损(梳齿板伸缩缝装置破损)

### 4.4.2.1　病害概况

| 病害编号 | BH-03-2 | 病害名称 | 伸缩缝装置破损<br>(梳齿板伸缩缝装置破损) |
|---|---|---|---|
| 公路路线 | 诸永高速公路 | 发生时间 | 2020 年 1 月 20 日 |
| 病害实照 | | | |
| 病害情况 | (1)具体部位:楠溪江大桥杭向。<br>(2)桥面梳齿板伸缩缝装置钢板缺失、锚栓生锈、锚固区混凝土破损、钢构件损坏断裂,导致扎破行车车辆轮胎造成爆胎事故 | | |
| 养护工程类别 | 修复养护 | | |
| 案例资料提供者 | 浙江交工集团股份有限公司设计院分公司:王星驰 | | |

### 4.4.2.2　病害机理分析

| 病害编号 | BH-03-2 | 病害名称 | 伸缩缝装置破损<br>(梳齿板伸缩缝装置破损) |
|---|---|---|---|
| 病害机理分析 | 主要因素:<br>(1)伸缩缝结构在重载交通道路中适用性不良。<br>(2)重载交通量大 | | |
| | 次要因素:<br>施工质量控制不佳及养护不到位 | | |

　　诸永高速公路是典型的山区高速公路,受地形及周围环境因素影响,桥梁隧道占比高,随着车流量的日益增加,重型货车的占比逐渐提高,对桥面伸缩缝装置的作用愈加频繁以及伸缩缝装置使用年限较长,老化明显,导致伸缩缝装置锚固区混凝土破损,钢结构损坏断裂,扎破行车车辆轮胎造成爆胎事故。

　　其发生的主要原因:

　　(1)伸缩缝结构在重载交通道路中适用性不良。重载车辆经过时大板产生琴弦式振动,引起锚固螺栓松动或剪断,易造成齿板脱落破坏。

　　(2)施工安装不仔细,焊接连接不牢等。

### 4.4.2.3 病害处治

1）处治方案

为防止因伸缩缝装置损坏而导致交通事故,将原破损的梳齿板伸缩缝装置改造成伸缩缝宽度符合要求的模数式伸缩缝装置,如图4-4-11所示。

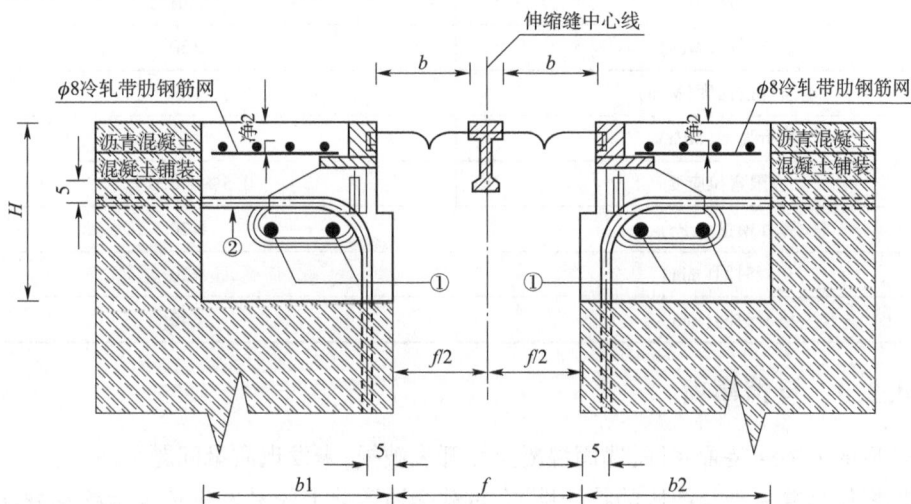

图4-4-11 梳齿板伸缩缝装置改造成模数式伸缩缝装置的设计图(尺寸单位:mm)

2）处治施工工艺流程

处治的施工工艺流程如图4-4-12所示。

3）关键施工工序及工艺要求

（1）旧伸缩缝凿除。

拆除原梳齿板伸缩缝的锚固螺栓,移走梳齿板后,对凿除区放样画线标示施工范围,再用风镐打碎预留槽混凝土并清理(图4-4-13)。当原梳齿板伸缩缝装置的预留槽深度不足时,可在不破坏梁端受力性能的前提下,适当加深预留槽以便安装新伸缩缝装置。

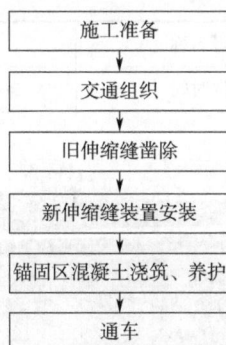

图4-4-12 梳齿板伸缩缝改造处治施工工艺流程

图4-4-13 凿除、清理

（2）新伸缩缝装置的安装可参照本书案例BH-03-1相关内容进行。

（3）锚固区混凝土浇筑、养护。

锚固区预留槽混凝土采用快硬型超韧性小石子混凝土,以达到快速通车要求,并有效提升伸缩缝装置的结构安全性和耐久性。

快硬型超韧性小石子混凝土的标准养护28d的基本力学性能指标应符合表4-4-1的规定。

快硬型超韧性小石子混凝土基本力学性能指标(28d)　　　表4-4-1

| 指标 | 数值 |
|---|---|
| 抗压强度(MPa) | ≥50 |
| 劈裂抗拉强度(MPa) | ≥5 |
| 抗折强度(MPa) | ≥7 |
| 极限弯拉应变 | 0.5%~0.6% |
| 弹性模量(GPa) | ≥20 |
| 初凝时间(min) | ≥20 |
| 终凝时间(min) | <40 |

#### 4.4.2.4　反馈事项

改造后的伸缩缝装置完好,锚固混凝土无开裂破损,未发现质量问题。

梳齿板伸缩缝由于其结构的特殊性,在重载交通道路上较易发生梳齿板松动翘起,不利于行车安全。对于尚未发生较明显病害的梳齿板伸缩缝装置,应加强日常养护检查,并根据现场实际情况,采用梳齿板底清理、补拧及焊接螺栓、更换锚固螺栓等方式进行养护,直至更换梳齿板。

建议新建桥梁,尤其是重型车辆较多的桥梁,谨慎采用梳齿板伸缩缝装置。

## 4.4.3　BH-03-3 桥头跳车

### 4.4.3.1　病害概况

| 病害编号 | BH-03-3 | 病害名称 | 桥头跳车 |
|---|---|---|---|
| 公路路线 | 台金高速公路 | 发生时间 | 2019年8月15日 |
| 病害实照 | | | |

| 病害情况 | (1)具体部位:台州方向 K42。<br>(2)路段为典型的软基路段,自高速公路运营至创新工艺实施前共计进行桥头沉降加铺 6 次,累计加铺厚度达到 76.56cm,其中 K42 + 080 断面加铺厚度最大,累计加铺厚度达到 160.15cm,按通车运营 12 年计算,折算得沉降量 13.35cm/年 |
|---|---|
| 养护工程类别 | 修复养护 |
| 案例资料提供者 | 浙江省交通集团高速公路台州管理中心:韦靖峰、王战兵、詹浙炬 |

### 4.4.3.2 病害机理分析

| 病害编号 | BH-03-3 | | 病害名称 | 桥头跳车 |
|---|---|---|---|---|
| 病害机理分析 | 主要因素:<br>(1)桥涵结构与台后路基的差异沉降。<br>(2)台背回填材料的压缩蠕变。<br>(3)台背施工质量问题,包括搭板施工质量、回填材料质量及压实度控制、排水设施、水土保持等方面 | | | |
| | 次要因素:<br>车辆在刚柔过渡段产生冲击荷载 | | | |

桥头跳车是公路桥头及伸缩缝(桥头引道)处的差异沉降或伸缩缝破坏等使路面不平整而引起车辆通过时产生跳跃的现象,如图 4-4-14 所示。

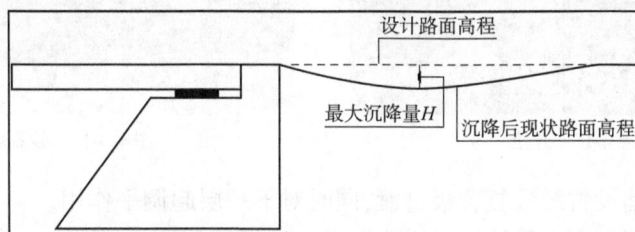

图 4-4-14　桥头沉降

桥头跳车的原因归根到底是桥台路基间存在沉降差。因为桥台属刚性结构,桥梁建成时沉降已经基本消除或很小,而桥台后的路堤属柔性结构,压实、施工、水分等原因导致其在公路建成后会产生一定的固结沉降。当桥台和路堤的沉降差超过一定数值时,车辆行驶到该过渡段,便会出现桥头跳车。《公路软土地基路堤设计与施工技术细则》(JTG/T D31-02—2013)规定,高速公路和一级公路桥台与路堤相邻处允许工后沉降不大于 10cm。一般来讲,对高速公路上行驶的车辆来说,当沉降差超过 3cm 时,行车有明显的不舒适感。

### 4.4.3.3 病害处治

1)处治方案

本类型病害处治采用轻型材料模块换填处治。轻型材料模块换填处治的主要原理是通过对原路基材料进行换填,改用预制轻质泡沫混凝土块作为路基填料,有效地减少了路基自重,同时通过上下顶底板竹纤维复合板对预制轻质泡沫混凝土块进行有效的保护,提高路基的耐久性。

2)处治施工工艺流程

处治施工工艺流程如图 4-4-15 所示。

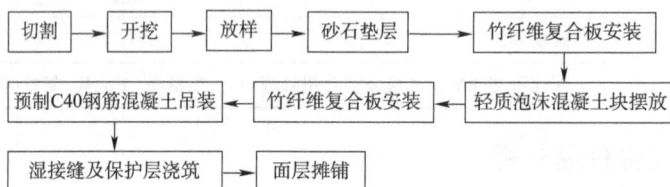

切割 → 开挖 → 放样 → 砂石垫层 → 竹纤维复合板安装

预制C40钢筋混凝土吊装 ← 竹纤维复合板安装 ← 轻质泡沫混凝土块摆放

湿接缝及保护层浇筑 → 面层摊铺

图 4-4-15　桥头跳车处治工艺流程

3)关键施工工序及工艺要求

(1)开挖:先采用机械开挖,接近设计路面高程时人工进行开挖,在开挖过程中需进行经常性高程复测(图 4-4-16)。

(2)通过砂石垫层(图 4-4-17)进行点位调平,使用水准仪进行高程复测。

图 4-4-16　开挖

图 4-4-17　砂石垫层

(3)垫层上方铺设竹纤维复合板过渡,同时对下一层起调平作用。

(4)根据图纸要求顺序摆放轻质泡沫混凝土块(图 4-4-18)。

(5)轻质泡沫混凝土块表面铺设竹纤维复合板过渡(图 4-4-19),也对下一层起调平作用。

图 4-4-18　摆放轻质泡沫混凝土块

图4-4-19　轻质泡沫混凝土块表面铺设竹纤维复合板

（6）吊装预制 C40 钢筋混凝土（图 4-4-20），完成吊装后进行高程检测。

（7）湿接缝及保护层浇筑（图 4-4-21）。

图 4-4-20　吊装预制 C40 钢筋混凝土

图 4-4-21　湿接缝及保护层浇筑

为准确获得该方案实际成效，安排开展工后沉降观测。选取桥面伸缩缝的某一处为高程控制点，以相对高程进行工后沉降观测；在实施区域软基路段按 5m 间隔选取 13 个观测点，并进行标记；沥青面层施工完成后，进行路面沉降跟踪测量。按照 1 月/次频率，截至 12 月底共计 4 个月，开展 4 次沉降观测，最大变化量在 K42＋080 断面，累计沉降 16mm。

#### 4.4.3.4　反馈事项

综合对比历年传统加铺工后沉降速率，发现采用轻型材料模块换填处治工艺能较大程度减缓软基路段桥头沉降速率，为解决运营高速软基处治问题打开了新的思路，具有一定的应用价值。

新建桥梁施工应重视软基处理和台后搭板施工，确保达到预期设计效果。

### 4.4.4　BH-03-4 桥面铺装推移、拥包

#### 4.4.4.1　病害概况

| 病害编号 | BH-03-4 | 病害名称 | 桥面铺装推移、拥包 |
|---|---|---|---|
| 公路路线 | 杭金衢高速公路<br>红垦枢纽立交 | 发生时间 | 2019 年 8 月 10 日 |
| 病害实照 |  | | |

| 病害情况 | (1)具体部位:C 匝道桥。<br>(2)该匝道桥面铺装出现严重车辙病害,进而产生横向推移和拥包 |
|---|---|
| 养护工程类别 | 修复养护 |
| 案例资料提供者 | 浙江省交通集团高速公路杭州南管理中心:周旋烨 |

## 4.4.4.2　病害机理分析

| 病害编号 | BH-03-4 | | 病害名称 | 桥面铺装推移、拥包 |
|---|---|---|---|---|
| 病害机理分析 | 主要因素:<br>(1)钢桥面与沥青混凝土铺装层连接处的抗剪强度不足。<br>(2)钢桥面与铺装层的协调变形能力弱。<br>(3)桥面体量小,存在重载、高温问题 | | | |
| | 次要因素:<br>(1)车辆荷载。<br>(2)高温影响 | | | |

　　红垦枢纽立交 C 匝道桥面铺装病害可分为推移、拥包。推移成因是沥青混凝土的塑性流动滑移;拥包成因是车辆荷载引起的垂直和水平荷载综合作用使结构层内产生的剪应力超过材料的抗剪强度,同时也与行驶车辆的冲击、振动等动力作用有关。红垦枢纽立交 C 匝道为单车道通行道路,车流量大,受重载交通影响较大;且夏季温度较高,路表最高温度可达 80℃。车辆荷载和夏季高温的影响使得红垦枢纽立交 C 匝道钢桥面产生较多推移和拥包病害。

　　红垦枢纽 C 匝道钢桥面铺装形式为双层沥青混合料,铺装层经修补后反复破损,主要原因是钢桥面与混凝土桥面板材料属性差别较大,在连接处的协调变形能力较弱,其刚度较低不能为钢-混连接处提供足够强度抵抗变形,在荷载作用下该处桥面应力集中产生较大负弯矩,加速铺装层破损。

## 4.4.4.3　病害处治

1)处治方案

(1)应急处置。

　　采用 4cm 厚 SMA-13 +6cm 厚 SMA-13 的双层沥青混凝土结构,且采取乳化沥青代替防水黏结层及防腐层。但该应急处置方案存在以下缺陷:

　　①双层 SMA 结构应用于桥面铺装时抵抗高温变形的能力不足,易产生车辙、推移病害;

　　②钢板表面经过铣刨处理后,未恢复防腐层和防水黏结层,改性乳化沥青提供的层间黏结效果较差,后期雨水渗入结构层内部将对钢桥面造成锈蚀影响。

(2)长久处治方案。

　　本项目采用抗高温变形能力强的 EA-10 环氧沥青混凝土 +SMA-13 的铺装结构(图 4-4-22)。

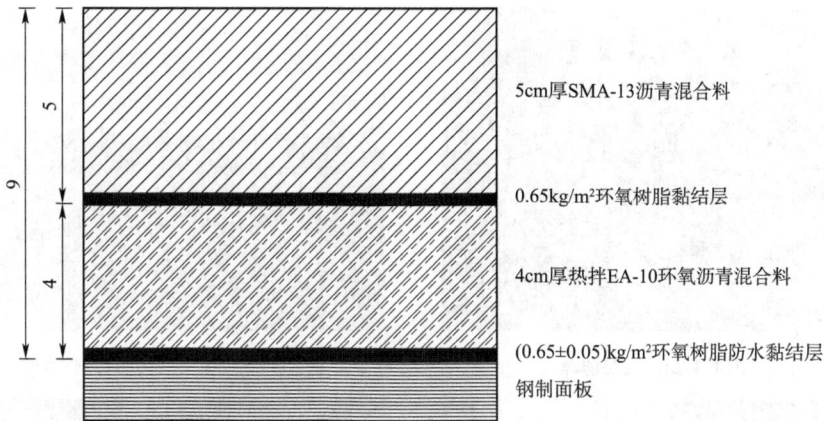

图 4-4-22　红墁枢纽立交 C 匝道桥面铺装层结构示意图(尺寸单位:cm)

上面层:50mm 厚。SMA-13 沥青混凝土。

层间黏结层:环氧树脂黏结剂二型 0.65kg/m²。

下面层:40mm 厚。EA-10 环氧沥青混凝土。

防水黏结层:环氧树脂黏结剂二型(0.65 ±0.05)kg/m²。

钢板:喷砂除锈,清洁度 $Sa2.5$ 级、粗糙度 80 ~ 120μm。

(3)施工工艺流程。

长久处治方案施工工艺流程如图 4-4-23 所示。

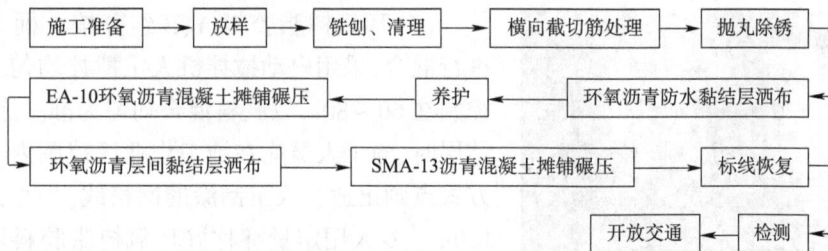

图 4-4-23　钢桥面沥青铺装推移、拥包长久处治工艺流程

2)关键施工工序及工艺要求

(1)确定铣刨钢桥面的位置和宽度,对桥面进行铣刨,铣刨深度控制在 8cm。铣刨后对全路段下承层表面尘土进行清扫。

(2)钢桥面存在横向剪力筋,铣刨机无法铣刨到底,安排人工用 12 只风镐对钢桥面夹层进行清理(图 4-4-24),在清理过程中,尽量减小风镐头与钢桥面之间的角度,避免损伤钢桥面。

(3)钢桥面夹层清理完成后,用磨光机对钢桥面存在的横向剪切筋进行切割(图 4-4-25),再用切割片对原横向剪切筋未满焊部分进行切割清除,切割时避免损伤钢桥面。

(4)清理完横向剪切筋之后,对桥面板进行抛丸除锈(图 4-4-26)。抛丸机采用 2m/min 左右的行走速度对钢板进行连续、匀速的除锈,并用磨光机对抛丸机无法工作部位进行打磨。抛丸除锈过程中,试验人员采用粗糙度仪测试法、图谱对照法对抛丸除锈处理后钢板表面粗糙度、清洁度进行检测(图 4-4-27),检测合格后方可进行防水黏结层铺装。

图 4-4-24　夹层清理

图 4-4-25　横向剪切筋切割、清理

图 4-4-26　抛丸除锈

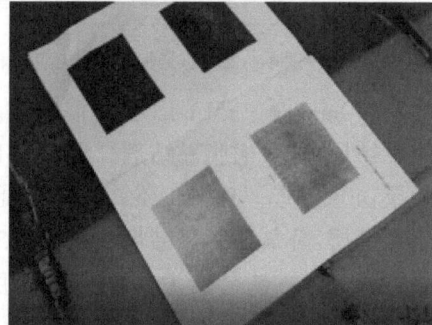

图 4-4-27　清洁度检测

图 4-4-28　环氧树脂胶料涂刷

（5）环氧树脂胶料 A、B 组分按 1 桶∶1 桶比例进行混合，采用电动搅拌机人工搅拌均匀，搅拌时间控制在 60～80s，以胶料混合均匀为准。涂刷防水黏结层时，施工人员应在施工作业区范围内，采用画点方式点画出适合人工刮涂的网格线，尺寸为 1.0m×1.0m。专人用定量杯称好环氧树脂胶料用量，倒在钢板的方格网内，由操作工人均匀地将胶料刮涂在方格网里（图 4-4-28）。胶料涂布量按照（0.65±0.05）kg/m² 控制，涂布要求均匀、无堆积、无流淌。

根据气温高低来确定养护时间，若气温低，应延长养护时间，直到满足设计要求。养护完成后，进行拉拔试验，当拉拔强度大于 3MPa 时即可进行热拌环氧沥青层铺筑施工。

（6）EA-10 环氧沥青混凝土采用两台摊铺机同时摊铺。摊铺机单机宽度分别控制为 4.5m 和 4m，行走速度控制在 3m/min；EA-10 环氧沥青混凝土采用初压轮胎式压路机碾压 4 遍，复压钢轮式压路机碾压 4 遍，终压轮胎式压路机碾压 4 遍（图 4-4-29）。环氧沥青混凝土施工结束后根据气温条件自然养护 48～72h，其间严禁车辆及人员进入施工现场。

（7）层间黏结层采用环氧树脂胶料，胶料涂布量按照 0.65kg/m² 控制。在养护完成后，进行拉拔试验，当拉拔强度大于 1.5MPa 时，可进行 SMA-13 沥青混凝土摊铺工序。

经过一段时间的运营，目前该桥新铺设的桥面铺装无明显病害（图 4-4-30），本次施工基本上达到预期设计目标及施工要求。后期将对此部分桥面进行持续跟踪检查。

图 4-4-29　EA-10 环氧沥青混凝土摊铺碾压

图 4-4-30　处治后桥面铺装

#### 4.4.4.4　反馈事项

实施路段为钢桥面,钢桥面上无泄水孔,虽侧向涂刷了环氧树脂防水层、粘贴压缝带及洒布封边剂,但后期雨水对钢桥面的影响目前仍无法评估。

日常养护检查中需密切关注桥面病害发展情况,关注雨水、气温等因素对钢桥面铺装的影响。在高温时间段应洒水降温、加强钢桥面养护。

### 4.4.5　BH-03-5 连续桥面墩顶横向裂缝

#### 4.4.5.1　病害概况

| 病害编号 | BH-03-5 | 病害名称 | 连续桥面墩顶横向裂缝 |
|---|---|---|---|
| 公路路线 | 金丽温高速公路 | 发生时间 | 2019 年 8 月 15 日 |
| 病害实照 |  | | |
| 病害情况 | (1)具体部位:新路高架桥金华方向 K2575 +990 处。<br>(2)墩顶连续桥面产生横向贯穿裂缝 | | |
| 养护工程类别 | 修复养护 | | |
| 案例资料提供者 | 浙江省交通集团高速公路丽水管理中心:周展、何敏红 | | |

## 4.4.5.2  病害机理分析

| 病害编号 | BH-03-5 | 病害名称 | 连续桥面墩顶横向裂缝 |
|---|---|---|---|
| 病害机理分析 | 主要因素：<br>(1)车辆荷载作用下支座处转角变形导致墩顶出现拉应力。<br>(2)墩顶连续桥面混凝土浇筑温度偏高,导致整体降温收缩时墩顶出现拉应力<br>次要因素：<br>桥面简易连续加强配筋不足或桥台简易伸缩缝施工不良等 | | |

通过建模分析计算可知,20m跨径结构简支＋桥面连续空心板梁桥在双向车道公路—Ⅰ级加载和整体降温25℃的情况下,连续桥面在墩顶处的拉应力超过材料的抗拉强度极限值(图4-4-31、图4-4-32)。

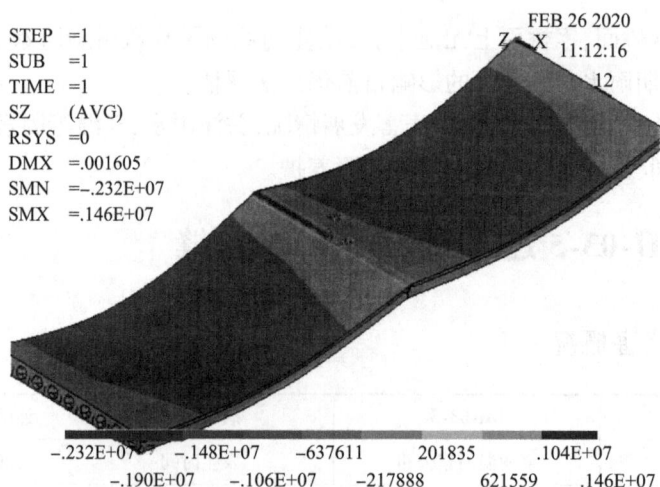

图4-4-31　20m跨径结构简支＋桥面连续空心板梁桥纵向拉应力云图(双向车道公路—Ⅰ级加载)

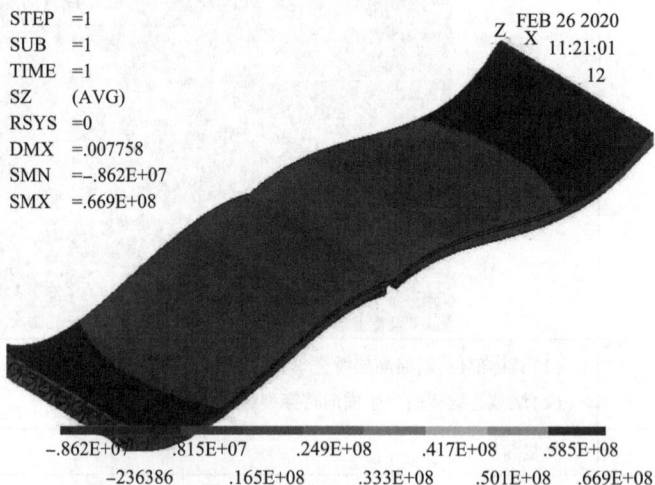

图4-4-32　20m跨径结构简支＋桥面连续空心板梁桥纵向拉应力云图(整体降温25℃)

### 4.4.5.3 病害处治

因连续桥面处横向贯穿裂缝宽度较小,对桥梁结构安全危害较轻,故采用裂缝贴进行裂缝封闭处治,避免桥面渗水。

### 4.4.5.4 反馈事项

连续桥面能缓解多跨简支梁桥因伸缩缝过多导致行车不舒适。

在日常养护管理中,应关注连续桥面在墩顶处产生横向裂缝的发展情况。在裂缝宽度较小时,应尽早采用裂缝贴或灌缝的方式进行封闭处治。当横向裂缝过宽或者产生附加破损时,应进行重筑施工,重筑时可采用 ECS 桥面植入式连续装置、超韧性混凝土等先进的处治方法和材料。

## 4.4.6 BH-03-6 空心板铰缝破损引起桥面铺装纵向裂缝

### 4.4.6.1 病害概况

| 病害编号 | BH-03-6 | 病害名称 | 空心板铰缝破损引起桥面铺装纵向裂缝 |
|---|---|---|---|
| 公路路线 | 杭金衢高速公路 | 发生时间 | 2019 年 1 月 20 日 |
| 病害实照 | <br>桥面铺装纵向裂缝 | | <br>梁间铰缝通长渗水 |
| 病害情况 | (1)具体部位:衢州方向 K293+682,畈田蒋分离立交桥。<br>(2)桥梁拼宽后,5#铰缝通长渗水,对应桥面位置纵向开裂 | | |
| 养护工程类别 | 修复养护 | | |
| 案例资料提供者 | 浙江省交通集团高速公路金华管理中心;杜小明 | | |

### 4.4.6.2 病害机理分析

| 病害编号 | BH-03-6 | 病害名称 | 空心板铰缝破损引起桥面铺装纵向裂缝 |
|---|---|---|---|
| 病害机理分析 | 主要因素:<br>(1)空心板间小铰缝构造抗剪能力小。<br>(2)相邻板块刚度差较大。<br>(3)空心板上方混凝土调平层钢筋网片设置间距偏大。 | | |

| 病害机理分析 | 次要因素：<br>老边板位于重载交通流轮迹线上 |
| --- | --- |

通过现场病害形态分析,发现右幅第 1 跨至第 3 跨第 5# 铰缝通长渗水,且渗水痕迹范围较大,桥面对应位置存在纵向裂缝,判断该铰缝已经损伤、破坏。

铰缝产生损伤破损有以下四个方面的原因(图 4-4-33):

(1)本桥老桥部分的空心板梁采用的小铰缝构造抗剪能力小,或新板间采用刚度较大的大铰缝连接导致原小铰缝构造抗剪能力相对偏小。

(2)在拼宽过程中老边板凿除悬臂板后与新板作湿接缝连接。这种凿除方式对边板存在一定程度的损伤,从而使得老边板刚度降低。

(3)原桥混凝土铺装内的钢筋网片设置间距偏大,会削弱荷载横向传递效果。

(4)老边板正好位于重载交通流轮迹线处,因老边板本身刚度降低且荷载横向传递效果削弱,老边板与附近梁板之间产生不协调变形而在铰缝引起较大剪力致使小铰缝产生损伤、破损。

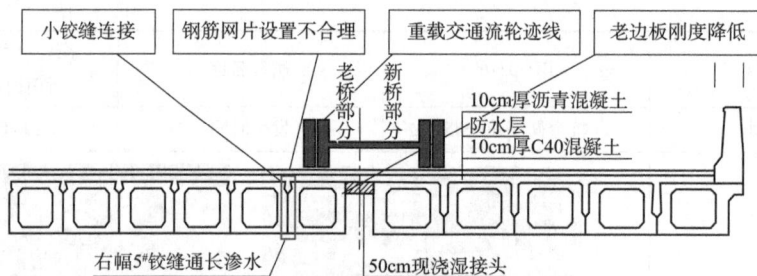

图 4-4-33 桥面铺装纵向裂缝产生机理图

注:铰缝编号规则为从外向内,1# ~ m#。

### 4.4.6.3 病害处治

1)处治方案

本类型病害处治采用铰缝重做方案。重做铰缝时除了新增加强钢筋网片外,还采用 M20 加强螺杆进行加强。

2)处治施工工艺流程

病害处治施工工艺流程如图 4-4-34 所示。

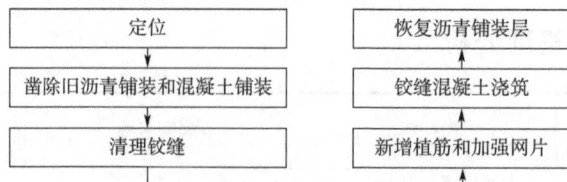

图 4-4-34 铰缝重做处治施工工艺流程

3)关键施工工序及工艺要求

(1)按设计图纸(图 4-4-35)对需要改造的范围进行现场放样,在凿除原铺装层前应对桥面高程进行测量,保证加固维修前后桥面高程一致。

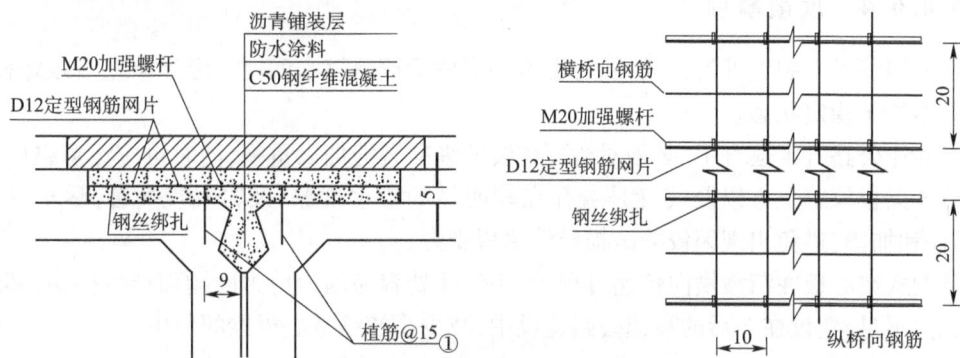

图4-4-35　铰缝凿除重做加固图(尺寸单位:cm)

(2)采用风镐结合人工方法拆除桥面沥青混凝土、钢筋混凝土铺装层,凿除钢筋混凝土桥面铺装时应尽量保留原铺装钢筋。

(3)凿除混凝土铺装层后对表面混凝土进行充分清理,按照设计要求进行植筋(图4-4-36)、安装钢筋网片(图4-4-37)。

图4-4-36　植筋

图4-4-37　安装钢筋网片

(4)如凿除施工过程中对既有梁板造成损伤的,应采用环氧砂浆进行修补。

(5)超韧性小石子混凝土浇筑(图4-4-38)、养护。

(6)铺筑桥面沥青混凝土面层。

桥面铺装纵向裂缝处治后效果如图4-4-39所示。

图4-4-38　浇筑混凝土

图4-4-39　桥面铺装纵向裂缝处治后效果

#### 4.4.6.4 反馈事项

桥面铺装纵向裂缝处治完成,同时也解决了桥梁铰缝渗水问题。经半年左右跟踪监测,桥面基本处于稳定状态。

在高速公路日常巡查中,必须对桥面铺装的纵向裂缝加以重视,同时也应注意纵向裂缝是否位于梁板铰缝上方以及铰缝是否存在较明显的渗水现象,及时发现病害,尽早进行封闭、维修和加固,避免出现因铰缝破损导致单板受力。

装配式空心板在荷载横向传递过程中,小铰缝处容易因为剪力问题而产生损伤,其结构存在天然不足,建议在今后的高速公路建设中,减少小铰缝空心板梁的使用。

### 4.4.7 BH-03-7 钢筋锈蚀导致梁板锈胀、露筋

#### 4.4.7.1 病害概况

| 病害编号 | BH-03-7 | 病害名称 | 钢筋锈蚀导致梁板锈胀、露筋 |
|---|---|---|---|
| 公路路线 | 黄衢南高速公路 | 发生时间 | 2019 年 10 月 15 日 |
| 病害实照 | | | |
| 病害情况 | (1)具体部位:衢黄段。<br>(2)部分梁体出现混凝土破损脱落、钢筋锈蚀、露筋现象 | | |
| 养护工程类别 | 修复养护 | | |
| 案例资料提供者 | 浙江省交通集团高速公路衢州管理中心:王亮、曾由奇 | | |

#### 4.4.7.2 病害机理分析

| 病害编号 | BH-03-7 | 病害名称 | 钢筋锈蚀导致梁板锈胀、露筋 |
|---|---|---|---|
| 病害机理分析 | 主要因素:<br>(1)混凝土保护层厚度不足。<br>(2)梁板裂缝。<br>(3)雨水侵蚀 | | |
| | 次要因素:<br>混凝土密实度不足 | | |

梁板锈胀、露筋多数是局部混凝土保护层厚度不足、梁板裂缝,以及雨水侵蚀造成钢筋锈蚀,在膨胀力作用下混凝土开裂等导致的。梁体钢筋锈蚀机理分析如图4-4-40所示。

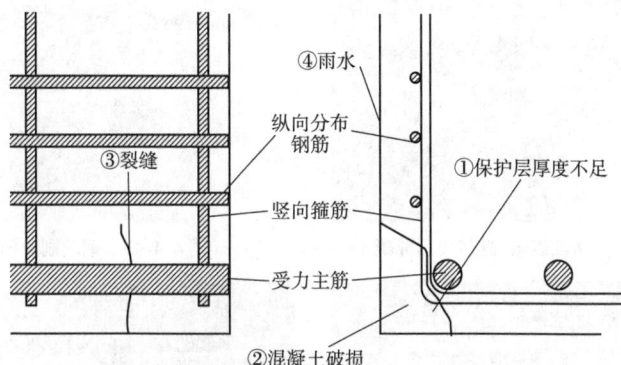

图4-4-40 梁体钢筋锈蚀机理分析

黄衢南高速公路衢黄段所属区域为亚热带季风气候,降水充足,空气湿润,特别是每年雨季期间持续降雨,加之梁板局部位置混凝土保护层厚度不足,雨水从梁板裂缝渗入后易导致钢筋锈蚀。由于黄衢南高速公路衢黄段地处山区,桥梁以大桥为主,桥梁高度较大,梁板轻微锈胀、露筋病害难以及时发现并维修,使得病害进一步发展。

### 4.4.7.3 病害处治

1)处治方案

对于因钢筋锈蚀导致构件表面混凝土剥离、脱落、露筋的情况,通常采用保护层重筑的方式进行处治。

2)工艺流程

混凝土保护层重筑施工工艺流程如图4-4-41所示。

3)关键施工工序及工艺要求

(1)凿除锈胀、露筋周围混凝土并清洗。人工凿除梁板锈胀、露筋周围的混凝土(图4-4-42),如病害周边混凝土松散不密实则需进一步凿除,直至露出坚硬、牢固的新鲜混凝土,并将表面清洗干净。清洗后混凝土表面应达到饱和状态,且表面无积水。

(2)钢筋除锈、涂刷阻锈剂。先用钢丝刷将钢筋表面的锈刷掉(图4-4-43),防锈蚀处理采用烷氧基类、氨基类或树脂类喷涂型阻锈剂,其性能指标应符合《混凝土结构加固设计规范》(GB 50367—2013)的规定。阻锈剂应连续喷涂,使被喷涂表面饱和溢流。

| 凿除锈胀、露筋周围混凝土并清洗 |
| 钢筋除锈、涂刷阻锈剂 |
| 涂刷界面剂 |
| 涂抹聚合物砂浆 |
| 养护、检验 |

图4-4-41 混凝土保护层重筑施工工艺流程图

(3)涂抹聚合物砂浆。采用聚合物砂浆对病害区域进行人工修补(图4-4-44),应涂抹一定厚度,以形成保护层(图4-4-45)。适宜的施工温度为5~30℃,修补后及时进行养护。养护时应确保温度与湿度符合要求,以避免产生收缩裂缝。

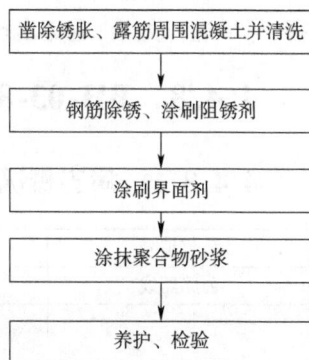

图 4-4-42　凿除锈胀、露筋周围混凝土

图 4-4-43　钢丝刷除锈

图 4-4-44　涂抹聚合物砂浆进行修补

图 4-4-45　聚合物砂浆形成保护层

### 4.4.7.4　反馈事项

梁板锈胀、露筋部位经过处治后,有效遏制病害的进一步发展,使梁板结构耐久性得以提升,处治效果良好。

在新建桥梁时,应严格控制构件的混凝土质量和保护层厚度,做好桥面防排水工作,避免外界雨水长期侵蚀构件表面,减少后期病害的发生。

在高速公路日常巡查和定期检查中,必须对钢筋锈胀引起的露筋加以重视,及时发现病害,尽早进行处治,避免出现钢筋锈蚀现象而影响结构的耐久性能。

## 4.4.8　BH-03-8 钢筋混凝土梁板裂缝

### 4.4.8.1　病害概况

| 病害编号 | BH-03-8 | 病害名称 | 钢筋混凝土梁板裂缝 |
|---|---|---|---|
| 公路路线 | 杭金衢高速公路 | 发生时间 | 2021 年 10 月 13 日 |
| 病害实照 | |  | |

续上表

| 病害情况 | (1)具体部位:K359+519汽车通道桥。<br>(2)桥底板产生横向裂缝 |
|---|---|
| 养护工程类别 | 修复养护 |
| 案例资料提供者 | 浙江省交通集团高速公路衢州管理中心:缪建平、张聪 |

杭金衢高速公路 K359+519 汽车通道桥底板的裂缝宽度均未超限,但部分梁板的裂缝比较密集,且伴随有析碱泛白。

上部承重构件采用装配式空心板梁,左幅板底横向裂缝共 22 条,裂缝宽度均小于 0.15mm。右幅板底横向裂缝共 71 条,裂缝宽度均小于 0.15mm(图4-4-46~图4-4-48)。

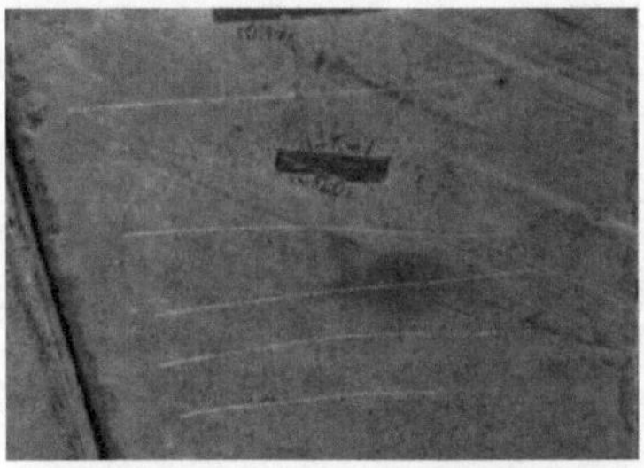

图4-4-46 右幅第1孔5#板梁横向裂缝

图4-4-47 右幅第1孔8#板梁横向裂缝

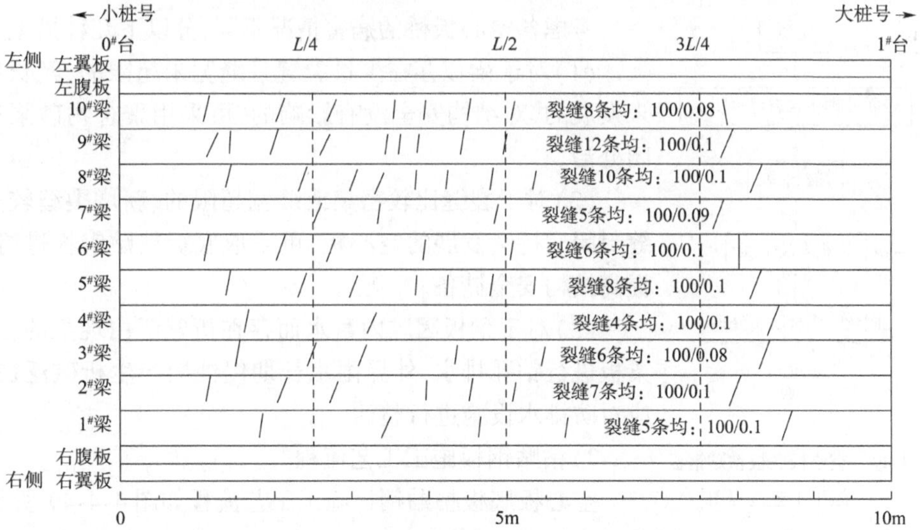

图4-4-48 右幅第1孔梁底横向裂缝示意图

## 4.4.8.2 病害机理分析

| 病害编号 | BH-03-8 | 病害名称 | 钢筋混凝土梁板裂缝 |
|---|---|---|---|
| 病害机理分析 | 主要因素:<br>(1)钢筋混凝土梁带裂缝工作。<br>(2)重载交通较多 | | |
| | 次要因素:<br>混凝土抗拉强度低 | | |

K359+519 汽车通道桥底板的裂缝较多,且与上次检测(2017 年)情况相比存在大量的新增裂缝,裂缝沿梁板全长分布且比较分散,对梁板刚度和耐久性均有不利影响。部分梁板存在裂缝析碱泛白现象,说明梁板腔内蓄水从裂缝中渗出或长期受外界雨水侵蚀而产生化学反应。

对 K359+519 汽车通道桥 10m 的空心板桥进行承载力计算,计算结果如表 4-4-2 所示。

表 4-4-2

**10m 空心板原设计承载力验算**

| 跨径 | 计算位置 | 设计弯矩(kN·m)<br>(汽车-超20) | 设计弯矩(kN·m)<br>(挂车-120) | 抗力(kN·m) | 安全系数 |
|---|---|---|---|---|---|
| 10m | 边板跨中 | 702.4 | 693.7 | 761.7 | 1.08 |
| | 中板跨中 | 616.3 | 567.2 | 756 | 1.23 |

从结果看梁板的原承载能力均能够满足原设计荷载的要求,但安全系数较小。

### 4.4.8.3 病害处治

1) 处治方案

考虑各空心板桥的病害情况不同,分以下几种措施处治:

(1)对于梁板存在少量裂缝且缝宽未超限的、经长期观测未发展的、对结构安全没有影响的,可采用聚合物砂浆进行封闭处治。

(2)对于裂缝比较密集或缝宽超限的、新增裂缝较多或裂缝封闭后持续发展的空心板,可采取底板粘贴钢板进行加固,提高结构安全储备。

(3)对于梁板因腔内蓄水而存在析碱泛白现象的,对相应梁板进行钻孔排水,外界雨水长期侵蚀而产生析碱泛白的,则应对防排水设施进行整治。

2) 粘贴钢板施工工艺流程

空心板底板粘贴钢板施工工艺流程如图 4-4-49 所示。

空心板底板粘贴钢板示意图如图 4-4-50 所示。

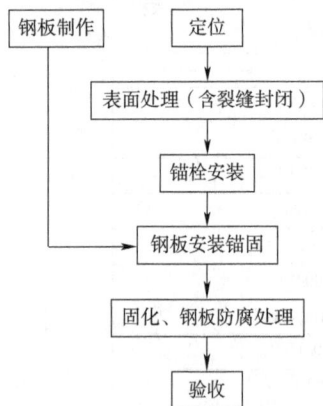

图 4-4-49 空心板底板粘贴钢板施工工艺流程图

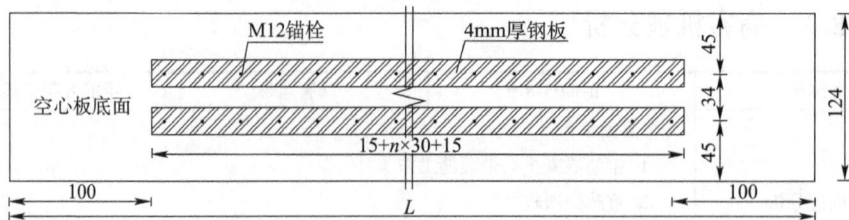

图 4-4-50 空心板底板粘贴钢板示意图(尺寸单位:cm)

3）关键施工工序及工艺要求

（1）钢板应严格按照设计尺寸下料、切割，边缘应做到光滑，无毛刺、咬口及翘曲等缺陷。

（2）钢板粘贴表面打磨后应有一定的粗糙度，打磨纹路与钢板受力方向应垂直。

（3）按照实际定位孔位进行钢板钻孔，孔边缘应清除毛刺。

（4）混凝土贴合面应凿毛露出新鲜表面，并用压缩空气除去粉尘或用清水冲洗干净，待完全干燥后用脱脂棉蘸丙酮擦拭表面。

（5）化学锚栓施工。

①钻孔前应现场探测钢筋位置，有冲突时可适当调整钻孔位置。

②钻孔直径应符合产品说明书规定，无要求时参照《混凝土结构后锚固技术规程》（JGJ 145—2013）相关规定执行。孔深适当大于设计锚固深度（10mm 以内），钻孔时，钻头始终与梁板表面保持垂直。

③洗孔时用毛刷套上加长棒，伸至孔底，来回反复抽动，把灰尘、碎渣带出，再用压缩空气吹出孔内浮尘，吹完后再用脱脂棉蘸酒精或丙酮擦洗孔内壁，严禁用清水洗孔。

④胶水宜采用锚栓配套产品，注胶采用专用注胶桶或送胶棒，锚固深度大于 200mm 时，可采用混合管延长注胶，注胶量以植入螺栓后略有胶液挤出为宜。

⑤锚栓植入后应校正方向，保证植入螺栓位于孔洞中心。

⑥在胶液固化前不应扰动螺栓。

（6）钢板厚度不大于 5mm 时，采用表面抹胶粘贴，人工抹胶应做到中间厚两边薄，中间抹胶厚度 3～5mm，钢板对准螺栓后迅速拧紧，加压挤出多余黏结剂，钢板加压从中间向两边对称进行。

（7）钢板厚度大于 5mm 时，采用压力注胶。封边留出排气孔，并通气试漏。压力注胶时压力控制不小于 0.1MPa，注胶完成采用封边胶封堵后，以较低压力维持 10min 以上。施工过程中及时用橡皮锤敲打钢板以确认是否粘贴密实。

（8）经检验确认钢板粘贴效果满足要求后，清除钢板表面污垢，对外露镀锌层损坏的钢板进行二次防腐涂装。

### 4.4.8.4 反馈事项

通过对原空心板粘贴钢板加固后的效果的分析计算（表 4-4-3）可以看出，在粘贴钢板后，结构承载力提升效果明显，并且使结构能够满足公路—Ⅰ级（2015）荷载要求。

粘贴钢板加固效果表 表 4-4-3

| 跨径 | 计算位置 | 设计弯矩（kN·m）（公路—Ⅰ级） | 加固前抗力（kN·m） | 加固后抗力（kN·m） | 提升比例 |
|---|---|---|---|---|---|
| 10m | 边跨跨中 | 844.08 | 761.7 | 916 | 20.26% |
| | 中板跨中 | 666.34 | 756 | 879 | 16.27% |

# 4.4.9 BH-03-9 预应力混凝土 T 形梁裂缝

## 4.4.9.1 病害概况

| 病害编号 | BH-03-9 | 病害名称 | 预应力混凝土 T 形梁裂缝 |
|---|---|---|---|
| 公路路线 | 诸永高速公路 | 发生时间 | 2020 年 10 月 12 日 |
| 病害实照 |  | | |
| 病害情况 | (1)具体部位:坎口水库桥右幅。<br>(2)第 20 孔 2#T 形梁腹板跨中位置出现斜向裂缝 1 条($L=240\text{cm}$,$\omega_{max}=1\text{mm}$),底部马蹄跨中位置出现 U 形裂缝 | | |
| 养护工程类别 | 修复养护 | | |
| 案例资料提供者 | 浙江省交通集团高速公路杭州南管理中心:吕博 | | |

裂缝发生位置如图 4-4-51 所示。

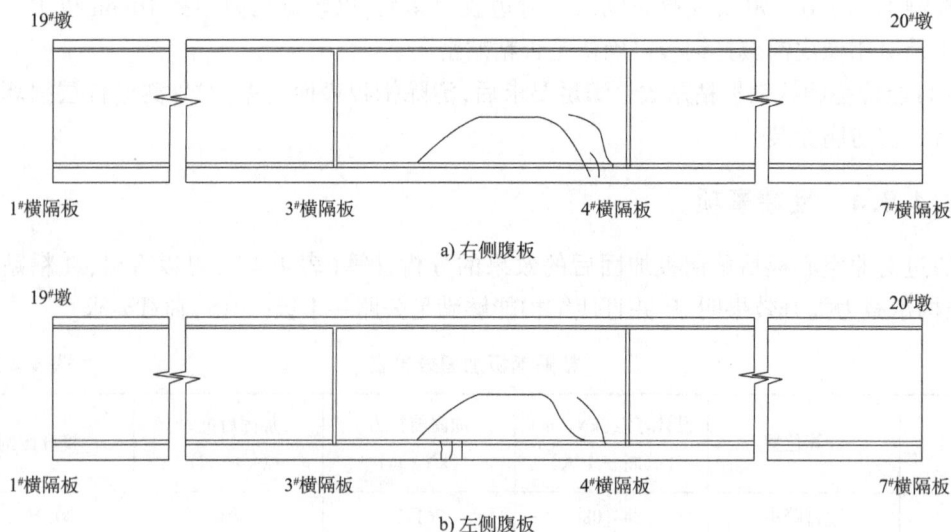

a) 右侧腹板

b) 左侧腹板

图 4-4-51 第 20 孔 2#T 形梁裂缝示意图

### 4.4.9.2　病害机理分析

| 病害编号 | BH-03-9 | 病害名称 | 预应力混凝土<br>T形梁裂缝 |
|---|---|---|---|
| 病害机理分析 | 主要因素：<br>(1)施工过程中波纹管定位偏差。<br>(2)路面铣刨施工时存在大型机械集中停放现象<br>次要因素：<br>T形梁腹板跨中箍筋配置较薄弱 | | |

根据竣工资料对T形梁进行了结构验算,结果表明,T形梁跨中截面承载能力及正常使用状态下压应力储备均能够满足设计要求,且具有较高的安全储备,T形梁出现弯曲裂缝的可能性极小。进一步结合裂缝形态,分析裂缝主要成因如下：

(1)施工过程中波纹管定位偏差,导致跨中区域上层的波纹管出现向上的弧形变化,进而在预应力张拉后产生向下的径向力。

(2)在正常张拉荷载及活载作用下,径向力的作用尚不足以导致腹板的水平拉裂,但根据调查发现,2019年大中修期间,在该桥路面铣刨施工时存在大型机械集中停放的现象,引起预应力增量的增大和径向力的增大。

(3)T形梁腹板跨中箍筋配置较薄弱(直径10mm,间距20cm),基本不存在竖向抗拉能力,从而导致本次裂缝的出现。

预应力混凝土T形梁裂缝产生机理示意如图4-4-52所示。

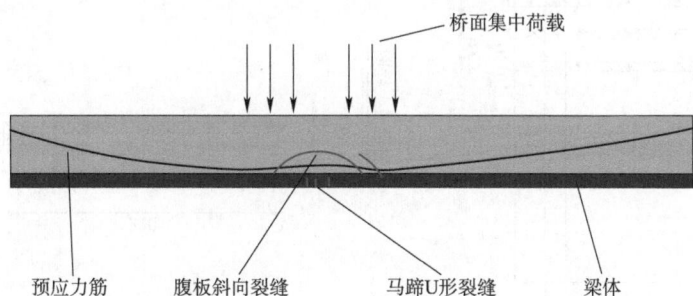

图4-4-52　预应力混凝土T形梁裂缝产生机理示意图

### 4.4.9.3　病害处治

1)处治方案

裂缝对钢束的径向力有一定的释放作用,且在正常运营荷载下裂缝处于稳定状态,由此判断裂缝对结构的抗弯强度及应力储备影响较小,以影响结构的耐久性为主,因此考虑在对裂缝注浆封闭后,采用外包钢板的处治方案。T形梁外包钢板示意图如图4-4-53所示。

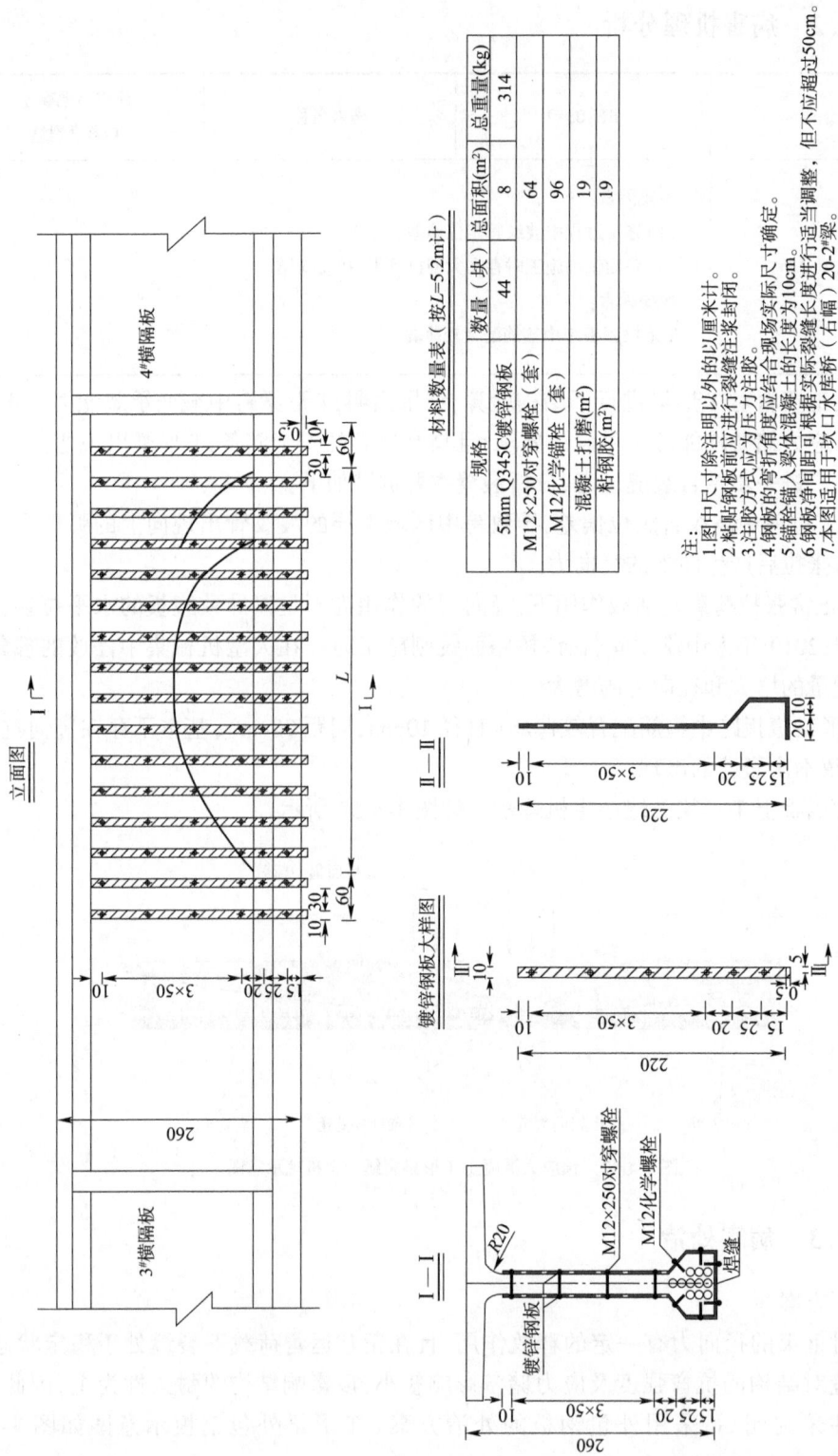

立面图

I

4#横隔板

3#横隔板

260

**材料数量表（按L=5.2m计）**

| 规格 | 数量（块） | 总面积(m²) | 总重量(kg) |
|---|---|---|---|
| 5mm Q345C镀锌钢板 | 44 | 8 | 314 |
| M12×250对穿螺栓（套） | 64 | | |
| M12化学锚栓（套） | 96 | | |
| 混凝土打磨（m²） | | 19 | |
| 粘钢胶（m²） | | 19 | |

注：
1. 图中尺寸除注明以外的以厘米计。
2. 粘贴钢板前应进行裂缝注浆封闭。
3. 注胶方式应为压力注胶。
4. 钢板的弯折角度应结合现场实际尺寸确定。
5. 锚栓锚入梁体混凝土的长度为10cm。
6. 钢板净间距可根据混凝土实际裂缝长度进行适当调整，但不应超过50cm。
7. 本图适用于坎口水库桥（右幅）20-2#梁。

镀锌钢板大样图

II—II

I—I

镀锌钢板

M12×250对穿螺栓

M12化学锚栓

焊缝

图4-4-53　T形梁外包钢板示意图

2）T形梁外包钢板施工工艺流程

3）关键施工工序及工艺要求

粘贴钢板施工工序可参照图 4-4-54 ~ 图 4-4-57 中所列的工序进行。

图 4-4-54　锚栓钻孔

图 4-4-55　清孔

图 4-4-56　粘贴钢板,拧紧螺栓

图 4-4-57　裂缝处压力注浆

#### 4.4.9.4　反馈事项

在高速公路运营和养护过程中,应避免桥梁上出现多个重型车辆长时间停留的情况。

在高速公路日常巡查和定期检查中,应对预应力混凝土梁板出现的裂缝加以关注,及时发现病害,尽早进行封闭、维修和加固,避免出现更严重的后果。

### 4.4.10　BH-03-10 预应力混凝土小箱梁裂缝

#### 4.4.10.1　病害概况

| 病害编号 | BH-03-10 | 病害名称 | 预应力混凝土小箱梁裂缝 |
|---|---|---|---|
| 公路路线 | 金丽温高速公路 | 发生时间 | 2009 年 5 月 6 日 |
| 病害实照 |  | | |

| 病害情况 | (1)具体部位:大洋大桥。<br>(2)2009年12月的定期检测报告显示:全桥38跨152块箱梁中有14跨49块箱梁出现裂缝 |
|---|---|
| 养护工程类别 | 修复养护 |
| 案例资料提供者 | 浙江省交通集团高速公路丽水管理中心;牛峰 |

金丽温高速公路大洋大桥建成于2005年4月,设计荷载:汽车-超20,验算荷载:挂车-120。

2009年12月的定期检测报告显示:全桥38跨152块箱梁中有14跨49块箱梁出现裂缝,主要分布在上行2~9跨,下行2~5跨、8跨、9跨。其中上行2~5跨、8跨,下行3~5跨、9跨每块箱梁均有开裂病害,主要表现为腹板存在竖向斜向开裂,个别裂缝贯穿至翼缘板,11块箱梁底板出现横向裂缝(分别为上行2~5跨、8跨、9跨1#梁,上行3~5跨、8跨,下行第5跨4#梁)。腹板存在竖向或斜向裂缝,最大缝宽0.4mm,小箱梁底板存在横向裂缝,最大缝宽0.12mm。

2011年1月对左幅第15跨(原第5跨)、左幅第12跨(原第8跨)实施了试行性加固。主要加固内容:裂缝封闭灌浆;左幅第15跨底板纵向粘贴钢板,增设钢横梁;左幅第12跨在底板锚固、粘贴预应力碳纤维板和钢板,增设钢横梁。

2013年4月对左幅第16~18跨、14跨、13跨、11跨、8跨、2~5跨,右幅第15~18跨、8~12跨、6跨再进行了加固。主要加固内容:①对箱梁出现的裂缝病害按常规措施进行处理;②对左幅第16~18跨、第11跨、第2~5跨,右幅第15~18跨、第8~12跨在组合箱梁腹板两侧共布设4束3$\Phi^s$15.2的体外预应力钢束加固;③对左幅第14跨、第13跨、第8跨,右幅第6跨在组合箱梁底板、腹板纵向粘贴钢板加固;④对全桥所有病害桥跨所在预应力混凝土组合箱梁腹板间增设钢横梁处理。

### 4.4.10.2 病害机理分析

| 病害编号 | BH-03-10 | 病害名称 | 预应力混凝土<br>小箱梁裂缝 |
|---|---|---|---|
| 病害机理分析 | 主要因素:<br>(1)通行荷载超过设计荷载标准[按《公路桥涵设计通用规范》(JTJ 021—1989)]。<br>(2)营运过程中的超载渠化影响。<br>(3)施工缺陷 | | |
| | 次要因素:<br>无 | | |

预应力混凝土梁板底面出现横向裂缝,并沿腹板向上延伸形成U形裂缝的主要原因是通行荷载超过设计荷载标准[按《公路桥涵设计通用规范》(JTJ 021—1989)]、营运过程中的超载渠化影响以及施工缺陷等因素。

上述因素的影响导致梁内的有效预应力不足,在自重和行车荷载作用下,受拉区内消除了预存压应力后的拉应力超过了混凝土的抗拉极限强度,最后在受拉区产生 U 形裂缝。预应力混凝土裂缝示意图如图 4-4-58 所示。

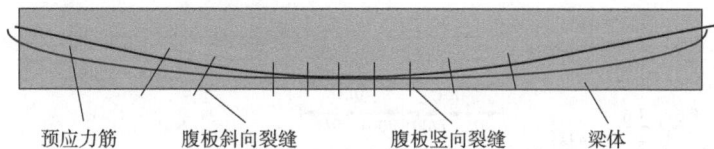

图 4-4-58　预应力混凝土梁裂缝示意图

### 4.4.10.3　病害处治

1)处治方案

(1)首先对裂缝进行封闭或压力注浆。

(2)2011 年实施的试行性加固方案:

①左幅第 15 跨采用底板粘贴钢板 + 增设钢横梁(增强梁间的横向联系,改善横向荷载分布);

②左幅第 12 跨小箱梁采用底板粘贴预应力碳纤维板 + 底板粘贴钢板 + 增设钢横梁。

(3)2013 年实施的加固方案:

①对箱梁出现的裂缝病害按常规措施进行处理;

②对左幅第 16 ~ 18 跨、第 11 跨、第 2 ~ 5 跨,右幅第 15 ~ 18 跨、第 8 ~ 12 跨在组合箱梁腹板两侧共布设 4 束 3 $\Phi^s$15.2 的体外预应力钢束,体外预应力加固设计见图 4-4-59;

③对左幅第 14 跨、第 13 跨、第 8 跨,右幅第 6 跨在组合箱梁底板、腹板纵向粘贴钢板;

④对全桥所有病害桥跨所在预应力混凝土组合箱梁腹板间增设钢横梁。

2)施工工艺流程

体外预应力加固施工工艺流程见图 4-4-60。

3)体外预应力加固关键施工工序及工艺要求

(1)种植螺杆,浇筑新增齿板及腹板。

①放样。按图纸要求的位置及尺寸进行放样,标明具体位置。

②钻孔及孔内处理。依据施工图布置,在做新增齿板及腹板的位置用冲击钻钻孔,用压缩空气清除孔内浮尘。注意孔内浮尘的清理必须由孔底向孔口清理(硬质排气管插入孔底,再后拔 1 ~ 2cm)。

③凿毛接触面混凝土;用药剂包种植螺杆;焊接/绑扎钢筋,形成骨架网;布设预应力管道,布设方式见施工设计图。

④浇筑新增齿板。骨架形成后,按照齿板的形状立模,然后浇筑混凝土,形成新增齿板。注意控制浇筑时混凝土配合比,控制水灰比,提高抗裂性,加强振捣使混凝土密实,避免空洞及蜂窝、麻面的发生。

⑤新增齿板养护。浇筑好新增齿板后应加强养护,其立方体强度达到设计强度的 85%以上,方可进行张拉工作。

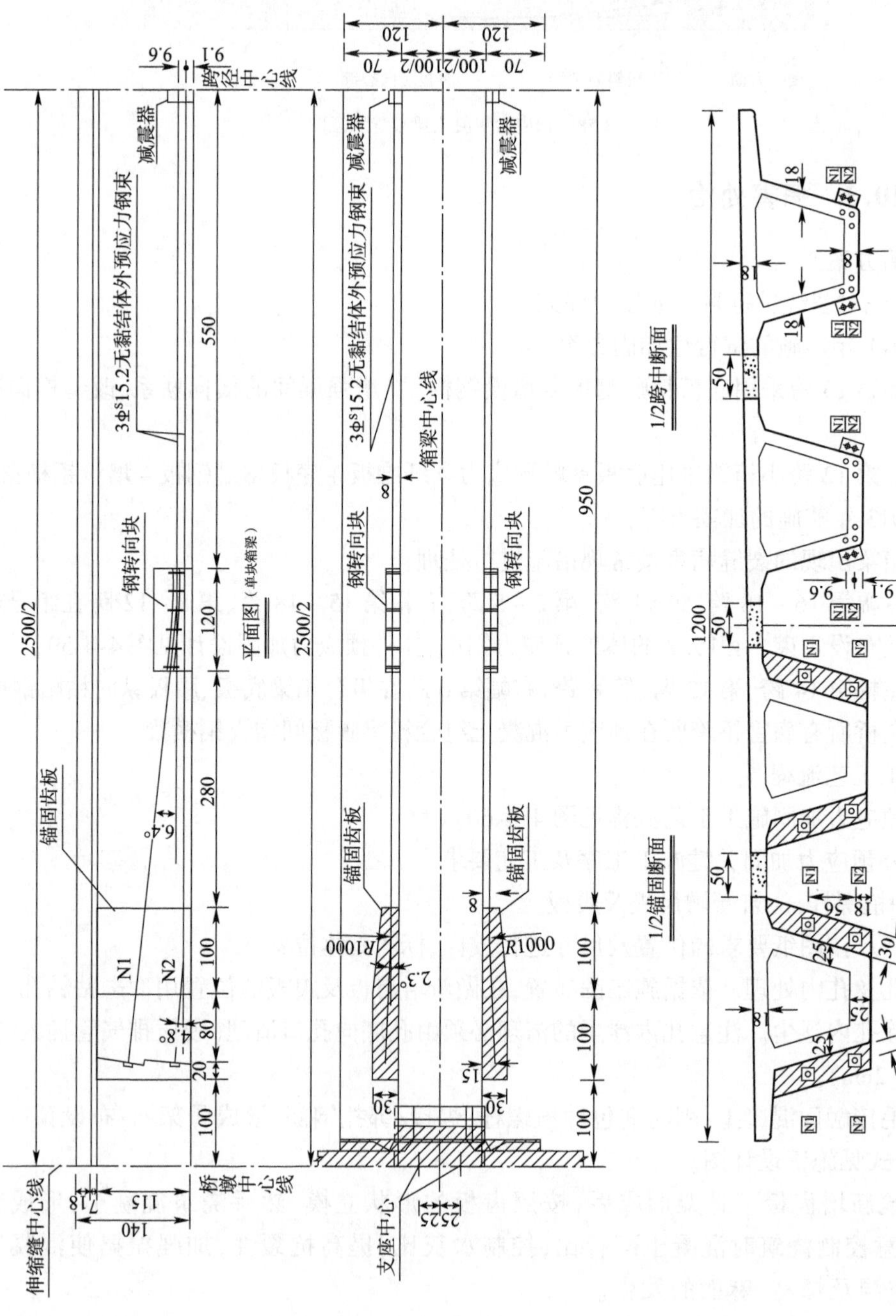


图4-59 体外预应力加固设计图

注：
1.本图为预应力组合箱梁体外预应力布置图；
2.本图尺寸均以cm计。

（2）转向块施工。

①转向块钢构件各板材加工。

按图纸要求，工厂加工钢结构锚固体系各板材并焊接成型。底板暂不钻锚栓预留孔。

②锚固钢构件的安装。

A. 按照锚固钢构件图纸、锚栓布置图放样、钻孔，借助钢筋探测仪，避开钢筋、钢绞线位置。若孔位与预应力钢束或钢筋发生干扰，可适当移位；

B. 在对应钢构件底板上打孔；

C. 在孔位打入 M12 自切式扩孔型锚栓；

D. 安装钢板，若钢板孔位有轻微偏差，则卸下钢板，按照钢板钻孔与螺栓偏差之间的位置关系扩孔；

E. 安装螺帽，此时预紧但不拧紧螺帽。

③锚固钢构件底板与梁体间压力灌注胶黏剂粘贴。

④按 M12 自切式扩孔型锚栓产品技术手册要求拧紧螺帽。

（3）体外预应力施工。

①钢绞线进场后，按规范开展相关检查、检验工作，要点如下：

A. 体外预应力钢绞线进场后，应检查每捆钢绞线有无不均匀初应力：截取 2 ~ 3m 长的钢绞线，在室内放置 24h 后，检查各钢丝是否仍为一个平面，如发生变化，说明钢绞线各钢丝存在不均匀初应力，此类钢绞线禁止使用，应予退货。

B. 按有关规定抽检钢绞线强度、弹性模量、截面积、延伸量和硬度，质量不合格的不准使用。

C. 按实测弹性模量和截面积对计算延伸量进行校正。

②混凝土养护龄期达 7d 以上，且混凝土强度达到设计强度的 85% 以后，方可张拉预应力束，施工工序如下：

A. 预应力钢束在张拉工作开始之前应分别从两端采用千斤顶对钢束进行松动张拉，以确保钢绞线平行顺直且滑动自由。

B. 张拉操作步骤：初张拉（张拉力 $P_0 = 0.15P$）→回油归零（作为延伸量 $\delta_0$ 的起测点）→张拉并维持 $0.5P$→持荷 5min→张拉并维持 $0.8P$→持荷 5min→张拉并维持 $P$→持荷 5min→量测延伸量 $\delta_1$→回油→量测延伸量 $\delta_2$。张拉方法按现行《公路桥涵施工技术规范》的相关规定执行。张拉控制应力 $\sigma_{con} = 0.4f_{pk} = 744MPa$。体外索张拉原则为：纵向，先张拉中跨体外索，后张拉边跨体外索。体外索应对称逐级张拉，每级不超过张拉设计值的 30%，在每张拉完一级时，要仔细检查每个锚固点和转向点的受力情况，如出现不良情况，应立即停止张拉，查明原因并采取相应补强措施后再进行张拉。

③体外预应力束张拉质量控制是本工程的关键节点，施工要点如下：

A. 预应力束张拉采用延伸量与张拉吨位双控，延伸量误差范围为 ±6%。延伸量为钢束上标定平面位置至锚垫板之间的距离变化值，不得以油缸伸长值代替延伸量。

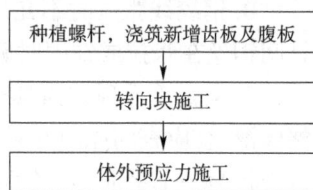

种植螺杆，浇筑新增齿板及腹板

↓

转向块施工

↓

体外预应力施工

图 4-4-60　体外预应力加固施工工艺流程图

B. 钢绞线张拉时不允许断丝,一旦出现断丝,必须更换整束钢绞线。断丝是指锚具与锚具间钢丝在张拉或锚固时破断。

C. 检查千斤顶和锚具有无滑丝:查看 $\delta_2 - \delta_1$ 是否大于7mm,如大于7mm,则表明出现了整体滑丝,应查明原因并采取措施解决滑丝后方可继续张拉。再检查钢绞线尾端标定平面是否仍为一个平面,如平面出现了变化,说明有个别钢绞线出现了滑丝现象,必须采取措施及时处理。

④注意事项:

A. 体外索张拉过程中建议实时读取监控测点应力值,并与设计预计值对照。

B. 如张拉完成后中跨跨中梁底应力值没有达到设计预计值或超过太多,应与设计单位联系,不得自行补张。

C. 张拉完成后,应及时进行锚头的防腐处理。

D. 张拉时以应力控制为主,伸长值校核。

E. 千斤顶和油泵必须配套标定和配套使用。严禁钢绞线作电焊机导线用。

### 4.4.10.4 反馈事项

大洋大桥在2013年采用粘贴钢板、预应力碳纤维板,增设钢横隔板和体外预应力加固后的一段时间内,未发现新增裂缝现象。

在2016年、2019年、2022年的定期检查中发现,粘贴钢板和预应力碳纤维板的箱梁跨中附近腹板竖向裂缝、底板横向裂缝,$L/4$ 附近斜向裂缝逐渐增多,部分裂缝封闭后重新开裂。施加了体外预应力加固的箱梁仅个别跨出现原封闭裂缝再开裂和新增裂缝情况。

由此可见,粘贴钢板和预应力碳纤维板在加固预应力梁时,前期的效果较好,但5年左右,加固效果开始减弱。相比之下,体外预应力加固的效果更好。在今后类似的预应力混凝土梁桥的加固中,体外预应力加固值得一试。

## 4.4.11 BH-03-11 连续箱梁顶板纵向裂缝

### 4.4.11.1 病害概况

| 病害编号 | BH-03-11 | 病害名称 | 连续箱梁顶板纵向裂缝 |
|---|---|---|---|
| 公路路线 | 龙丽高速公路 | 发生时间 | 2009年10月30日 |
| 病害实照 | | | |

| 病害情况 | (1)具体部位:遂昌大桥第4~6跨预应力混凝土悬臂现浇连续箱梁。<br>(2)顶板出现纵向裂缝 |
| --- | --- |
| 养护工程类别 | 修复养护 |
| 案例资料提供者 | 浙江省交通集团高速公路丽水管理中心:牛峰 |

## 4.4.11.2  病害机理分析

| 病害编号 | BH-03-11 | 病害名称 | 连续箱梁顶板纵向裂缝 |
| --- | --- | --- | --- |
| 病害机理分析 | 主要因素:<br>(1)箱梁结构的内约束作用。<br>(2)桥面板内温差。<br>(3)现浇段龄期差异 | | |
|  | 次要因素:<br>(1)施工阶段拆模时间不当。<br>(2)施工阶段养护措施不当 | | |

预应力混凝土悬臂现浇连续箱梁顶板纵向裂缝以边跨、中跨合龙段分布较多,裂缝长度不通长,宽度未超限;裂缝间距基本平行,呈现一定规律。其产生机理可从以下几个方面进行说明:

(1)在箱梁结构的内约束(包括截面的不均匀收缩和波纹管对混凝土收缩的约束)作用下,混凝土收缩应力较大,超过了当时混凝土的抗拉强度,从而导致出现沿波纹管纵向的收缩裂缝。

(2)连续高温日照,引起混凝土桥面板内温差过大,形成过大的温度梯度,造成顶板应力值增大,形成纵向裂缝(箱梁顶板表面在高温作用下,将会向上拱曲,但由于受到了腹板嵌固约束,因此顶板下缘受拉)。

(3)现浇段龄期差异引起混凝土收缩差异变大,后浇段混凝土横向收缩受到先浇段的限制,产生横向拉应力,形成纵向裂缝。

(4)白天和晚上温差较大且高空作业时风速过大,箱室顶板下缘无有效覆盖,养护措施不当,水泥水化和环境温度共同作用,混凝土内外部产生温差,使顶板产生纵向裂缝。提前或滞后脱模也可能导致结构出现纵向裂缝。

## 4.4.11.3  病害处治

1)处治方案

裂缝处治时根据裂缝宽度的不同,分别采取不同处理方法:宽度小于0.15mm的裂缝采用环氧树脂黏结剂进行表面裂缝封闭;宽度大于或等于0.15mm的裂缝采用压力灌注法,压注专用的裂缝修复材料。

2)关键工序

(1)裂缝表面封闭法。

表面涂抹环氧树脂黏结剂时,先将裂缝附近 80~100mm 宽度范围的灰尘、浮渣用压缩空气吹净,或用钢丝刷、砂纸、毛刷清扫干净并清洗,油污可用二甲苯或丙酮擦洗一遍。如表面潮湿,应用喷灯烘烤干燥、预热,以保证环氧树脂黏结剂与混凝土黏结良好;如基层表面难以干燥,应用环氧焦油胶泥涂抹,并涂刮在裂缝表面。

(2)裂缝压力灌注法。

①清缝处理,保证封闭材料与混凝土黏结良好;

②黏结注射器底座,每条裂缝至少须有一个注浆孔和排气孔;

③密封;

④密封检查,对漏气部分进行补封处理;

⑤注胶;

⑥封口处理。

裂缝注浆封闭现场施工情况见图 4-4-61。

图 4-4-61　裂缝注浆封闭现场施工

### 4.4.11.4　反馈事项

裂缝表面封闭材料固化后均匀、平整,材料未出现脱落,裂缝未重新开裂,且封闭两端未见裂缝延伸。

对于施工不当或者养护不及时等造成的混凝土裂缝,可以通过加强施工管理控制来预防。

悬臂现浇连续箱梁顶板纵向裂缝的产生受多种因素影响,在施工中应针对悬臂浇筑的施工特点,加强施工工艺控制,避免箱梁顶板纵向裂缝产生。

在高速公路定期检查中,必须对顶板裂缝予以重视,及时发现病害,尽早进行封闭、维修和加固,以免影响结构的安全性。

## 4.4.12　BH-03-12悬臂梁桥病害

### 4.4.12.1　病害概况

| 病害编号 | BH-03-12 | 病害名称 | 悬臂梁桥病害 |
|---|---|---|---|
| 公路路线 | 杭金衢高速公路 | 发生时间 | 2019年4月20日 |
| 病害实照 | | | |
| 病害情况 | (1)具体部位:红垦枢纽F匝道5号桥,第13~18跨。<br>(2)第13~18跨现浇箱梁主要病害为顶板纵向裂缝、横向裂缝、波纹管灌浆不密实、钢绞线锈蚀、破损露筋,牛腿处支座老化开裂、脱空,焊缝涂层脱落锈蚀,钢箱梁锈蚀 | | |
| 养护工程类别 | 专项养护 | | |
| 案例资料提供者 | 浙江省交通集团高速公路杭州南管理中心:何建斌 | | |

　　杭金衢高速公路红垦枢纽F匝道5号桥位于杭金衢高速公路杭绍段红垦枢纽,上跨杭金衢高速公路和杭甬高速公路,为上海至宁波方向的匝道桥(F匝道),其地理位置见图4-4-62。

　　第13~18跨桥梁配跨为[31.74+31.74+(11.74+40+11.74)+30+30+30]m,其中第13、14跨为(2×31.74+11.74)m连续预应力混凝土箱梁,上跨杭金衢高速公路,桥下预留净空为5.2~6.2m;第15跨为40m简支钢挂梁,上跨杭甬高速公路;第16~18跨为(11.74+3×30)m连续预应力混凝土箱梁(图4-4-63)。

图 4-4-62  红垦枢纽 F 匝道 5 号桥位置图

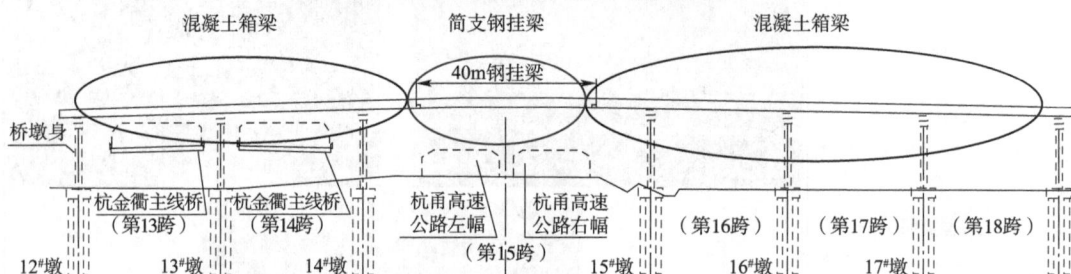

图 4-4-63  第 13～18 跨桥梁结构图

红垦枢纽 5 号桥自 2002 年通车至今,由于该桥结构特殊,车流荷载较大,共进行了 4 次加固:

(1)2006 年对第 17 跨箱梁粘贴芳玻韧布。

(2)2009 年定检首次发现第 13、14 跨箱梁腹板、底板出现裂缝。为防止裂缝进一步发展,2010 年对其进行了粘贴钢板、封闭裂缝加固。

(3)2013 年对第 16、17 跨底板粘贴钢板、腹板体外预应力加固。

(4)2013 年定检发现第 14#、15# 墩顶负弯矩段箱梁顶板出现开裂,存在较大安全隐患,2014 年对该位置腹板和翼板进行了体外预应力加固,并对箱梁裂缝进行了封闭灌浆。

2019 年通过对红垦枢纽 5 号桥老桥检查后统计,发现第 13～18 跨现浇箱梁主要病害为顶板纵向裂缝(图 4-4-64)、横向裂缝(图 4-4-65)、波纹管灌浆不密实、钢绞线锈蚀、破损露筋(图 4-4-66),牛腿处支座老化开裂(图 4-4-67)、脱空(图 4-4-68),焊缝涂层脱落、锈蚀(图 4-4-69),钢箱梁锈蚀(图 4-4-70)。

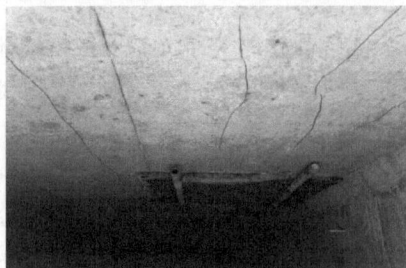

图 4-4-64  顶板纵向裂缝

图 4-4-65  顶板横向裂缝

图 4-4-66 顶板破损露筋

图 4-4-67 牛腿处支座老化开裂

图 4-4-68 牛腿处支座脱空

图 4-4-69 焊缝涂层脱落、锈蚀

（1）第 13、14 跨预应力混凝土箱梁顶板、腹板和底板均有较多横向裂缝，和 2017 年度相比，新增裂缝较多，裂缝分布如图 4-4-71、图 4-4-72 所示。

（2）第 15 跨钢挂孔部分构件病害加剧，主要是钢挂孔牛腿处伸缩缝钢板下陷，重型货车作用下引起结构振动明显；同时存在钢箱梁锈蚀，混凝土悬臂端钢筋锈胀及支座病害。

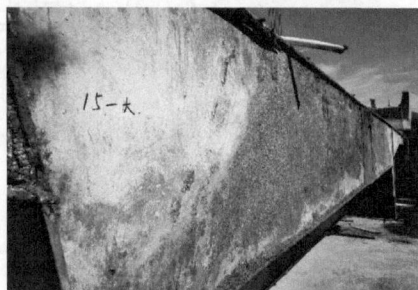

图 4-4-70 钢箱梁锈蚀

（3）第 13 ~ 15 跨预应力混凝土箱梁的正截面抗弯验算、斜截面抗剪验算、剪扭组合验算、抗裂验算不通过，压应力验算和挠度验算通过。

## 4.4.12.2 病害机理分析

| 病害编号 | BH-03-12 | 病害名称 | 悬臂梁桥病害 |
|---|---|---|---|
| 病害机理分析 | 主要因素：<br>（1）悬臂梁桥结构自身在受力方面存在天然的不足和隐患：<br>①与相同跨径的连续梁相比，悬臂梁负弯矩区段弯矩偏大；<br>②挂梁支承的牛腿和支座受力过于集中；<br>③挂梁与悬臂梁连接处设置伸缩缝装置导致行车振动过大。<br>（2）超限车辆过多 | | |

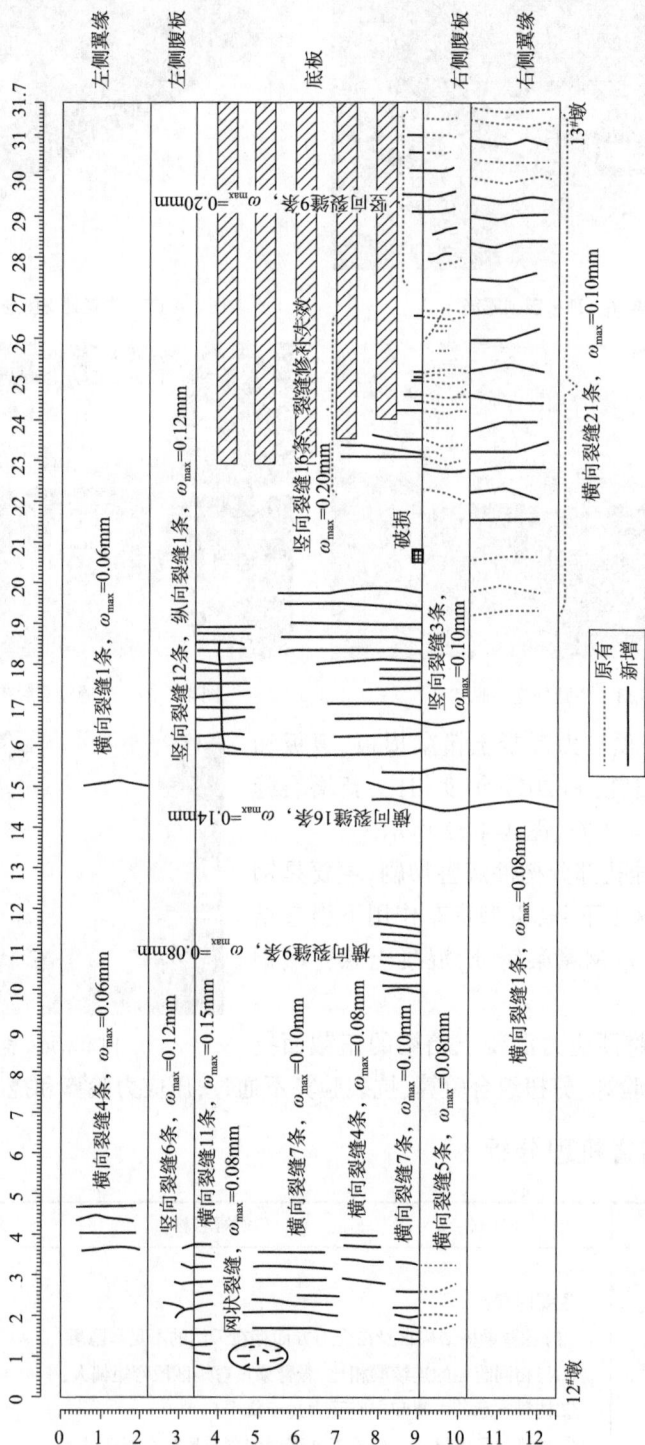

图4-4-71 第13跨裂缝示意图

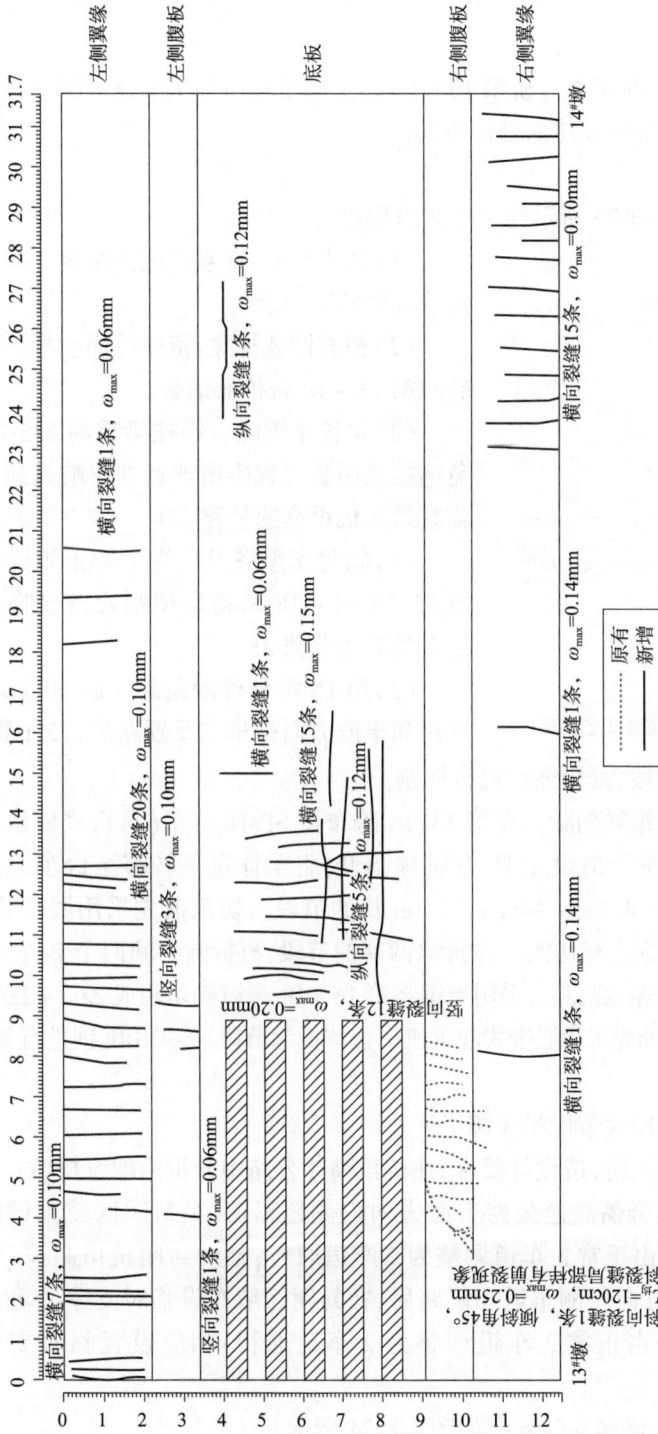

图4-4-72 第14跨裂缝示意图

### 4.4.12.3 病害处治

1）处治方案

鉴于红垦枢纽 F 匝道 5 号桥第 13～18 跨上部结构经多次维修加固后病害有增无减,为彻底消除隐患,采取拆除新建的处治方案。

2）老桥拆除施工

老桥拆除按图 4-4-73 所示施工工艺流程进行。

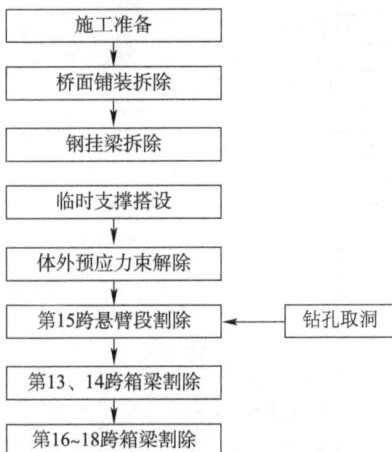

施工准备

桥面铺装拆除

钢挂梁拆除

临时支撑搭设

体外预应力束解除

第15跨悬臂段割除 ← 钻孔取洞

第13、14跨箱梁割除

第16~18跨箱梁割除

图 4-4-73　老桥拆除施工工艺流程

（1）施工准备:在互通区内填筑 3 块场地,供起重机停放及钢箱梁拼装。

（2）桥面铺装拆除:留原桥面护栏,采用小型镐头机破除第 13～18 跨桥面铺装。

（3）钢挂梁拆除。钢挂梁重约 233t(含护栏),为避免钢挂梁吊装过程中出现意外影响高速公路行车安全,临时封闭杭甬高速公路 12h。

（4）临时支撑搭设。为了防止箱梁割除时倾倒,在第 13、14、16～18 跨箱梁切割处搭设临时支撑,全封闭杭金衢高速公路 2h。

（5）第 15 跨悬臂段割除。临时封闭杭甬高速公路杭州和宁波方向行车道及硬路肩,750t 履带式起重机吊住待切割的 8m 悬臂段,采用绳锯进行切割。

（6）第 13、14 跨箱梁割除。在第 13、14 跨布设 SPMT 台车(自行式模块运输车,又名自行式液压平板车),车上搭设支架,并整体顶升,将梁体重量转移至台车上,采用绳锯将第 13、14 跨箱梁切割成 24.5m + 24m + 19.3m 长的节段。切割前先采用履带式起重机吊住待拆除节段,再采用绳锯进行切割。先拆除两端的节段,再拆除中间两个节段。

（7）第 16～18 跨箱梁割除。采用绳锯将第 16～18 跨箱梁切割成 22m + 22m + 22m + 17m + 11m 长的节段。切割前先采用履带式起重机吊住待拆除节段,再采用绳锯进行切割,箱梁从小里程向大里程依次拆除。

3）新桥施工(采用大节段吊装施工)

（1）重建桥梁施工时,按设计要求,在杭甬高速公路中分带内增设桥墩;

（2）临时封闭杭金衢高速公路上海方向内侧超车道,在封闭区域布设临时支撑-1(施工工期为 4d),该处由正常 3 车道调整为 2 车道通行;临时封闭杭甬高速公路宁波方向内侧超车道以及杭州方向外侧车道和硬路肩,在封闭区域布设临时支撑-2 和临时支撑-3(施工工期为 6d),该处由正常 3 车道调整为 2 车道通行;相应设置临时支撑-4 和临时支撑-5。

中分带内增设桥墩和临时支撑如图 4-4-74 所示。

（3）临时封闭杭金衢高速公路金华方向车流,整体吊装钢箱节段-1(施工工期为 0.5d);临时封闭杭金衢高速公路上海方向车流,整体吊装钢箱节段-2(施工工期为 0.5d),见图 4-4-75;

进行节段-1 和节段-2 的连接,并拆除临时支撑-1(施工工期为 1d),见图 4-4-76,恢复杭金衢高速公路正常通行。

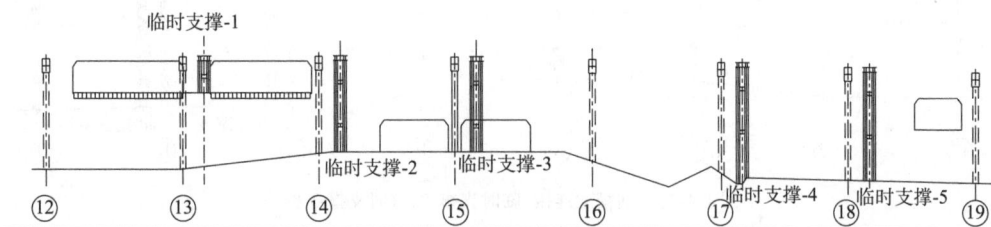

图 4-4-74    中分带内增设桥墩和临时支撑

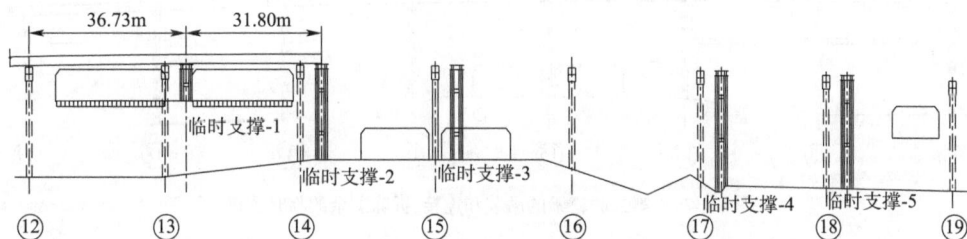

图 4-4-75    13、14 跨钢箱梁整体吊装

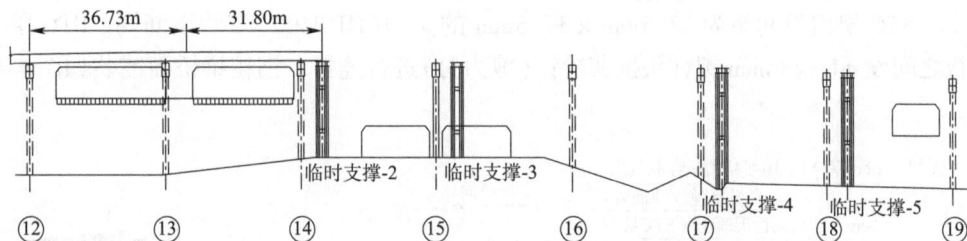

图 4-4-76    13、14 跨钢箱梁连接,临时支撑-1 拆除

(4)临时封闭杭甬高速公路杭州方向车流,整体吊装钢箱节段-3(施工工期为 0.5d);临时封闭杭甬高速公路宁波方向车流,整体吊装钢箱节段-4(施工工期为 0.5d),见图 4-4-77;进行节段-2、节段-3 和节段-4 的连接,并拆除临时支撑-2 和临时支撑-3(施工工期为 2d),见图 4-4-78,恢复杭甬高速公路正常通行。

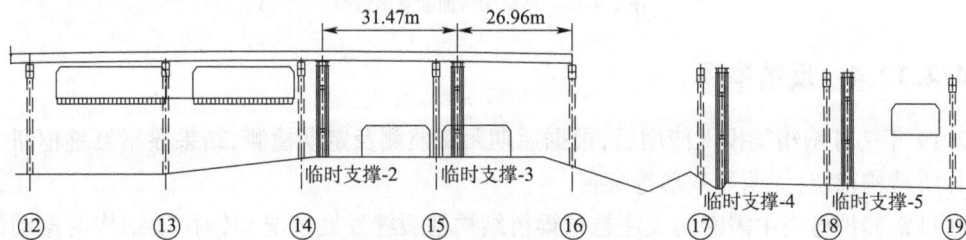

图 4-4-77    跨高速钢箱梁整体吊装(原 15 孔,现分 2 孔)

(5)进行第二联箱梁的吊装和连接,拆除剩余的临时支撑,见图 4-4-79。

(6)桥面铺装施工。

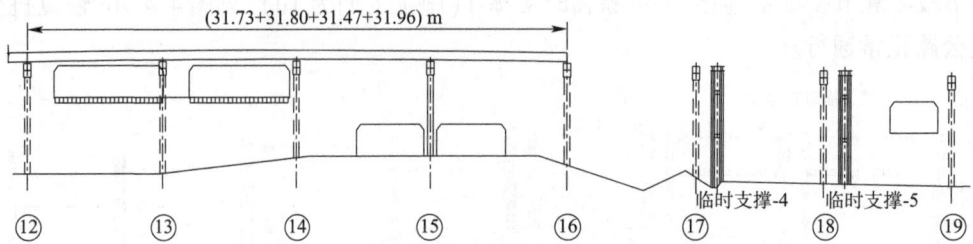

图 4-4-78　钢箱梁连接,临时支撑-2、临时支撑-3 拆除

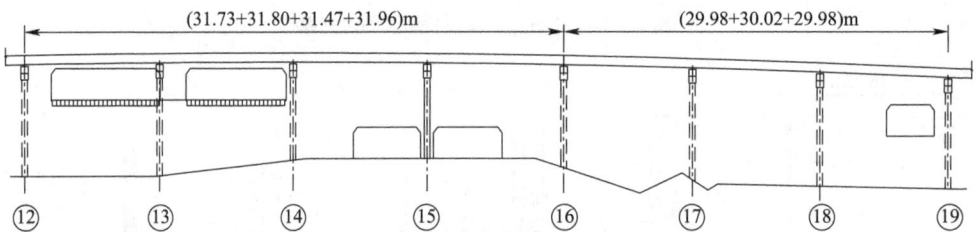

图 4-4-79　第二联箱梁的吊装和连接,拆除剩余的临时支撑

钢箱梁采用超韧性混凝土组合结构和沥青混凝土铺装层的方案,由正交异性钢桥面 + 6cm 厚超高韧性混凝土(STC 层)形成轻型组合结构,铺装上层 5cm 厚 SMA-10 细粒式沥青混凝土。STC 层内设间距为 37.5mm × 37.5mm 的 $\phi$10(HRB400)带肋钢筋网。STC 层与钢桥面板之间设 $\phi$13 × 38mm 圆柱头抗剪栓钉(剪力钉)进行连接。钢箱梁桥面铺装如图 4-4-80 所示。

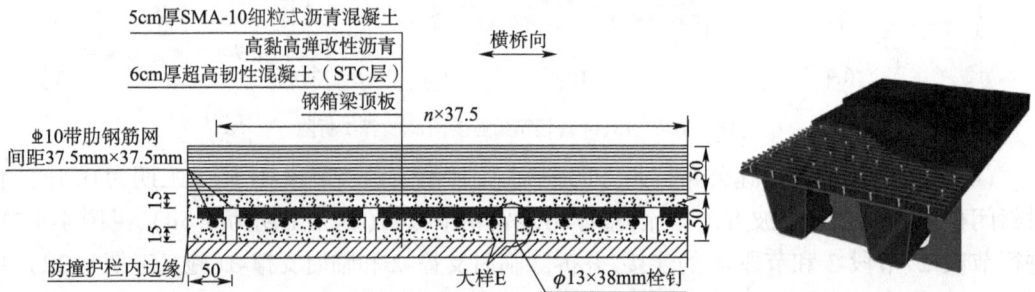

图 4-4-80　钢箱梁桥面铺装示意图

## 4.4.12.4　反馈事项

2019 年 7 月钢箱梁投入使用后,根据后期跟踪监测及定期检测,结果显示红垦枢纽 F 匝道 5 号桥结构稳定,无明显变形等病害。

在日常养护检查中需密切关注悬臂梁桥结构性裂缝发展情况和钢挂梁结构的振动情况及挠度变化,若现浇箱梁结构性裂缝发展加剧、钢挂梁振动明显或挠度超过限值,应及时委托专业机构进行特殊检查,经过专项设计后进行处理。

## 4.4.13　BH-03-13 支座脱空、变形、老化、开裂、串动、偏位

### 4.4.13.1　病害概况

| 病害编号 | BH-03-13 | 病害名称 | 支座脱空、变形、老化、开裂、串动、偏位 |
|---|---|---|---|
| 公路路线 | 龙丽高速公路 | 发生时间 | 2019 年 6 月 30 日 |
| 病害实照 | | | |
| 病害情况 | (1)具体部位:灵山高架桥。<br>(2)支座出现脱空、变形、老化、开裂、串动、偏位等情况。左幅支座脱空 15 个,变形 60 个(鼓包 1 个、剪切 59 个),老化、开裂 38 个,偏位 1 个;右幅支座脱空 38 个,变形 126 个(鼓包 43 个、剪切 83 个),老化、开裂 43 个,偏位 5 个 | | |
| 养护工程类型 | 修复养护 | | |
| 案例资料提供者 | 浙江省交通集团高速公路丽水管理中心;钟峰莹 | | |

### 4.4.13.2　病害机理分析

| 病害编号 | BH-03-13 | 病害名称 | 支座脱空、变形、老化、开裂、串动、偏位 |
|---|---|---|---|
| 病害机理分析 | 主要因素:<br>(1)曲线桥上部结构在重型货车行驶过程中的整体扰动较大。<br>(2)板式橡胶支座因使用时间过长出现老化现象 | | |
| | 次要因素:<br>前期加固时未对支座垫石的高程进行重新核算导致各支座受力不均 | | |

### 4.4.13.3　病害处治

(1)鉴于本桥支座病害的数量和类型较多,故采用顶升梁体(千斤顶布置见图 4-4-81)对支座按病害的状况进行防锈、复位、支承垫石整修、更换等处治。

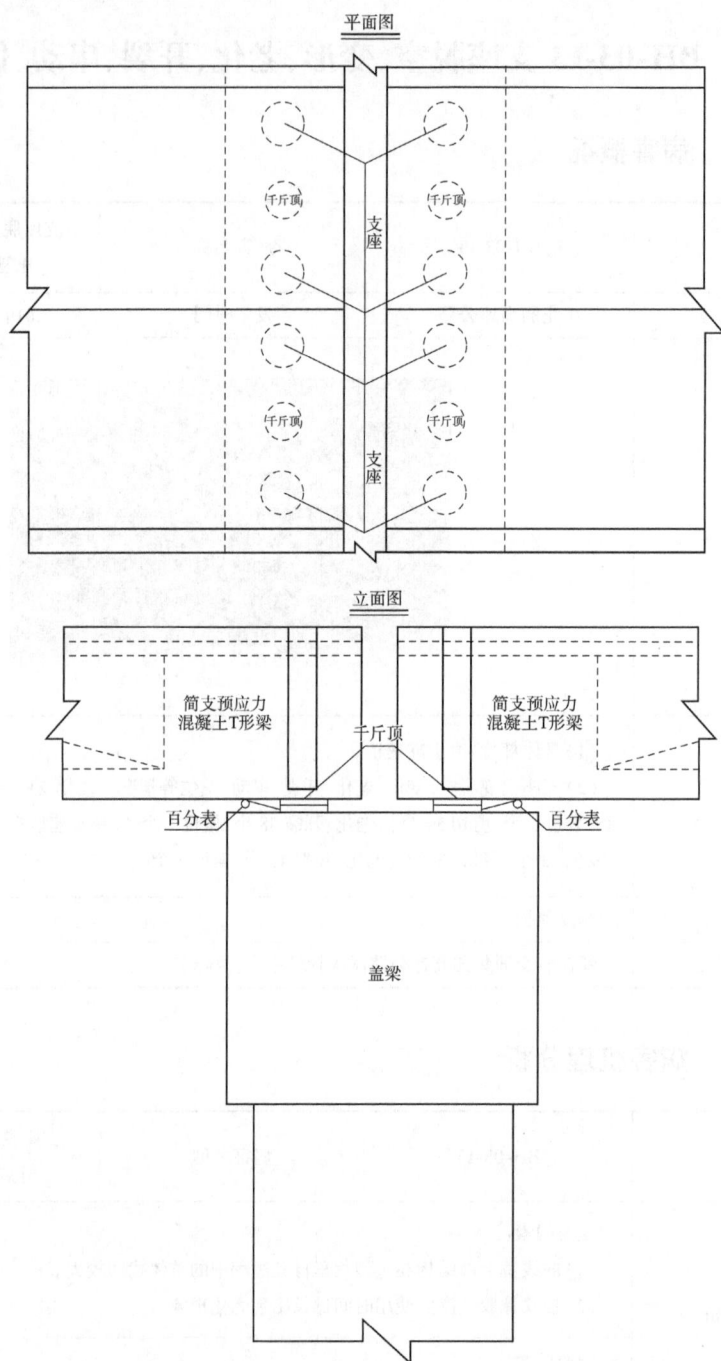

平面图

立面图

图 4-4-81  灵山高架桥顶升梁板千斤顶布置图

（2）检查上、下钢板和预埋钢板，如只是轻微锈蚀无嵌入，进行防锈、阻锈处理。若存在支座嵌入或锈蚀严重和变形，进行更换处理并找平。

（3）取出脱空支座后，检查支座垫石顶面是否水平及有无受损，如果有相应情况，则采用结构胶进行修复和整平。测量支座垫石厚度，根据标识的平面位置以及计算的垫石中心厚

度确定新垫石尺寸和高度,再确定支座垫石处理方法。一般垫石处理分两种情况:

①修整垫石。梁体顶升前后,测量各顶升板梁支座处梁底高程,秉承支座更换完毕后梁底高程和顶升前高程一致的原则对支座垫石等进行修复找平。

②垫石凿除并重新浇筑。采用小功率电锤凿除原支座垫石,凿除后在新支座垫石区域混凝土表面进行凿毛除去松散物和浮尘,然后用水枪清理干净。浇筑新垫石前,旧混凝土表面必须保持干饱和状态,按新支座垫石尺寸进行放样、立模、布置钢筋网片,浇筑灌浆料。新支座垫石必须保证高度和水平。

(4)支座处理及安装。

①梁体顶升前,应进行顶升调试(图4-4-82),一切符合要求后再进行顶升。顶升完成后,开始放置支座。当涉及四氟滑板式橡胶支座原不锈钢板安装错误的,需拆除原不锈钢板,粘贴新不锈钢板。

图4-4-82　顶升调试

②对于完全脱空的板式橡胶支座、四氟滑板式橡胶支座,尽量予以保留利用。

③对于四氟滑板式橡胶支座,如检查发现四氟滑板及不锈钢板被错误安装在支座底部,按如下方式处理:

A.支座底部有不锈钢板时,将底部不锈钢板取出、废除,用结构胶将新不锈钢板粘贴在板梁内原预埋钢板的底面,新不锈钢板厚度一般为2～3mm,以原不锈钢板厚度为准。注意尽量减小新不锈钢板与原板梁内预埋钢板之间胶结层的厚度,保证有效黏结。

B.支座底部无不锈钢板时,用结构胶将新不锈钢板粘贴在板梁内原预埋钢板的底面,支座四氟滑板面朝上安放。

④原球冠支座及四氟球冠支座更换成板式橡胶支座或四氟滑板式橡胶支座时,垫石调整方法与前述基本相同,但应注意根据两种类型支座高度的变化,对垫石高度做相应调整。

⑤在对脱空支座处治过程中,对原钢板存在锈蚀的应做除锈处理,四氟滑板式橡胶支座表面与不锈钢板表面使用丙酮或酒精擦洗干净后,注满5201-2硅脂润滑油。

⑥在垫石修复材料达到设计强度后,安装支座。垫石处理、板式橡胶支座安装等其他工艺的具体要求及支座的质量要求可参照《公路桥梁板式橡胶支座》(JT/T 4—2019)。

⑦安装步骤。

A. 平面位置的确定。

支座拆除前需对相应的位置进行标记,用墨斗弹线确定原支座平面位置,新安装支座时,尽量按照原有位置安放。若原支座出现明显偏位,应在梁体顶升到位后根据梁底预埋钢板位置确定新安装位置;同一墩台上的同一排支座,其横向位置应成一条线,且到墩台横向中心线的垂直距离一致;必须保证在同一桥墩上的两排支座,各自与桥墩横向中心线的垂直距离相等,避免在支座位置出现偏心受压现象。更换支座之前,先观察支座原下钢板是否符合要求。

B. 梁底调平(图4-4-83)。

图4-4-83　梁底调平

考虑到支座上钢板不水平的实际情况,在梁体同步顶升到位后,在梁底面粘贴一块镀锌钢板调平,其平面尺寸应不小于现有支座的几何尺寸,以设计图纸为准,若是四氟滑板式橡胶支座,则增加一块厚2mm或3mm的301镜面不锈钢板。在增加的钢板表面与梁底预埋钢板之间使用结构胶填充密实。一般钢板厚度应不小于1cm(梁底净空足够的话,可考虑更厚的钢板或不锈钢板,以保证此钢板在支座受压后不翘曲)。

(5)落梁。

①落梁前,检查处治支座与支承同一板梁的相邻支座的安装高度,保证两块支座的顶面处于同一水平面上。

②第一次落梁至预定标高,该标高($h_1$)为梁底顶升前高程($h_0$)加上支座压缩量($h_2$),即 $h_1 = h_0 + h_2$。

③第二次落梁在梁底调平结构材料(结构胶)固化后进行,落梁至原有高程处。

④落梁后,检查支座是否水平、钢板与支座是否密贴、支座四周是否异常,板梁底面至墩、台帽顶面的净高应与处治前一致。

⑤若存在脱空、支座不水平现象或其他异常问题,则需返工重新调整,直到合格。

梁体复位后连续观察21h,检查支座和垫石水平情况,无异常情况后,顶升设备及临时支撑方可拆除。

### 4.4.13.4　反馈事项

支座损坏后,梁板支座约束发生改变,影响梁体受力,长此以往可能会产生梁体剪切破坏,进而损伤梁体,缩短桥梁使用寿命。在车辆荷载下,支座产生竖向振动,可能破坏桥面结构。也有可能导致墩、台支撑约束发生改变,造成均匀承受和传递的荷载集中到某一点上,产生过度集中应力,造成墩、台帽开裂等情况。

在日常巡查和定期检查中,必须对支座的病害进行详细、认真的检查,发现支座病害后要及时进行处理,减少由支座病害引起的次生问题,避免对主梁、桥墩、桥台等产生不利影响。

## 4.4.14　BH-03-14 支座破损

### 4.4.14.1　病害概况

| 病害编号 | BH-03-14 | 病害名称 | 支座破损 |
|---|---|---|---|
| 公路路线 | 丽龙高速公路 | 发生时间 | 2010 年 7 月 17 日 |
| 病害实照 | | | |
| 病害情况 | (1)具体部位:碗窑岭大桥。<br>(2)支座出现严重错位、脱空、橡胶板压碎、立柱轻微倾斜等现象,极易引发桥梁后续其他高风险病害,影响结构物及行车安全 | | |
| 养护工程类别 | 修复养护 | | |
| 案例资料提供者 | 浙江省交通集团高速公路丽水管理中心:潘春梅、易伟琴 | | |

### 4.4.14.2　病害机理分析

| 病害编号 | BH-03-14 | 病害名称 | 支座破损 |
|---|---|---|---|
| 病害机理分析 | 主要因素:<br>曲线桥、坡桥的支座在重型货车行驶过程中上部结构随活载的整体扰动较大 | | |
| | 次要因素:<br>施工因素(支座安装时钢垫板与支座间形成斜面) | | |

碗窑岭大桥位于 $R = 1218.816\text{m}$,$L_s = 140\text{m}$ 的曲线上,纵坡为 2.4%,设计要求支座上方梁底调平钢板应根据纵坡做成楔形钢板(不等厚),而从现场查看,初步判定该调平钢板为等厚钢板,使钢板与支座之间形成斜面,不利于滑动,致使在车辆荷载作用下,支座与钢板发生滑移后,滑动支座失效,梁体不能复位。

滑动支座失效后,梁体在重型货车荷载、温度变化等作用下,支座产生的错位、脱空导致局部受压破损,剪切变形,带动立柱顶部产生水平位移而导致立柱轻微倾斜。

### 4.4.14.3 病害处治

1)应急处置

在处治方案确定前,对下行线碗窑岭大桥封闭交通,进行借道通行,避免荷载继续作用,引起桥梁病害的进一步加剧。

2)处治方案

(1)根据现场调查情况,综合考虑桥墩的高度和倾斜情况,采用顶升法更换病害支座和实施墩体复位。

①在盖梁上设置千斤顶顶升梁板,取出已损坏支座。

②在原支座位置放置四氟滑板式橡胶支座,再放不锈钢板和楔形钢板。

(2)纠偏。根据以往桥梁上纠偏的施工经验,用钢板(各层中间夹涂黄油的不锈钢板)替代原有支座后,其摩擦力明显减小,立柱会往回移动,移动多少,视各桥墩的情况而定。剩余部分的偏差,采用水平向千斤顶将它顶回预期位置,如图4-4-84所示。

(3)调整、安装新支座。4#、9#墩的偏位大小不一,4#墩偏位大、9#墩偏位小,其处治方案稍有差别。4#墩偏位稍大,其龙泉侧无法在盖梁上放置顶升梁板的千斤顶,拟将千斤顶设置在增设的牛腿上(图4-4-85),丽水侧则直接在盖梁上放置千斤顶。9#墩的偏位只有10.5cm,也可采用顶升梁板,在原有四氟滑板式橡胶支座和不锈钢板之间增添硅脂,增强其润滑性,再纠偏,最后准确安装支座。

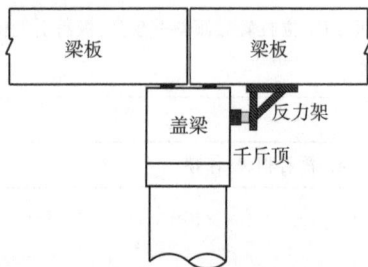

图4-4-84 碗窑岭大桥立柱纠偏千斤顶布置图

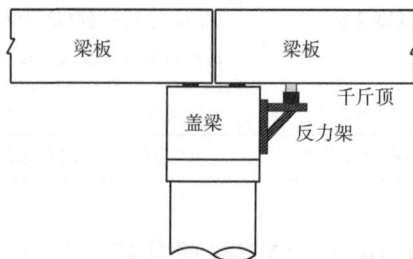

图4-4-85 碗窑岭大桥4#墩龙泉侧千斤顶布置图

更换后的支座如图4-4-86所示。

图4-4-86 碗窑岭大桥更换后的支座

### 4.4.14.4 反馈事项

采用 T 形梁结构的大桥,特别是位于上坡路段的,在施工过程中要特别注意楔形钢板的安装,严格按照图纸尺寸和高程施工。在桥梁检查中发现支座有偏移、串动、错位等病害,要及时检查楔形钢板的情况,并对立柱的垂直情况进行检查,如果立柱的垂直度有问题就不能单一采用更换支座的方法解决,应该请专业的机构进行特殊检查,并专项设计后进行处置。

## 4.4.15 BH-03-15 梁板滑移(一)

### 4.4.15.1 病害概况

| 病害编号 | BH-03-15 | 病害名称 | 梁板滑移(一) |
|---|---|---|---|
| 公路路线 | 金丽温高速公路 | 发生时间 | 2013 年 7 月 11 日 |
| 病害实照 | | | |
| 病害情况 | (1)具体部位:沿江高架桥左幅第 51 孔。<br>(2)左幅第 51 孔 1#~5#梁在 50#墩位置有相对滑移痕迹,相对支座向左侧滑移 3.5cm | | |
| 养护工程类别 | 修复养护 | | |
| 案例资料提供者 | 浙江省交通集团高速公路温州管理中心:高文刚、邱俊豪 | | |

### 4.4.15.2 病害机理分析

| 病害编号 | BH-03-15 | 病害名称 | 梁板滑移(一) |
|---|---|---|---|
| 病害机理分析 | 主要因素:<br>(1)支座及支承垫石存在同向倾斜。<br>(2)重载交通 | | |
| | 次要因素:<br>无 | | |

直线桥梁或半径很大的梁板下方的支座及支承垫石存在同向倾斜时,在桥梁上方重载交通引起的振动作用下,梁体易产生水平滑移,此类滑移的方向与支座及支承垫石的倾斜方向一致,如图 4-4-87 所示。

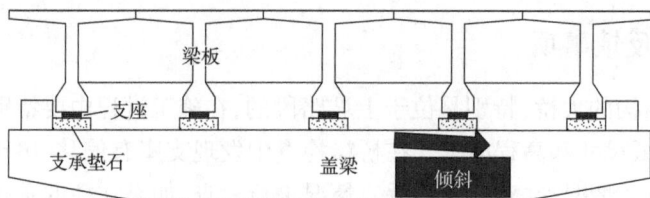

图 4-4-87　支座和支承垫石倾斜引起梁板滑移的机理示意图

### 4.4.15.3　病害处治

1)处治方案

本案例所列的桥梁产生梁板滑移较小,为防止梁板继续滑移,通过增设横向限位装置进行加固(图 4-4-88),并监测后续移位的发展情况。

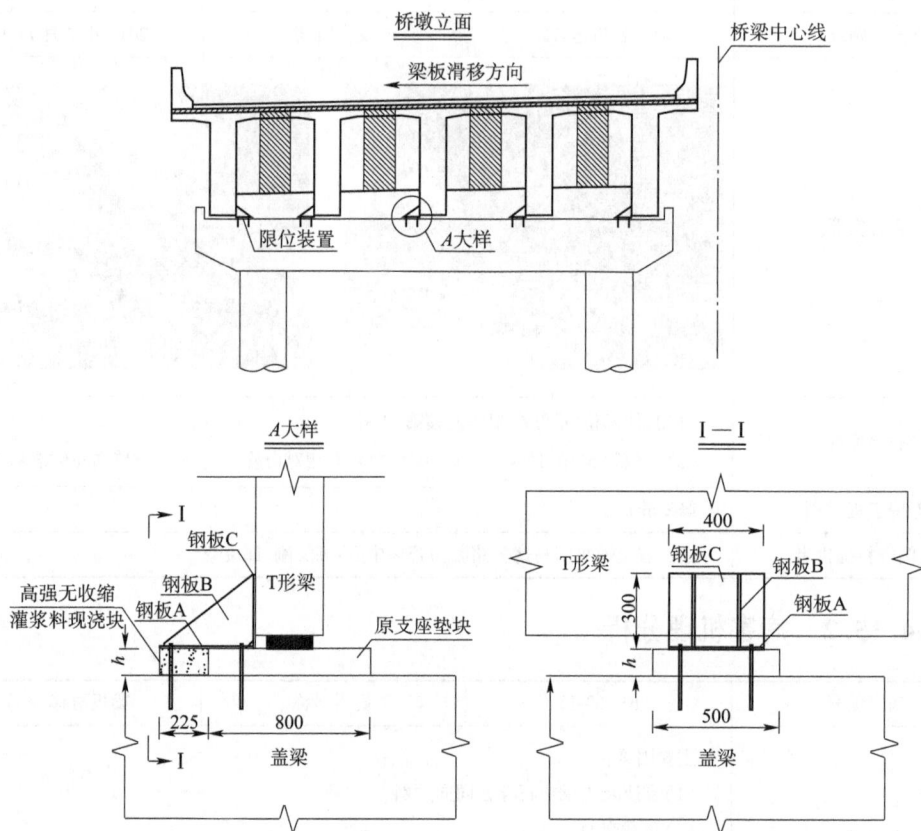

图 4-4-88　梁板滑移处治方案——横向限位装置布置图(尺寸单位:mm)

当梁板的滑移较大时,应采取复位和加固措施,确保结构的安全和正常营运。

2)关键工序及工艺要求

(1)提前按图纸要求用 Q345 镀锌钢板焊接制作限位装置,各钢板之间采用贴脚焊。

(2)安装前准备。清理盖梁及原支座垫石顶面灰尘,在原支座垫石旁边浇筑高强无收缩灌浆料现浇块,检查被钻孔的盖梁混凝土表面是否完好,探测核对标记钻孔部位钢筋分布情况。

（3）钻孔。按照图纸要求，根据螺栓的直径对照相应的孔径和孔深进行打孔。钻孔过程中，若未达到设计孔深而碰到结构主筋，不可打断或破坏，应另行在附近选孔位，原孔位用相当原混凝土强度的无收缩水泥混凝土填实。

（4）安装。将提前加工好的限位装置按设计图纸要求安装在T形梁根部位置，与T形梁侧面密贴，安装螺帽，拧紧。安装完成后效果如图4-4-89所示。

图4-4-89　安装完成后的限位装置

### 4.4.15.4　反馈事项

处治后进行持续观察，桥跨滑移趋于稳定，桥梁技术状况等级稳定。

（1）对已加固的桥梁构件应加强跟踪监测，密切关注其加固效果。

（2）加固工程结束后，应对结构做长期监测，一旦再次出现滑移能及时掌握，当滑移有进一步发展趋势或发展速度较快时，应立即采取措施，确保结构安全。

（3）新建桥梁和运营期桥梁都应重视支座和支承垫石的水平度，应重点检查。

## 4.4.16　BH-03-16梁板滑移（二）

### 4.4.16.1　病害概况

| 病害编号 | BH-03-16 | 病害名称 | 梁板滑移（二） |
|---|---|---|---|
| 公路路线 | 文泰高速公路 | 发生时间 | 2022年2月28日 |
| 病害实照 |  | | |

| 病害情况 | (1)具体部位:珊溪互通主线桥(K12+255)。<br>(2)2022年2月28日对(左幅)第25~27孔进行检查时,发现墩顶支座存在横向移位现象,最大位移为10cm。第27孔护栏与标线均存在错位现象。2022年3月1日,珊溪互通主线桥(左幅)第25~27孔路侧边坡再次发生自然滑塌现象,坍塌土体挤压梁体(横桥向)致使梁体发生横向移位 |
|---|---|
| 养护工程类别 | 修复养护 |
| 案例资料提供者 | 浙江交工集团股份有限公司设计院分公司:孙沪 |

珊溪互通主线桥(左幅)第25~27孔受到路侧边坡滑塌土体挤压,梁体发生横向移位,支座发生不同程度的病害,具体情况见表4-4-4。

支座病害情况表 表4-4-4

| 支座类型 | 支座位置 | 2月28日<br>横向位移<br>(cm) | 3月1日<br>横向位移<br>(cm) | 其他病害 |
|---|---|---|---|---|
| 双向<br>活动支座 | 第27孔27#台1#支座(图4-4-90) | 10 | 12 | 橡胶外鼓 |
| | 第27孔27#台3#支座 | | | 钢板变形 |
| | 第27孔27#台4#支座 | 10 | 12 | |
| | 第27孔26#墩4#支座 | 5 | 8.5 | 橡胶损坏 |
| | 第27孔26#墩5#支座(图4-4-91) | 5 | 8.5 | |
| | 第26孔26#墩2#、5#、6#支座 | 5 | 7 | |
| 单向(纵向)<br>活动支座 | 第27孔26#墩2#、3#支座 | 5 | 8.5 | |
| | 第26孔26#墩2#支座 | | | 橡胶损坏 |
| | 第26孔26#墩3#支座 | 3 | 5 | 橡胶损坏 |
| | 第26孔26#墩4#支座(图4-4-92) | 3 | 5 | 扭转变形 |
| | 第26孔26#墩5#支座 | | | 橡胶外鼓 |
| 单向(横向)<br>活动支座 | 第25孔25#墩6#支座(图4-4-93) | 2.5 | 7 | |
| | 第25孔25#墩7#支座 | | 4.5 | |

图4-4-90 第27孔27#台1#支座橡胶外鼓

图4-4-91 第27孔26#墩5#支座橡胶损坏

图 4-4-92 第 26 孔 26#墩 4#支座扭转变形 图 4-4-93 第 25 孔 25#墩 6#支座横向位移

### 4.4.16.2 病害机理分析

| 病害编号 | BH-03-16 | 病害名称 | 梁板滑移(二) |
| --- | --- | --- | --- |
| 病害机理分析 | 主要因素:<br>边坡滑塌坍塌土体横向挤压桥梁 | | |
| | 次要因素:<br>无 | | |

### 4.4.16.3 病害处治

1)处治方案

处治方案分两步进行:

第一步:及时清理珊溪互通主线桥(左幅)护栏外侧坍塌土体(图 4-4-94),对珊溪互通主线桥(左幅)第 25~27 孔路侧边坡进行加固(图 4-4-95)。

图 4-4-94 清理护栏外侧坍塌土体 图 4-4-95 边坡加固

第二步:对珊溪互通主线桥(左幅)第 8 联梁体(第 25~27 孔所在联)采用不停车单联同步顶升的方法进行梁体顶升横向复位,并对损坏、失去功能的支座进行更换。

2)工艺流程

梁体顶升横向复位及支座更换施工工艺流程见图 4-4-96。

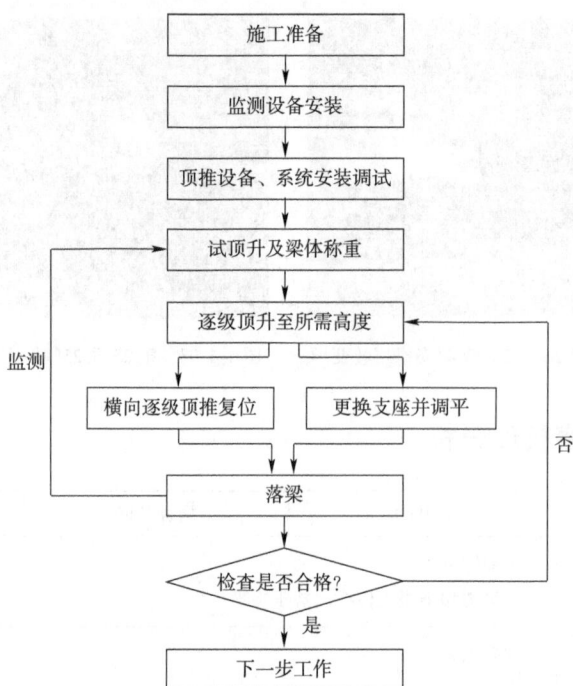

图 4-4-96　梁体顶升横向复位及支座更换施工工艺流程图

3) 关键工序及工艺要求

(1) 梁体顶升横向复位。

①桥下搭设钢管脚手架作为施工平台,封闭高速公路超车道,并对桥上车辆进行限速。

②采用 200t 自锁式竖向千斤顶和 60t 水平千斤顶组合式顶推装置(图 4-4-97)配合 PLC 同步液压控制系统进行梁体纠偏复位。

图 4-4-97　顶推装置

③先顶升 2mm,观测桥面及梁板的受力均衡状态,同时观察支座与梁板的间隙,若所有

梁板与支座没有完全脱离,再将桥面顶升2mm,再次观测桥面及梁板的受力均衡状态。顶升时,每台千斤顶的泵油速率应相等,保持每台千斤顶的行程一致,缓慢平稳地抬升梁板。同时派人在桥面上观察顶升情况,及时指挥协调。千斤顶在施工过程中不可回油,顶升速率控制在3mm/min以内。

④在竖向千斤顶持荷2min后,开始启动水平千斤顶进行T形梁横向顶升复位,横向千斤顶移位速率控制在10mm/min,每次位移控制在3cm以内。本次最大位移纠偏量为12cm,分4级进行水平位移纠偏。因四个墩台上的T形梁偏移量不一致,横向顶升行程按照同比例的方式实施,通过控制每排水平千斤顶额定进油量来控制行程,各墩台梁体每级横向顶升位移量控制如表4-4-5所示。

各墩台梁体每级横向顶升位移量控制表 表4-4-5

| 墩台号 | 27#台 | 26#墩 | 25#墩 | 24#墩 |
| --- | --- | --- | --- | --- |
| 位移量控制(cm) | 30 | 20 | 17.5 | 10 |

(2)更换支座。

待T形梁复位合格后,再次将梁体顶升至一定高度,为不影响道路正常通行,顶升高度控制在20mm以内。

达到顶升高度后,拧松支座的固定锚栓,采用专用工具将旧支座取出,清理支座底部及周围的杂物,更换符合要求的新支座。

新支座安装施工工艺流程见图4-4-98。

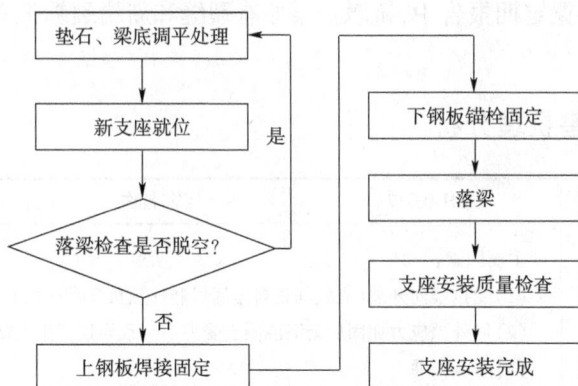

图4-4-98 新支座安装施工工艺流程

### 4.4.16.4 反馈事项

应急抢险工程在各方通力合作下,施工过程中未出现质量事故,完工后经过近一个月观测,已处于稳定状态,工程质量满足要求。

依山桥梁在设计中应尽量远离可能产生滑塌的边坡,如因路线不能远离,施工时应对可能产生滑塌的边坡进行加固,在恶劣天气条件下,应对桥梁及周边边坡进行巡查,发现问题应尽快进行处理,以免影响结构安全和通行安全。

## 4.4.17 BH-03-17 盖梁裂缝

### 4.4.17.1 病害概况

| 病害编号 | BH-03-17 | 病害名称 | 盖梁裂缝 |
|---|---|---|---|
| 公路路线 | 诸永高速公路 | 发生时间 | 2021 年 9 月 30 日 |
| 病害实照 | | | |
| 病害情况 | (1)具体部位:怀鲁枢纽立交。<br>(2)7 座桥梁盖梁原有裂缝 251 条,2021 年 9 座桥梁盖梁新增裂缝 208 条 | | |
| 养护工程类别 | 修复养护 | | |
| 案例资料提供者 | 浙江省交通集团高速公路金华管理中心;潘如义 | | |

2021 年 9 月的桥梁定期报告中,桥墩盖梁原有裂缝和新增裂缝汇总统计情况见表 4-4-6 和表 4-4-7。

### 4.4.17.2 病害机理分析

| 病害编号 | BH-03-17 | 病害名称 | 盖梁裂缝 |
|---|---|---|---|
| 病害机理分析 | 主要因素:<br>(1)受拉竖向开裂(立柱间正弯矩区段和柱顶负弯矩区段)。<br>(2)体外预应力加固后新旧混凝土受力不一致导致产生大量裂缝。<br>(3)重载交通 | | |
| | 次要因素:<br>无 | | |

第一类裂缝是从盖梁顶部向下延伸或从底部向上延伸的竖向裂缝(图 4-4-99)。多发生于钢筋混凝土盖梁,在立柱间正弯矩区段(自下向上)和柱顶负弯矩区段(自上向下)受拉竖向开裂,部分已形成"L"形裂缝。

第二类裂缝是盖梁经过体外预应力加固后,盖梁外侧混凝土加厚(新增混凝土内张拉预应力钢束),新旧混凝土受力不一致导致产生大量裂缝(图 4-4-100)。

表 4-4-6

## 怀鲁枢纽立交桥梁盖梁原有裂缝统计汇总表

| 桥梁名称 | 结构形式 | 裂缝总数（条） | 累计长度（m） | 按裂缝宽度统计 | | | | | | | 按裂缝走向统计 | | | | | | | |
|---|---|---|---|---|---|---|---|---|---|---|---|---|---|---|---|---|---|---|
| | | | | <0.15mm | | 0.15~0.30mm | | >0.30mm | | | 水平 | | 竖向 | | 斜向 | | | |
| | | | | 数量（条） | 长度（m） | 数量（条） | 长度（m） | 数量（条） | 长度（m） | | 数量（条） | 长度（m） | 数量（条） | 长度（m） | 数量（条） | 长度（m） | | |
| 左主线一号桥 | 预应力混凝土盖梁 | 19 | 22.23 | 7 | 5.74 | 12 | 16.49 | 0 | 0 | | — | — | 12 | 20.61 | 1 | 1.62 | | |
| 左主线二号桥 | 钢筋混凝土盖梁 | 6 | 3.64 | — | — | 6 | 3.64 | — | — | | — | — | 6 | 3.64 | — | — | | |
| 右主线一号桥 | 预应力混凝土盖梁 | 102 | 140.78 | 74 | 91.37 | 21 | 35.09 | 7 | 14.32 | | 0 | 0 | 96 | 134.68 | 6 | 6.10 | | |
| B 匝道一号桥 | 预应力混凝土盖梁 | 112 | 160.0 | 21 | 25.9 | 82 | 121.04 | 9 | 13.06 | | 4 | 7.75 | 103 | 148.14 | 5 | 4.11 | | |
| D 匝道一号桥 | 钢筋混凝土系梁 | 6 | 5.80 | — | — | 6 | 5.80 | 0 | 0 | | — | — | 6 | 5.80 | — | — | | |
| D 匝道二号桥 | 钢筋混凝土盖梁 | 3 | 0.99 | 2 | 0.68 | 1 | 0.31 | 0 | 0 | | 0 | 0 | 3 | 0.99 | 0 | 0 | | |
| H1 匝道桥 | 钢筋混凝土盖梁 | 3 | 3.13 | 1 | 1.10 | 2 | 2.03 | 0 | 0 | | 0 | 0 | 3 | 3.13 | 0 | 0 | | |
| 合计 | | 251 | 336.57 | 105 | 124.79 | 130 | 184.4 | 16 | 27.38 | | 4 | 7.75 | 229 | 316.99 | 12 | 11.83 | | |

**怀鲁板纽立交桥梁盖梁新增裂缝统计汇总表**

表 4-4-7

| 桥梁名称 | 结构形式 | 裂缝总数(条) | 累计长度(m) | 按裂缝宽度统计 | | | | | | | 按裂缝走向统计 | | | | | |
| --- | --- | --- | --- | --- | --- | --- | --- | --- | --- | --- | --- | --- | --- | --- | --- | --- |
| | | | | <0.15mm | | 0.15~0.30mm | | >0.30mm | | | 水平 | | 竖向 | | 斜向 | |
| | | | | 数量(条) | 长度(m) | 数量(条) | 长度(m) | 数量(条) | 长度(m) | | 数量(条) | 长度(m) | 数量(条) | 长度(m) | 数量(条) | 长度(m) |
| 左主线一号桥 | 预应力混凝土盖梁 | 23 | 40.87 | 2 | 2.30 | 15 | 22.42 | 6 | 16.15 | | 1 | 6.91 | 22 | 33.96 | — | — |
| 左主线二号桥 | 钢筋混凝土盖梁 | 56 | 31.38 | 48 | 26.51 | 8 | 4.87 | — | — | | 11 | 4.86 | 45 | 26.52 | — | — |
| 右主线一号桥 | 预应力混凝土盖梁 | 36 | 22.85 | 29 | 16.10 | 3 | 2.58 | 4 | 4.17 | | 0 | 0 | 34 | 20.80 | 2 | 2.05 |
| 右主线二号桥 | 预应力混凝土盖梁 | 28 | 13.32 | 27 | 12.99 | 1 | 0.33 | — | — | | — | — | 26 | 12.53 | 2 | 0.79 |
| A匝道一号桥 | 钢筋混凝土盖梁 | 1 | 1.30 | — | — | 1 | 1.30 | — | — | | — | — | 1 | 1.30 | — | — |
| B匝道二号桥 | 预应力混凝土盖梁 | 3 | 1.01 | 3 | 1.01 | — | — | — | — | | — | — | 3 | 1.01 | — | — |
| C匝道一号桥 | 钢筋混凝土盖梁 | 4 | 1.20 | 4 | 1.20 | — | — | — | — | | — | — | 4 | 1.20 | — | — |
| D匝道一号桥 | 预应力混凝土盖梁 | 27 | 16.85 | 27 | 16.85 | — | — | — | — | | — | — | 25 | 15.58 | 2 | 1.27 |
| | 钢筋混凝土系梁 | 22 | 7.52 | 13 | 12.99 | 8 | 6.41 | 1 | 1 | | — | — | 22 | 7.52 | — | — |
| H匝道一号桥 | 钢筋混凝土盖梁 | 8 | 4.96 | 6 | 2.14 | 0 | -0.16 | 2 | 2.98 | | 3 | 3.13 | 5 | 1.83 | 0 | 0 |
| 合计 | | 208 | 141.26 | 159 | 92.09 | 36 | 37.75 | 13 | 24.3 | | 15 | 14.9 | 187 | 122.25 | 6 | 4.11 |

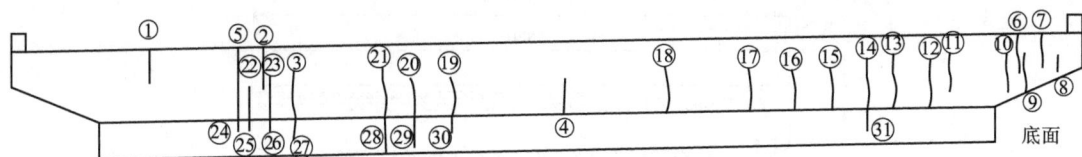

图 4-4-99　左主线二号桥 2 号盖梁大桩号侧竖向裂缝示意图

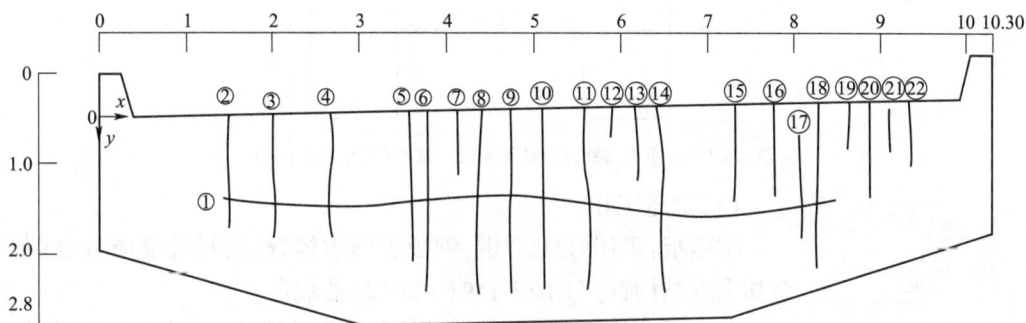

图 4-4-100　左主线一号桥 18 号盖梁(预应力)小桩号侧竖向裂缝示意图(尺寸单位:m)

## 4.4.17.3　病害处治

1)处治方案

(1)对缝宽未超过 0.15mm 的裂缝,采用环氧树脂胶泥直接封闭(图 4-4-101)。施工工序:混凝土表面处理→环氧树脂胶泥封闭→质量检查。

(2)对缝宽超过 0.15mm 的裂缝,采用压力灌注化学浆液的方法进行封闭(图 4-4-102)。

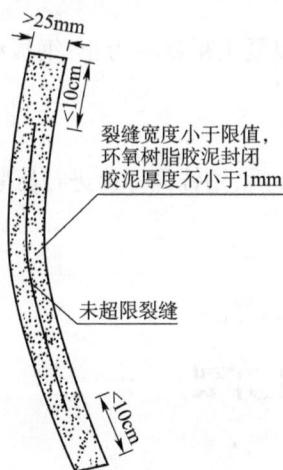

图 4-4-101　环氧树脂胶泥封闭示意图

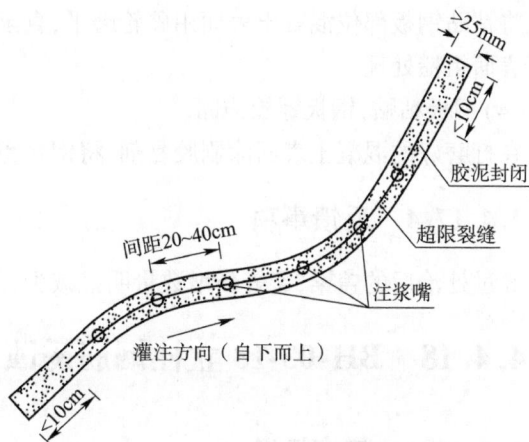

图 4-4-102　压力注浆示意图

(3)对盖梁受拉区的裂缝还应采用粘贴钢板(图 4-4-103)或碳纤维布的处治方法。

2)粘贴钢板施工工艺流程

盖梁裂缝处治粘贴钢板施工工艺流程如图 4-4-104 所示。

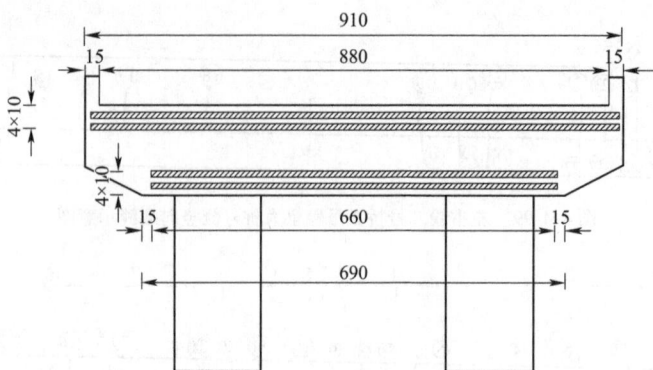

图 4-4-103　盖梁裂缝处治粘贴钢板示意图(尺寸单位:cm)

图 4-4-104　盖梁裂缝处治
粘贴钢板施工
工艺流程

(1)准备工作。

①钢板:采用 Q235C 钢,钢板表面求镀锌,钢材性能应符合《低合金高强度结构钢》(GB/T 1591—2018)的规定。

②化学锚栓采用 8.8 级 M12 定型化学锚栓,锚栓进行镀锌处理,锚固用胶黏剂采用 A 级胶,锚栓及胶黏剂的性能指标应满足《公路桥梁加固设计规范》(JTG/T J22—2008)的相关规定。

③其他设备准备。

(2)钻孔。

钢板螺栓孔直径为 14mm,锚固深度 12cm,螺栓间距 50cm。钻孔前须探明内部钢筋位置,若孔位与内部钢筋相碰,螺栓孔可适当移位,但螺栓总数量不得小于设计数量。

(3)构件表面处理。

将粘贴钢板部位混凝土表面用砂轮磨平,直至能见到混凝土粗集料为止;钢板粘贴面应进行表面粗糙处理。

(4)钢板粘贴,钢板螺栓锚固。

在打磨好的混凝土表面涂刷胶黏剂,将钢板粗糙面紧贴后,用锚固螺栓进行压紧固定。

### 4.4.17.4　反馈事项

经过处治后的盖梁,裂缝新增数量明显减少,加固效果良好。

## 4.4.18　BH-03-18 立柱钢筋锈蚀、混凝土开裂

### 4.4.18.1　病害概况

| 病害编号 | BH-03-18 | 病害名称 | 立柱钢筋锈蚀、混凝土开裂 |
|---|---|---|---|
| 公路路线 | 金丽温高速公路 | 发生时间 | 2021 年 6 月 3 日 |

| 病害实照 |  |
|---|---|
| 病害情况 | (1)具体部位:锦水—小群沿江桥。<br>(2)2021 年 6 月 3 日,对锦水—小群沿江桥巡检时发现 39#墩 4 根立柱出现多条密集竖向裂缝。裂缝所在区域存在空鼓且内部钢筋锈蚀严重 |
| 养护工程类别 | 修复养护 |
| 案例资料提供者 | 浙江省交通集团高速公路丽水管理中心:牛峰 |

现场检查发现:左幅 39-1#立柱、右幅 39-2#立柱(图 4-4-105)共计 29 条竖向裂缝和 1 条横向裂缝,裂缝最长 350cm,最宽 2.10mm,裂缝所在区域存在空鼓且内部钢筋锈蚀严重,空鼓面积 $S_{总} = 15.1\text{m}^2$。

图 4-4-105　立柱概况

## 4.4.18.2　病害机理分析

| 病害编号 | BH-03-18 | 病害名称 | 立柱钢筋锈蚀、混凝土开裂 |
|---|---|---|---|
| 病害机理分析 | 主要因素:<br>(1)墩柱周边土体呈弱酸性。<br>(2)水位变化导致墩柱周边土体干湿交替 | | |
| | 次要因素:<br>无 | | |

（1）经走访了解，墩柱附近早期曾设有私家简易化工厂，该化工厂将废渣、废土倾倒至此，后因环保不达标等被关停。目前根据墩柱照片仍可见当初土体掩埋痕迹，现场土体可见暗红褐色废渣，墩柱裂缝处也有对应颜色。

（2）本案例送检土样呈弱酸性，推测当时土体酸性更强。该堆土随着时间增加，经常年雨水稀释酸性逐渐减弱；瓯江水位升降变化，不断冲刷坡脚，堆土逐渐降低，墩柱逐渐外露。

（3）墩柱被倾倒土体裹覆。土体未经压实，呈自然松散状态，加之不定期的雨水使得土体干湿交替，给墩柱表面提供了充足的水分和空气。

混凝土内部是一种强碱环境，钢筋因强碱在其外围产生一层钝化膜而受到保护，但酸性气体的入侵使钢筋的钝化膜失去保护作用，在水及氧气作用下钢筋发生锈蚀，或者氯离子的存在破坏了钝化膜，钢筋在氯离子的催化下被锈蚀，锈蚀过程不消耗氯离子，氯离子不断"搬运"铁离子而加剧钢筋锈蚀。

综上所述，本案例墩柱同时具备了酸性物质（酸性土体＋空气中的二氧化碳）、水（墩柱被裹覆的土体中含有不定期雨水）和氧气（墩柱被裹覆的土体不密实，空气充足）三个条件，导致钢筋大面积锈胀，混凝土开裂。

### 4.4.18.3  病害处治

1）处治方案

本案例病害采用增大截面法（图4-4-106）进行处治。

2）关键工序及工艺要点

（1）由于右幅1#墩柱侧临近地方道路，对墩柱侧有害堆土进行清理时，应保证墩柱侧地方道路路基的稳定，防止超挖导致路基失稳。

（2）墩柱空鼓混凝土凿除、钢筋除锈时，应注意以下几点：

①凿除深度以凿除至混凝土坚硬面为准（图4-4-107）。

②对凿除后露出的钢筋进行除锈处治（图4-4-108）。

③非松散混凝土表面应进行凿毛处理，凿毛凹凸差不小于6mm。

（3）墩柱加固钢筋放置（图4-4-109）。

①1号钢筋作为原竖向锈蚀钢筋的补强钢筋，采用搭接焊接进行补强，长度为预估值，具体补强长度根据现场锈蚀情况确定。

②2号钢筋为螺旋箍筋，用于围箍1号竖向补强钢筋，与1号钢筋连接，2号钢筋底部1.5m范围间距10cm，上部间距20cm。

（4）下放钢护筒（图4-4-110）。

①钢护筒内径为212cm，预制时为半圆，钢板选用Q235钢材，厚度为8mm，钢护筒应高出锈蚀补强范围50cm。钢护筒高度根据现场锈蚀情况确定。

②钢护筒焊接采用二级半熔透V形坡口焊，衬垫板可事先焊在一侧钢护筒上，焊缝质量满足《钢结构焊接规范》（GB 50661—2011）规定。

（5）封底。

要求底部密封，不漏浆。

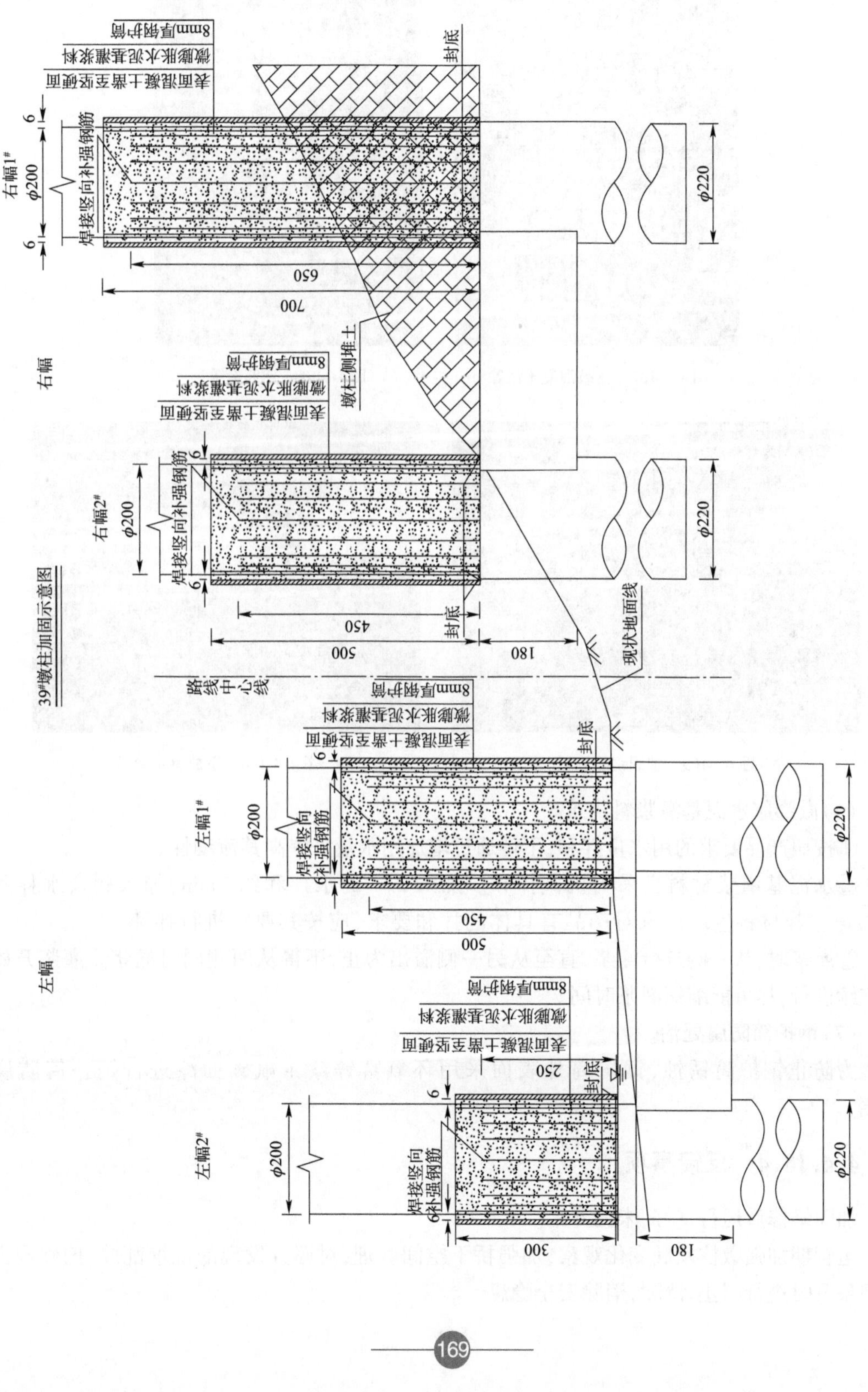

图4-4-106　增大截面法处治示意图（尺寸单位:cm）

图 4-4-107 空鼓混凝土凿除

图 4-4-108 钢筋除锈

图 4-4-109 加固钢筋放置

图 4-4-110 下放钢护筒

（6）微膨胀水泥基灌浆料浇筑。

①按照产品要求的用水量拌和，不得通过增加用水量来提高其流动性。

②水泥基灌浆材料宜采用机械拌和。加入 2/3 的水拌和约 3min，加入剩余水拌和至均匀。若材料生产厂家对产品有具体的拌和要求，应按其要求进行拌和。

③灌浆时，从一侧进行灌浆，直至从另一侧溢出为止，不得从两侧同时灌浆。灌浆开始后连续进行，尽可能缩短灌浆时间。

（7）钢护筒防腐处治。

为防止钢护筒锈蚀，钢护筒外表面采用环氧富锌漆＋氟碳面漆进行钢护筒防腐处治。

### 4.4.18.4 反馈事项

加固维修后运行良好，未见异常。

运营期加强墩柱发展变化观察，加强桥下空间管理，对巡查发现的乱堆乱放、挖砂堆土等现象及时进行制止、清除，消除安全隐患。

## 4.4.19　BH-03-19 墩柱偏位

### 4.4.19.1　病害概况

| 病害编号 | BH-03-19 | 病害名称 | 墩柱偏位 |
|---|---|---|---|
| 公路路线 | 龙庆高速公路 | 发生时间 | 2013 年 11 月 20 日 |
| 病害实照 | | | |
| 病害情况 | （1）具体部位：龙泉互通主线 2 号桥。<br>（2）纵桥向（顺桥向）：从监测的 46 根立柱（含匝道）来看，偏移量大于 20mm 的立柱有 23 根，占 50%，立柱总体偏移值呈下降趋势。其中右幅 9-1$^{\#}$墩柱偏移量从 50.7mm 减小到 40.8mm，右幅 11-1$^{\#}$墩柱偏移量从最大 83.1mm 减小到 39.9mm。左幅 10-1 号墩柱偏移量从最大 58.7mm 减小到 32.6mm。横桥向：本次对 17 个桥墩进行检测，右幅 8$^{\#}$墩柱偏移量为 38mm，左幅偏移量大于 20mm 的立柱有 2 根，为左幅 11 号、13$^{\#}$墩柱，最大偏移量为 31.8mm | | |
| 养护工程类别 | 修复养护 | | |
| 案例资料提供者 | 浙江省交通集团高速公路丽水管理中心；周展、毛政文 | | |

### 4.4.19.2　病害机理分析

| 病害编号 | BH-03-19 | 病害名称 | 墩柱偏位 |
|---|---|---|---|
| 病害机理分析 | 主要因素：<br>墩柱侧压力不均匀与填土 | | |
| | 次要因素：<br>无 | | |

　　龙泉互通主线 2 号桥 2011 年 12 月上部结构小箱梁安装完成，2013 年 6 月通车。自 2013 年以来，由于地方政府下穿道路项目施工，2013 年 11 月，互通主线下方的 N 匝道（松溪路）拓宽，加之周边无序弃土，导致 10 个桥墩（22 个墩柱）发生偏位。

　　由此可见，墩柱一侧填土过高，一侧行车荷载和施工车辆振动产生的土侧压力过大导致墩柱倾斜偏位(图4-4-111)。

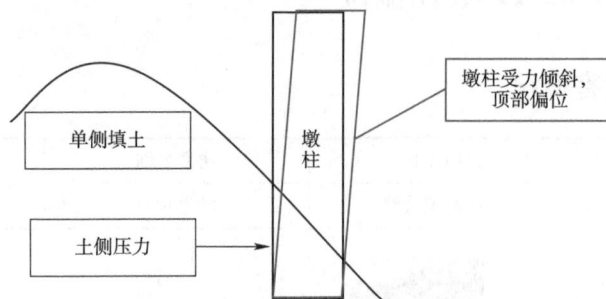

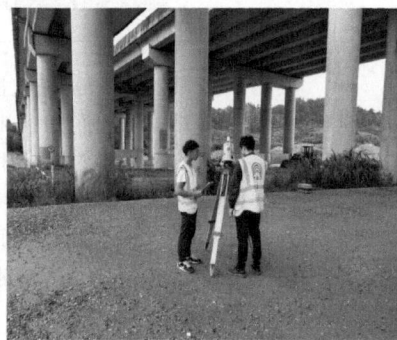

图4-4-111　墩柱倾斜偏位机理图

### 4.4.19.3　病害处治方案

1)桥梁临时性应急措施

对墩顶支座变形、墩柱倾斜进行监测检测,如图4-4-112和图4-4-113所示。

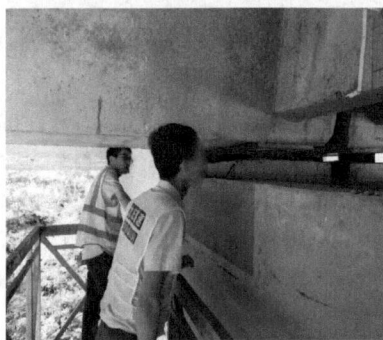

图4-4-112　墩顶支座变形监测　　　　图4-4-113　墩柱倾斜监测

2)永久性加固措施

通过监测掌握病害分布、危害程度,采取合理有效的永久性加固措施。

(1)采用自平衡纠偏方案对倾斜率过大的桥墩进行纠偏。

(2)在主梁顶推复位时对伸缩缝抵死、橡胶止水带拉裂、横向防落梁挡块抵死等进行维修;若支座剪切变形或滑移过大、超过规范限值,则应及时更换支座。

3)自平衡纠偏方案

自平衡纠偏方案工艺流程如图4-4-114所示。

### 4.4.19.4　反馈事项

根据2021年桥梁定检报告来看,经前期加固处治后二号桥目前相对稳定,同时养护单位观测点日常检测数据暂无明显变化。

桥梁下穿道路建设时,要注意路基填土对墩柱的侧压力。下穿路线路基填筑时应尽量远离墩柱,因路基宽度较大而必须在墩柱一侧填筑路基时,应确保侧压力的均匀性。

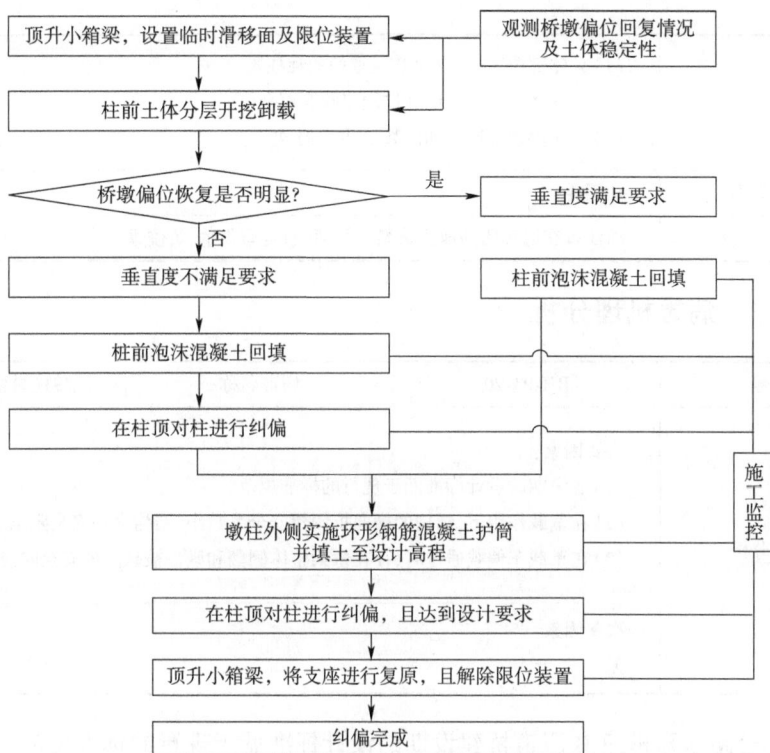

图 4-4-114　墩柱自平衡纠偏方案工艺流程图

# 4.4.20　BH-03-20 独柱墩稳定性不足

## 4.4.20.1　病害概况

| 病害编号 | BH-03-20 | 病害名称 | 独柱墩稳定性不足 |
|---|---|---|---|
| 公路路线 | 诸永高速公路 | 发生时间 | 2019 年 3 月 20 日 |
| 病害实照 | |  | |

续上表

| 病害情况 | (1)具体部位:永嘉枢纽 B 匝道桥的独柱墩。<br>(2)独柱墩单支座的墩柱抗倾覆验算不合格。<br>(3)温州段独柱墩需加固数量共计 91 处 |
|---|---|
| 养护工程类别 | 加固养护 |
| 案例资料提供者 | 浙江省交通集团高速公路温州管理中心:马兆生、黄俊烨 |

## 4.4.20.2 病害机理分析

| 病害编号 | BH-03-20 | 病害名称 | 独柱墩稳定性不足 |
|---|---|---|---|
| 病害机理分析 | 主要因素:<br>(1)建设期的设计标准低于现行的标准规范。<br>(2)在偏载作用下,结构的横向抗倾覆安全系数小,结构存在安全隐患。<br>(3)在重载车偏载通过时,存在桥梁整体侧翻和墩柱被破坏的安全隐患 | | |
| | 次要因素:<br>无 | | |

诸永高速公路永嘉枢纽 B 匝道桥建设期的设计标准低于现行的标准规范。虽然独柱墩桥梁的上下部结构受力性能可以满足当时的桥梁设计规范要求,但是其桥墩横向支承体系为单支点支承,在偏载作用下,结构的横向抗倾覆安全系数小,结构存在安全隐患,导致桥梁整体抗倾覆稳定性的安全储备不足,在重载车偏载通过时,存在桥梁整体侧翻和墩柱被破坏的安全隐患(图 4-4-115)。

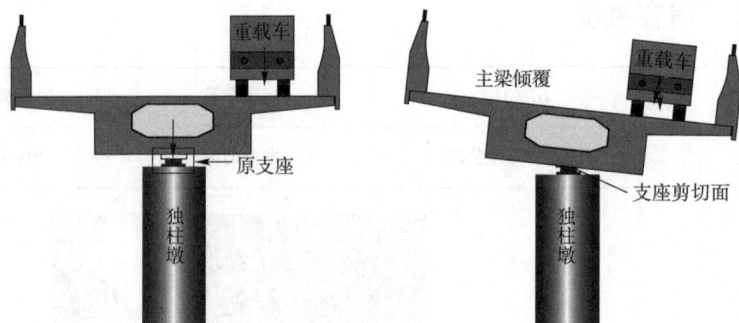

图 4-4-115　独柱墩稳定性不足示意图

## 4.4.20.3 病害处治

1)处治方案

本案例病害采用加设钢横梁和设置双向拉压支座的方式对独柱墩进行加固处治。

2)施工工艺流程

独柱墩加固处治施工工艺流程如图 4-4-116 所示。

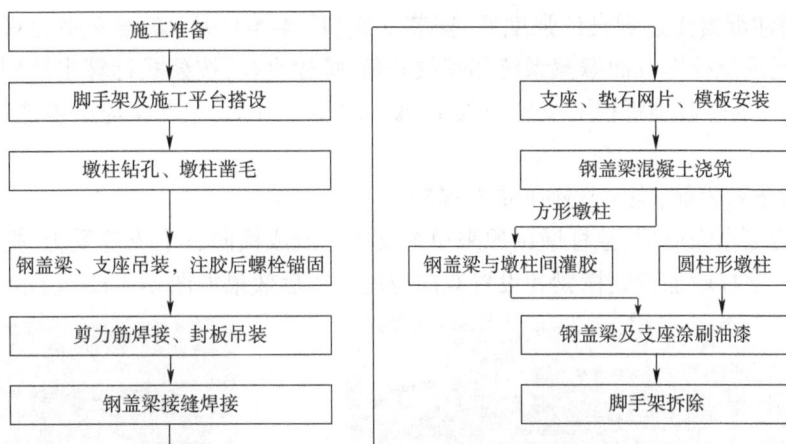

图 4-4-116　独柱墩加固处治施工工艺流程

3）关键工序及工艺要求

（1）施工前测量核查钢盖梁是否侵入桥下道路净空范围,制订施工范围桥梁道路交通控制疏导方案并实施。

（2）将加固范围墩柱混凝土凿毛,冲洗干净,钻孔清孔,如图 4-4-117 所示。注入结构胶,打孔和注胶应间隔交替进行。施工期间,对墩柱做好必要的支撑防护,对墩柱、支撑系统受力情况做好观测,确保施工期间结构受力安全稳定。

（3）制作钢盖梁,确定钢板（先期防腐处理）下料加工时序,加工要求尺寸精确,在对应钢构件上标出锚栓孔的位置并打孔,加工完毕后组装焊接。

（4）根据现场梁底高程,精确加工预埋钢板尺寸,该板用以调整桥梁纵、横坡,使得支座处于水平位置。采用结构胶与梁体黏结后将螺栓锚固于梁体内,打入螺栓前须进行梁底预应力钢绞线位置探测,以防螺栓位置与钢绞线冲突。

（5）定位安装钢盖梁,应选择在干燥环境下粘贴钢板 N1、N3 与墩柱混凝土,现场将 N1、N3 钢板焊接（坡口焊）,定位,通过植入螺栓与柱连接,钢板与墩柱之间采用压力注胶黏结,待胶体固结并达到设计强度后,将各螺栓螺母拧紧,焊接钢盖梁内部剪力连接钢筋,焊接封闭 N7 钢板。浇筑钢盖梁内混凝土,压浆密实,浇筑时须注意提前预埋上部支座连接套筒和垫石预埋钢筋。定位钢板安装如图 4-4-118 所示。

图 4-4-117　混凝土凿毛、钻孔后墩柱表面

图 4-4-118　定位钢板安装

（6）待灌注混凝土达到设计强度后，安装支座（图4-4-119），新增支座为双向活动拉压支座。根据起顶螺栓螺纹面摩擦系数和螺纹升角、螺栓直径，按公式计算出达到预应力需施工的力矩大小，通过起顶螺栓对支座施加150kN的预压力，确保支座与梁体连接密实，并分担结构受力。

（7）安装垫石钢筋，浇筑支座下垫石混凝土。

加固处治工作完成后，独柱墩由原来单个支座扩展成横向三个支座受力，提高了梁体的抗倾覆能力。独柱墩加设钢横梁和设置双向拉压支座后效果如图4-4-120所示。

图4-4-119　支座安装

图4-4-120　独柱墩加设钢横梁和设置双向拉压支座后效果图

### 4.4.20.4　反馈事项

近年来，国内发生多起独柱墩桥梁倾覆事故，造成巨大的人民生命和财产损失。其原因就在于居中布置的独柱墩单支座或小净距双支座几乎无法提供抗倾覆力矩，当远超设计荷载的重载车在连续箱形梁桥梁上偏载通过时，其倾覆力矩将导致全桥的失稳。建议在以后的公路桥梁中，避免采用独柱墩的形式。

## 4.4.21　BH-03-21 桥台台身裂缝

### 4.4.21.1　病害概况

| 病害编号 | BH-03-21 | 病害名称 | 桥台台身裂缝 |
|---|---|---|---|
| 公路路线 | 甬舟高速公路 | 发生时间 | 2019年3月19日 |
| 病害实照 |  | | |

| 病害情况 | (1)具体部位：化成寺水库大桥。<br>(2)桥台扩大基础存在2道水平裂缝（图4-4-121），下层裂缝宽度较大（最大宽度约5mm），上层裂缝宽度较小（最大宽度约1.5mm）；台身竖向裂缝与扩大基础上层水平裂缝贯通，裂缝下宽上窄，多数裂缝贯通至台帽顶。多数裂缝呈发展状态，裂缝封闭处治后出现二次开裂或裂缝长度扩展的情况 |
|---|---|
| 养护工程类别 | 修复养护 |
| 案例资料提供者 | 浙江交工集团股份有限公司设计院分公司：王星驰 |

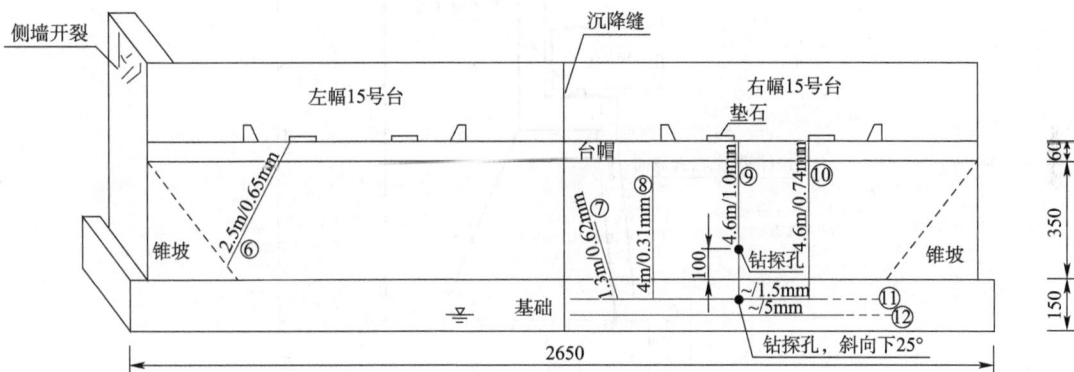

图4-4-121　右幅15号台裂缝分布图示(尺寸单位：cm)

### 4.4.21.2　病害机理分析

| 病害编号 | BH-03-21 | 病害名称 | 桥台台身裂缝 |
|---|---|---|---|
| 病害机理分析 | 主要因素：<br>(1)基底存在软弱夹层，遇水软化后导致基底支撑不密实。<br>(2)上部竖向冲击荷载。<br>(3)上部结构的支反力较大 | | |
| | 次要因素：<br>无 | | |

扩大基础出现水平向裂缝非常罕见，经过勘察认为裂缝成因是基础为素混凝土结构，基底存在软弱夹层，遇水软化后导致基底支撑不密实，在上部竖向冲击荷载下出现层裂破坏；而台身及台帽的竖向裂缝主要是由于上部结构为现浇箱梁，支反力较大，再加之冲击荷载的不利影响和基础出现层裂破损后，出现的剥裂和冲切破坏。桥台裂缝产生机理如图4-4-122所示。

### 4.4.21.3　病害处治

1)处治方案

对地基采用斜向钢花管注浆进行加固，对台身采用增大混凝土截面方式加固，并新增辅助支座改善原支座在活载下的受力，如图4-4-123所示。

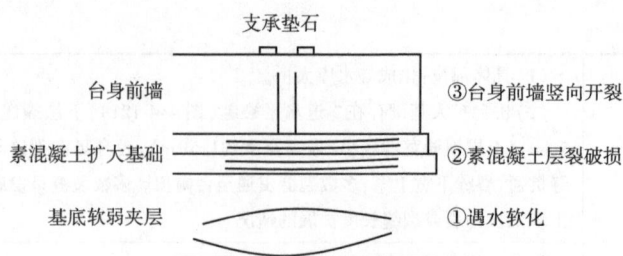

图 4-4-122　桥台裂缝产生机理图

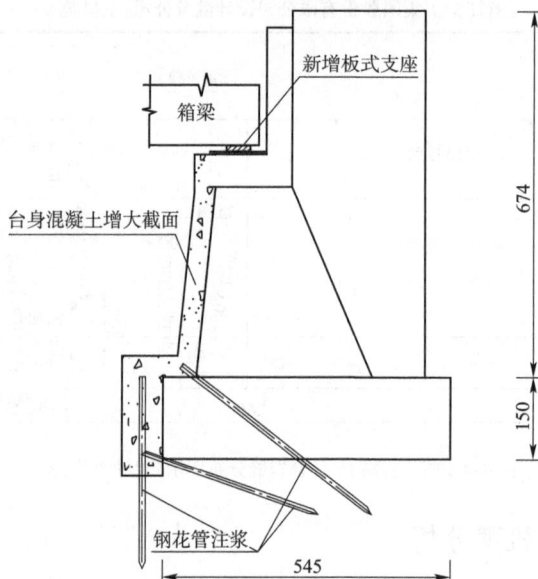

图 4-4-123　桥台台身、基础加固示意图(尺寸单位:cm)

2)关键工序

(1)钻孔注浆:采用斜向钢花管注浆进行桥台下方地基加固。

(2)外包混凝土:对台身采用外包混凝土增大截面。

(3)增加辅助支座:新增辅助支座改善原支座在活载下的受力。

### 4.4.21.4　反馈事项

加固后的桥台后期未见明显病害。

桥梁设计和施工时,应加强对重力式墩台处地基的勘察工作,避免软弱地基对桥梁结构的影响。

## 4.4.22　BH-03-22 水中基础冲刷、淘空

### 4.4.22.1　病害概况

| 病害编号 | BH-03-22 | 病害名称 | 水中基础冲刷、淘空 |
|---|---|---|---|
| 公路路线 | 杭新景高速公路衢州段 | 发生时间 | 2020 年 3 月 15 日 |

| | |
|---|---|
| 病害实照 | 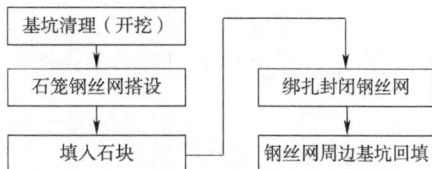 |
| 病害情况 | (1)具体部位:舜山一号桥、舜山二号桥、林山互通主线桥部分桩基础。<br>(2)通车后的数年以来雨季遭遇流水冲刷,桥墩柱底桩基顶部附近河床淘空情况逐渐严重,横系梁和桩顶外露 |
| 养护工程类别 | 修复养护 |
| 案例资料提供者 | 浙江省交通集团高速公路衢州管理中心:叶斌、李叶飞 |

### 4.4.22.2　病害机理分析

| 病害编号 | BH-03-22 | 病害名称 | 水中基础冲刷、淘空 |
|---|---|---|---|
| 病害机理分析 | 主要因素:<br>(1)山区高速公路桥梁跨越的河流地势落差大、河流弯道多,雨季山洪暴发,短期内水位大幅上升(2~3m),水流量和流速急剧增大。<br>(2)基础周边河床表层砂土粒径小 | | |
| | 次要因素:<br>桥墩处水流引起的局部冲刷 | | |

### 4.4.22.3　病害处治

1)处治方案

经设计单位专项设计,采用双层石笼钢丝网形成整体桩基防护,部分位置采取浇筑混凝土铺顶防护层加固的处治方案。

2)施工工艺流程

基础冲刷加固施工工艺流程如图4-4-124所示。

3)关键工序及工艺要求

(1)基坑清理、钢丝网搭设。

将基础周边的砂土、小块石进行挖掘清理,形成基坑。然后在基坑内进行基础周边的钢丝网搭设(图4-4-125)。

```
基坑清理(开挖)
     │
     ▼
石笼钢丝网搭设 ──────────→ 绑扎封闭钢丝网
     │                        │
     ▼                        ▼
  填入石块 ─────────────→ 钢丝网周边基坑回填
```

图4-4-124　基础冲刷加固施工工艺流程

（2）笼内填石、钢丝网封闭。

选择直径大于钢丝网格的石块，填入钢丝网内，然后将钢丝网顶面绑扎封闭（图 4-4-126）。

图 4-4-125　钢丝网搭设　　　　图 4-4-126　笼内填石、钢丝网封闭

（3）钢丝网周边回填。

选择较大粒径的石块对钢丝网周边的基坑进行回填。

### 4.4.22.4　反馈事项

舜山二号桥和林山互通主线桥石笼防护经历一轮汛期后整体完好，舜山一号桥经历一轮汛期后，铺顶混凝土防护破损，石笼防护基本完好；经历第二轮汛期后部分石笼整体因河床下切而下沉继续防护桩基。

因山区河流雨季冲刷较严重，河床经常出现下降的情况，硬质的混凝土铺砌容易因河床的下降而开裂损坏，石笼防护短期效果良好，长期效果还需进一步观察。

在日常巡查中，尤其在低水位时，应注意桥下水流的速度变化和基础的冲刷情况，发现明显冲刷现象时，应及时进行养护、维修。养护、维修可采用抛石加固、石笼防护、河床铺砌，也可根据水流情况设置导流设施以减少基础的局部冲刷。

## 4.4.23　BH-03-23 桥下可燃物燃烧引起桥梁结构受损（一）

### 4.4.23.1　病害概况

| 病害编号 | BH-03-23 | 病害名称 | 桥下可燃物燃烧引起桥梁结构受损（一） |
|---|---|---|---|
| 公路路线 | 金丽温高速公路 | 发生时间 | 2013 年 11 月 3 日 |
| 病害实照 |  | | |

| | |
|---|---|
| 病害情况 | (1)具体部位:金华方向 K9 +600 上汇高架桥右幅。<br>(2)2013 年 11 月 3 日 18:55 左右,金丽温高速公路金华方向K9 +600上汇高架桥右幅桥下违规堆放的易燃物(HDPE 缠绕管,材料为聚乙烯)起火,致使上汇高架桥第 8 跨梁板受损。受火时间 20~30min,受损严重的为第 8 跨 1#梁和2#梁,梁板底位于 $L/4 \sim L/2$ 的区域存在大面积混凝土剥落,剥落深度为 1.0~2.8cm,有两处箍筋外露,梁板整体表面泛黄。下部结构第 8 跨8#墩盖梁表面,泛黄区域较大,经敲击能听见空响声,1#立柱对应位置的盖梁下缘导角部分有混凝土剥落,两处主筋受火烧影响 |
| 养护工程类别 | 修复养护 |
| 案例资料提供者 | 浙江省交通集团高速公路温州管理中心:庄长春、张玮斌、罗俊文 |

### 4.4.23.2 病害机理分析

| 病害编号 | BH-03-23 | 病害名称 | 桥下可燃物燃烧引起桥梁结构受损(一) |
|---|---|---|---|
| 病害机理分析 | 主要因素:<br>桥下堆放的易燃物起火 | | |
| | 次要因素:<br>无 | | |

火灾由桥下堆放的易燃物起火造成,受火时间为 20~30min,梁底距地面 1.5~2.5m,梁底受火焰中心火烧伤,火源直接灼烧了箱梁表面,经应急检测,判断为Ⅱb 级烧伤。受火时结构瞬时达到了相对较高的温度,导致结构表面因为升温而膨胀,致使表面混凝土严重胀裂、剥落,该部分混凝土表层疏松。混凝土烧伤后,结构混凝土强度极易发生变化,使混凝土呈现硬、脆的特性,钢筋、预应力钢绞线与混凝土的握裹力降低。同时高温火烧降低了预应力钢束的永存应力,使得材料的耐久性以及结构原有承载力降低。火烧受损部位如图 4-4-127 所示。

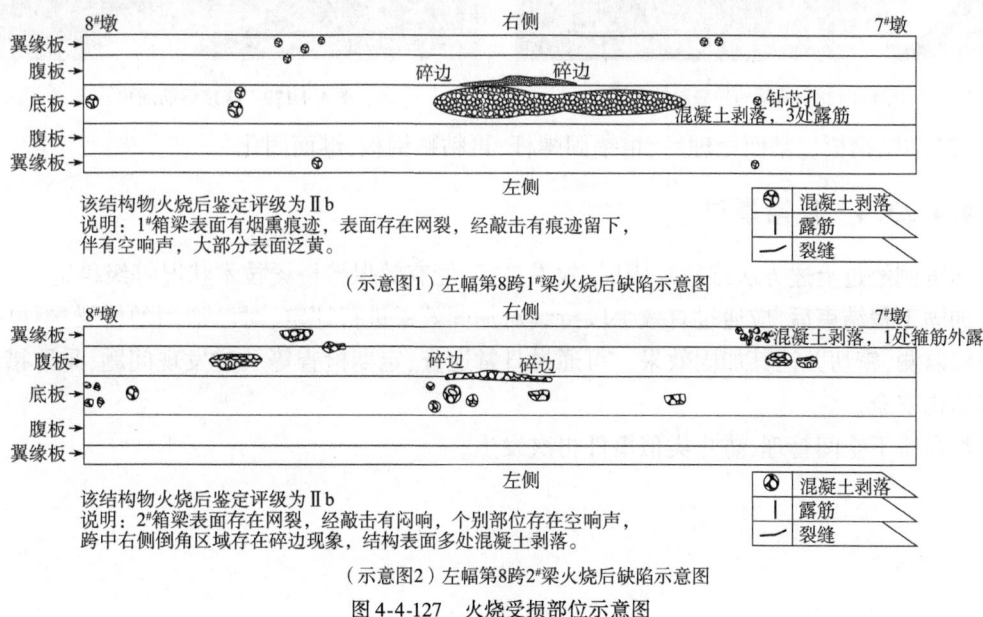

该结构物火烧后鉴定评级为Ⅱb
说明:1#箱梁表面有烟熏痕迹,表面存在网裂,经敲击有痕迹留下,伴有空响声,大部分表面泛黄。

(示意图1)左幅第8跨1#梁火烧后缺陷示意图

该结构物火烧后鉴定评级为Ⅱb
说明:2#箱梁表面存在网裂,经敲击有闷响,个别部位存在空响声,跨中右侧倒角区域存在碎边现象,结构表面多处混凝土剥落。

(示意图2)左幅第8跨2#梁火烧后缺陷示意图

图 4-4-127 火烧受损部位示意图

荷载试验结果表明:对第 8 跨 1#梁、2#梁梁体底部受火前后横向对比分析,桥梁刚度降低、承载能力下降,但在试验荷载下的变形和应变满足要求。挠度与应变校验系数小于1.0,不满足规范要求,需加固后使用。

### 4.4.23.3 病害处治

1)应急措施

火损发生后,对现场设置围挡,对受损桥跨处的超车道进行封闭。

2)处治方案

对受火损严重的 1#、2#箱梁清除疏松层,植入钢筋并焊接钢筋网片,使用环氧砂浆进行修补修复,同时对箱梁底板粘贴钢板加固,修复局部破损处并修补裂缝,对箱梁底部全部刷涂阻锈剂,以提高耐久性。对受损盖梁墩身用环氧砂浆修补修复。

3)关键工序和施工要点

(1)焊接钢筋网片环氧砂浆修复。底板清除被加固的构件表层疏松层(图 4-4-128),植入剪切销钉,24h 后焊接钢筋网片(图 4-4-129),待混凝土表层湿润稍干后,抹压环氧砂浆,分三层抹压。

图 4-4-128　清除构件表层抹灰层

图 4-4-129　焊接钢筋网片

(2)粘贴钢板。基面处理后,植锚固螺杆,再粘贴钢板,继而固化。

### 4.4.23.4 反馈事项

本案例经过上述方法维修加固后,效果良好,能有效保持桥梁技术状况等级稳定。

加固工程结束后,应通过有效手段持续对加固效果进行评定,对已加固的桥梁构件应加强跟踪监测,密切关注其加固效果。可通过日常巡查、定期检查等及时发现问题,采取措施,确保结构安全。

加强桥下空间管理,防止类似事件再次发生。

# 4.4.24　BH-03-24 桥下可燃物燃烧引起桥梁结构受损(二)

## 4.4.24.1　病害概况

| 病害编号 | BH-03-24 | 病害名称 | 桥下可燃物燃烧引起桥梁结构受损(二) |
|---|---|---|---|
| 公路路线 | 杭金衢高速公路 | 发生时间 | 2013 年 6 月 1 日 |
| 病害实照 | 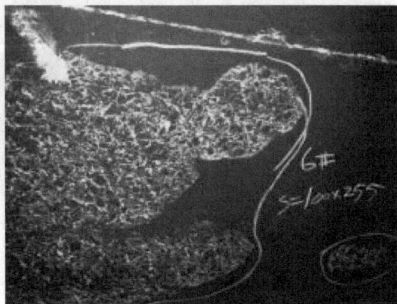 | | |
| 病害情况 | (1)具体部位:娄下陈立交桥右幅第 3 跨和第 4 跨在 3# 桥墩位置。<br>(2)2013 年 6 月 1 日 9:30 左右,娄下陈立交桥右幅(杭州往金华方向)第 3 跨和第 4 跨在 3# 桥墩位置附近发生火灾,火势随着垃圾堆放物蔓延,桥梁结构因火烧受损 | | |
| 养护工程类别 | 修复养护 | | |
| 案例资料提供者 | 浙江交工集团股份有限公司设计院分公司:孙沪 | | |

该事故造成娄下陈立交桥第 3 跨梁板烟熏后整体附着黑色油灰(玻璃钢燃烧生成物);第 4 跨梁板因受到高温灼烧而发生较大面积混凝土爆裂剥落,并有部分箍筋外露;3# 墩盖梁、立柱存在混凝土掉角、空鼓、少量钢筋外露现象;桥梁整体轻度受损,局部中度受损。

1)空心板

右幅第 3 跨 16 片梁板板底均附着有黑色油灰,熏黑处可见细小、斑点状剥落,但未见梁板有剥落、开裂等现象,敲击也无异常声响;第 4 跨 16 片梁板中有 4 片梁板板底存在高温灼烧引起的混凝土爆裂剥落(图 4-4-130),其中 3# 梁板剥落面积最大(100cm×255cm)、剥落深度最大(2.5cm),2 片梁板板底已有横向箍筋外露(图 4-4-131),1# 梁板板底有一条纵向裂缝,长 $L=3.3m$,宽 $D=0.23mm$(超过相关规范限值);相邻的第 2 跨、第 5 跨未见本次火灾引起的缺损。

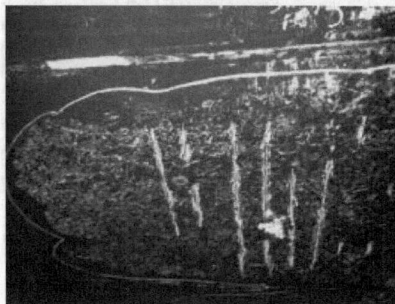

图 4-4-130　梁板板底混凝土剥落　　　图 4-4-131　箍筋外露

根据构件表面颜色、开裂情况、起皮脱落情况、钢筋外露情况、疏松层厚度等将构件表观缺损划分为 A 级(基本完好区域)、B 级(轻度损伤区域)、C 级(中度损伤区域)、D 级(严重破坏区域)四种类型,如图 4-4-132 所示。

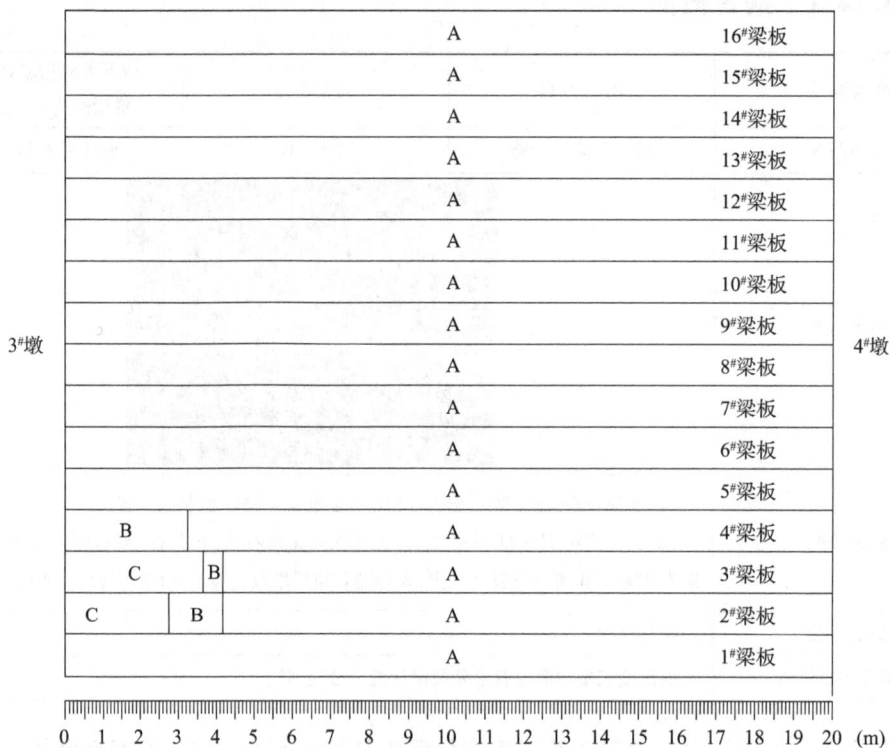

图 4-4-132　右幅第 4 跨梁板火烧后表观缺损等级划分图

2)盖梁

右幅 3# 墩盖梁主要病害为混凝土表面大面积熏黑、局部爆裂剥落(图 4-4-133)、空鼓以及露筋(图 4-4-134),原封闭裂缝用的环氧树脂已烧融化。盖梁侧面病害范围见图 4-4-135和图 4-4-136,盖梁底面病害情况见图 4-4-137。

图 4-4-133　盖梁混凝土剥落

图 4-4-134　盖梁底面钢筋外露

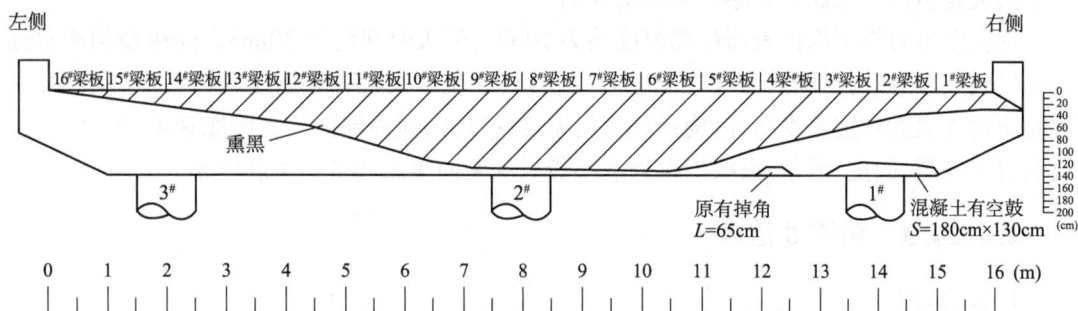

图 4-4-135　右幅 3# 墩盖梁杭州侧病害示意图

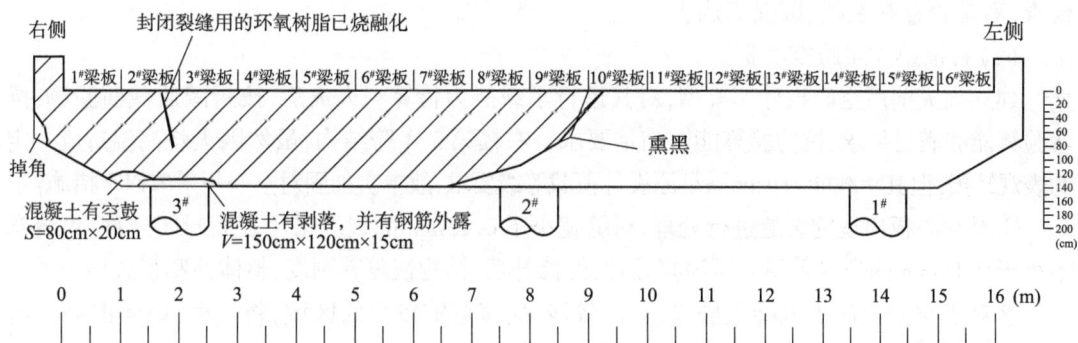

图 4-4-136　右幅 3# 墩盖梁金华侧病害示意图

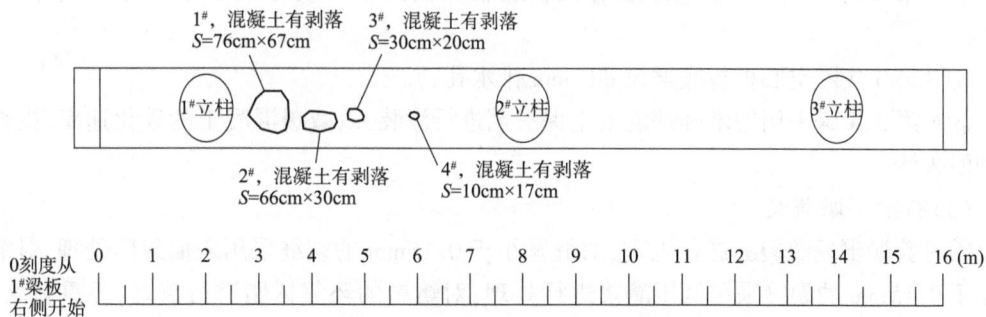

图 4-4-137　右幅 3# 墩盖梁底面病害示意图

## 4.4.24.2　病害机理分析

| 病害编号 | BH-03-24 | 病害名称 | 桥下可燃物燃烧引起桥梁结构受损（二） |
|---|---|---|---|
| 病害机理分析 | 主要因素：<br>桥下堆放的易燃物起火 | | |
| | 次要因素：<br>无 | | |

火灾是由桥下堆放的易燃物起火造成的。

火灾发生时推测构件表面最高温度约为700℃,受火时间约为20min。受火烧损严重处因离燃烧点较近,构件表面受火处温度升高较快,混凝土又具有热惰性大的特点,从而导致混凝土构件表面灼烧温度高,沿构件截面的温度梯度大,使内部混凝土膨胀速率差过大而造成混凝土开裂、起皮、崩落,火损严重处空心板板底横向箍筋和盖梁主筋外露。

### 4.4.24.3 病害处治

1)处治方案

(1)用高压水枪冲洗空心板、盖梁、立柱被熏黑部位,待构件表面干净后作进一步的仔细检查,看是否存在裂缝、破损等病害。

(2)右幅第3、4跨空心板。

建立火灾前后空心板计算模型,对其进行承载能力检算。火灾后,按折减后截面验算,抗弯验算能够满足要求,抗剪验算能够满足要求。右幅第3、4跨结构,虽然因火烧高温造成一定的表观缺损,但其承载能力仍能满足原设计荷载等级要求,故本次加固对空心板采取以下措施:

①对空心板出现的裂缝进行处理,对缝宽小于0.15mm的裂缝采用表面封闭处理,对缝宽不小于0.15mm的裂缝采用低压灌浆处理,经修补后,结构恢复其刚度、整体性和耐久性;

②对于空心板底板混凝土破损、空洞较浅、病害范围较小的区域,将松散、破碎混凝土凿除至新鲜密实部位,采用高强聚合物砂浆修复;

③对第4跨1#、2#、3#、4#、5#空心板板底辅以横向粘贴碳纤维布加固,提高结构的耐久性;

④对第3、4跨空心板板底增设$\phi$12mm排水孔;

⑤对第3、4跨采用纳米硅烷混凝土保护剂进行涂装,以减缓混凝土的碳化速率,提高桥梁的耐久性。

(3)右幅3#墩盖梁。

①对盖梁出现的裂缝进行处理,对缝宽小于0.15mm的裂缝采用表面封闭处理,对缝宽不小于0.15mm的裂缝采用低压灌浆进行处理;对熔融的环氧树脂进行清理,并重新涂抹,经修补后,结构恢复其刚度、整体性和耐久性;

②对盖梁表面孔洞及深度超过6cm的深层疏松区采用高强无收缩灌浆料进行修补;

③在盖梁侧面底面植筋,并加铺5cm聚合物砂浆层,提高盖梁的抗裂性和耐久性。

(4)右幅3#墩立柱。

①对于立柱表面混凝土破损、空洞较浅、病害范围较小的区域,将松散、破碎混凝土凿除,直至露出新鲜密实部位,采用高强聚合物砂浆修复;

②对3#墩1#、2#立柱外套钢抱箍进行加固处理。

(5)对3#墩进行梁板顶升并更换全部支座。

2)关键工序和施工要点

(1)裂缝封闭。裂缝封闭按图4-4-138施工工艺流程进行。

裂缝封闭处治中,表面处理和封缝工作较为关键:

①表面处理。对混凝土构件的裂缝,可用砂轮机、钢丝刷等工具,清除表面灰尘、白灰、浮渣及松散的污物,直至露出混凝土新鲜密实部位,然后用毛刷蘸甲苯、丙酮、酒精等有机溶液,将缝两侧 30～50mm 处擦拭干净并保持干燥。

②封缝。裂缝封闭材料主要采用环氧树脂,其材料性能应符合《公路桥梁加固设计规范》(JTG/T J22—2008)第 4 章的相关规定,按照产品说明书要求配兑环氧树脂封缝胶,用毛刷或胶辊粘胶涂刷于要求裂缝封闭的混凝土表面。封缝胶应分两次纵横向涂刷,后次纵向(或横向)涂刷应在前次横向(或纵向)涂刷胶液成膜并指触干燥后进行。每次涂刷应细密重叠和均匀,保证涂刷胶液不流淌或流淌后应及时补刷,胶液固化后胶膜均匀、密实封闭裂缝。

(2)裂缝灌浆。裂缝灌浆按图 4-4-139 所示施工工艺流程进行。

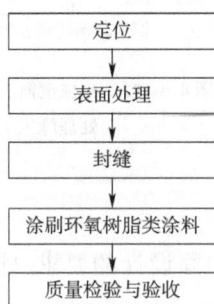

图 4-4-138　裂缝封闭施工工艺流程　　　　图 4-4-139　裂缝灌浆施工工艺流程

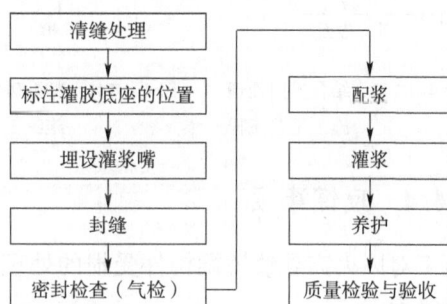

裂缝灌浆处治中,埋设灌浆嘴和灌浆工作较为关键:

①埋设灌浆嘴。

A. 调和灌胶底座黏结胶,该胶应呈腻子状,按主剂和固化剂 1:1 的配合比进行调和,直至调和均匀为止;

B. 将调和后的黏结胶涂抹在灌胶底座下底面周围;

C. 将灌胶底座按标注位置顺缝粘贴在裂缝表面,并适当用力下压底座使底部黏结胶部分溢出,并包住注胶底座边缘。

②灌浆。

A. 往专用低压灌注容器中注入事先计算好的灌浆量;

B. 逐一将低压灌注容器安装至灌浆嘴,用橡皮筋施加压力;

C. 观察胶水注入量,加压后前 2h 每 20min 观察一次并作记录,若注射器中的胶水注完则立即补充胶水并判断是否与预先计算灌浆量有出入;

D. 加压 24h 后拆除注射器,记录最终注胶量;

E. 取芯检查,判断注胶量是否到位。

(3)新旧混凝土结合面界面处理。

为使新旧混凝土更好地结合,在浇注新混凝土前应喷涂界面剂。界面剂的黏结性能指标应满足《混凝土界面处理剂》(JC/T 907—2002)标准要求。可按图 4-4-140 所示施工工艺流程进行。

(4)粘贴碳纤维布。

粘贴碳纤维布可按图 4-4-141 所示施工工艺流程进行。

（5）立柱钢筒套箍注浆处理。

立柱钢筒套箍注浆处理可按图 4-4-142 所示施工工艺流程进行。

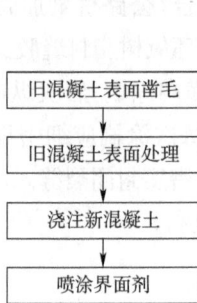

| 基层处理 | 立柱表面清洗 |
|---|---|

旧混凝土表面凿毛 → 涂刷底层涂料 → 裂缝处理

旧混凝土表面处理 → 表面修补 → 安装钢筒套箍

浇注新混凝土 → 粘贴碳纤维布 → 灌注高强无收缩灌浆料

喷涂界面剂 → 养护 → 钢筒套箍防锈处理

图 4-4-140 结合界面处理施工工艺流程　　图 4-4-141 粘贴碳纤维布施工工艺流程　　图 4-4-142 立柱钢筒套箍注浆处理施工工艺流程

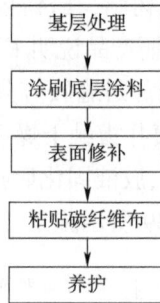

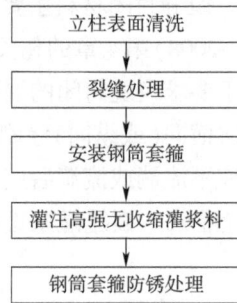

### 4.4.24.4 反馈事项

本次施工对因火灾导致桥梁构件受损的处理达到了加固设计的要求，能有效保持桥梁技术状况等级稳定。

在日常巡查中，应关注桥下易燃物品的堆放，及时清理，预防类似事件发生。

## 4.4.25 BH-03-25 桥上车辆化学品泄漏燃烧导致桥梁结构受损

### 4.4.25.1 病害概况

| 病害编号 | BH-03-25 | 病害名称 | 桥上车辆化学品泄漏燃烧导致桥梁结构受损 |
|---|---|---|---|
| 公路路线 | 金丽温高速公路 | 发生时间 | 2011 年 8 月 16 日 |
| 病害实照 |  | | |

续上表

| 病害情况 | (1)具体部位:博瑞沿江桥9#墩前后。<br>(2)2011年8月16日,一辆满载橡胶添加剂(硬脂酸)的重型半挂牵引车在该大桥上燃起大火,在长达一个多小时大火的灼烧下,两跨小箱梁、桥墩盖梁、立柱表层混凝土烧至完全脱落,大片钢筋网和预应力束外露 |
|---|---|
| 养护工程类别 | 修复养护 |
| 案例资料提供者 | 浙江省交通集团高速公路金华管理中心:陈羽<br>浙江省交通集团高速公路丽水管理中心:牛峰 |

### 4.4.25.2　病害机理分析

| 病害编号 | BH-03-25 | 病害名称 | 桥上车辆化学品泄漏燃烧导致桥梁结构受损 |
|---|---|---|---|
| 病害机理分析 | 主要因素:<br>桥上化学物品长时间燃烧 | | |
| | 次要因素:<br>无 | | |

### 4.4.25.3　病害处治

1)处治方案

根据设计、检测部门认定,本次事故中博瑞沿江桥9#墩前后两跨梁板结构受到严重损坏,结构承载力无法达到设计荷载要求,需更换8片35m小箱梁,凿除重建9#墩受损盖梁和立柱,并对受损的桥面系和护栏予以重建。

目前国内桥梁拆除方法主要有人工打钎法、手持风镐法、锤击破碎法、静态分裂法、化学膨胀法、爆破法、静力切割法等。

根据博瑞沿江桥所处位置和实际情况,要求在确保该大桥左幅安全通行的情况下,快速修复受损桥梁,早日实现全幅通车,满足桥梁拆除安全、可靠、经济、环保要求。在方法选择上,要求时间短,速度快,安全系数高,对周边环境影响小。根据以上各拆除方法的特点,最终选用以静力切割法为主、以手持风镐法和锤击破碎法为辅的施工方法。

2)拆除施工工序

本次拆除方案的原则是使梁板恢复到安装时的状态,再用履带式起重机,将其逐一吊除,并确保结构物免受拆除损伤。

(1)根据所弹切割线,每隔3~5m切割φ80mm的透孔,并在混凝土适当位置钻孔,用膨胀螺栓紧固设备底座,并安装固定导轮。

(2)用链式切割机切割受损箱梁的护栏、悬臂板等附属结构物。用碟式切割机切割梁板间的湿接缝。

（3）在 8#墩、9#墩、10#墩盖梁上安放多个液压千斤顶，顶起 8#墩、9#墩、10#墩梁板约 5mm，以确保整联上部梁体均匀抬升。

（4）在墩柱顶部放置临时支座，临时支座与箱梁底板紧贴密实，避免梁体突然下沉。抽出原有橡胶支座，并卸下千斤顶，使临时支座受力。

（5）用链式切割机横向切割 8#墩、10#墩受损梁距墩中心 10cm 处中横梁，再沿湿接缝方向纵向切割中横梁，使受损梁体与未受损梁体分离。

（6）在 9#墩中心位置用链式切割机横向切割中横梁，再沿湿接缝方向纵向切割中横梁，使各梁板分离，恢复到梁板安装时的状态。

（7）用两台 150t 履带式起重机，将受损梁板吊到地面合适位置进行二次破碎解零。

（8）用风镐凿除 8#墩、10#墩粘于未受损箱梁上的中横梁混凝土，截断连接钢筋，将未受损箱梁伸出预制梁端的钢筋理顺，使其不影响新浇筑箱梁的安装。

（9）箱梁拆卸完成后，在受损立柱底向上 2m 位置，用风镐凿除立柱表面混凝土，露出立柱主筋，用乙炔切割凿出的立柱主筋，推倒立柱和盖梁到地面，采用炮锤就地砸碎受损立柱盖梁混凝土。

（10）预留的 2m 立柱，采用人工风镐凿出保留的 2m 连接钢筋，将其理顺，以便于新浇立柱钢筋焊接。

### 4.4.25.4 反馈事项

本次桥梁拆除施工中，应用静力切割法，并辅以手持风镐法和锤击破碎法进行拆除，取得了良好效果，并为今后需要部分保留大型结构物拆除施工起到良好的借鉴作用。

高速公路运营管理部门应对危化品运输车辆进行严格管理，对车辆的自身性能、运输安全和危化品处置方法等进行评估，避免类似事故再次发生。

## 4.4.26 BH-03-26 桥下净空高度不足

### 4.4.26.1 病害概况

| 病害编号 | BH-03-26 | 病害名称 | 桥下净空高度不足 |
|---|---|---|---|
| 公路路线 | 沪昆高速公路 | 发生时间 | 2022 年 7 月 28 日 |
| 病害实照 | | | |

| 病害情况 | (1)具体部位:K140+255.6南河埭跨线桥。<br>(2)梁板被大型运输车辆刮擦碰撞破损、空心板铰缝渗水伴泥浆、支座滑移脱空,梁体底面纵向裂缝伴渗水痕迹 |
|---|---|
| 养护工程类别 | 修复养护 |
| 案例资料提供者 | 浙江交工集团股份有限公司设计院分公司:孙沪 |

### 4.4.26.2　病害机理分析

| 病害编号 | BH-03-26 | 病害名称 | 桥下净空高度不足 |
|---|---|---|---|
| 病害机理分析 | 主要因素:<br>桥下净空高度不足 | | |
| | 次要因素:<br>无 | | |

针对右幅梁板被大型运输车辆刮擦碰撞破损的情况,设计单位对南河埭跨线桥(跨高速部分)的桥下净空进行测量,测量结果见表4-4-8。

**南河埭跨线桥桥下净空测量结果**　　　　　　　　　　　　表4-4-8

| 桥幅 | 方向 | 第6跨 | 第7跨 | 第8跨 | 第9跨 |
|---|---|---|---|---|---|
| 左幅净空(m) | 上跨沪杭甬高速(杭向) | 5.19 | 5.34 | 5.18 | 5.48 |
| | 上跨沪杭甬高速(沪向) | 5.30 | 5.29 | 5.58 | 5.67 |
| 右幅净空(m) | 上跨沪杭甬高速(杭向) | 5.25 | 5.60 | 4.84 | 5.39 |
| | 上跨沪杭甬高速(沪向) | 5.65 | 5.74 | 5.59 | 5.41 |

由表4-4-10可知,南河埭跨线桥右幅上跨沪杭甬高速(杭向)净空为4.84m,不能满足规范要求。

### 4.4.26.3　病害处治

1)处治方案

该桥桥下净空高度不足,引起车辆刮擦撞击导致梁底破损露筋,边梁腹板撞损。故本次针对桥下净空高度不足的情况,采用整体抬升的方法进行处治。

通过整体(右幅第6~11跨)抬升,增加相应垫石高度,更换支座后进行调平,保持墩台顶桥面平顺,并对右幅第8跨受撞损边板采用环氧砂浆进行修复。

2)梁板抬升工序

梁板抬升按图4-4-143所示施工工艺流程进行。

(1)准备工作。

①调整计算。按照直线纵坡坡度不变,减小中跨位置圆曲线半径,从而减小竖曲线外距的方式调整桥

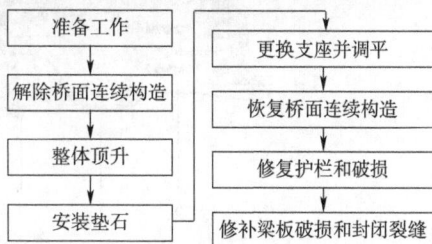

图4-4-143　梁板抬升施工工艺流程

梁净空。经过试算,处治后竖曲线参数见表4-4-9,相应墩顶高程增量见表4-4-10。

竖曲线调整前后参数 表4-4-9

| 参数 | 竖曲线半径 $R(m)$ | 外距 $E(m)$ | 前后纵坡差 $\omega$ | 切线长 $L(m)$ |
|---|---|---|---|---|
| 右幅调整前 | 2000 | 0.9 | 6% | 60 |
| 右幅调整后 | 1500 | 0.67 | 6% | 45 |

墩顶高程增量 表4-4-10

| 右幅墩顶位置 | 6# | 7# | 8# | 9# | 10# |
|---|---|---|---|---|---|
| 右幅增量(cm) | 6.0 | 21.2 | 25.3 | 11.7 | 2.0 |

②其他设备准备。

(2)解除桥面连续构造。

原桥梁上部结构采用简支梁连续桥面形式,为保证在施工过程中上部结构内应力变化基本保持与原设计一致,应在顶升前解除右幅5#~11#墩顶范围内的桥面连续构造,切割对应墩顶两侧护栏,保证两跨之间的桥面系完全脱离(图4-4-144)。

图4-4-144 解除桥面连续构造

(3)整体顶升。

采用多点同步顶升系统(图4-4-145),在顶升设备安装(图4-4-146)调试完成后按照表4-4-10所列墩顶高程增量+5mm对右幅第6~11跨上部结构进行整体顶升。

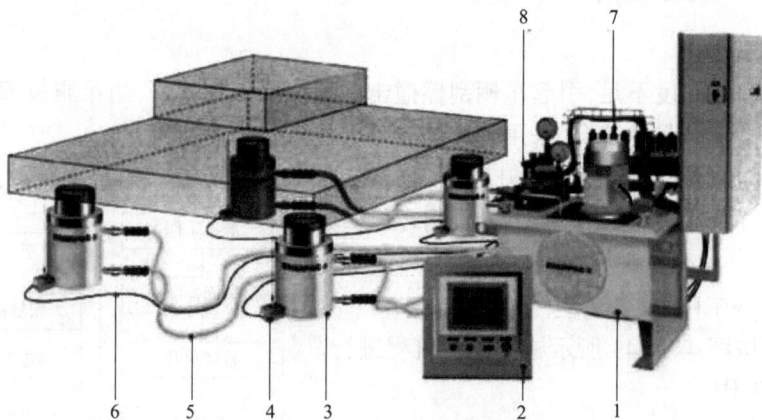

图4-4-145 同步顶升系统示意图

1-液压泵;2-PLC控制屏;3-液压千斤顶;4-压力传感器;5-液压软管;6-传感线;7-电磁控制阀;8-油压表

图 4-4-146  顶升设备安装

（4）安装垫石、更换并调平支座。

右幅 6# ~ 10# 墩顶升至设计要求高度后，安装预制好的支承垫石，并用结构胶使之与盖梁固结（图 4-4-147），更换支座并调平（图 4-4-148）。

图 4-4-147  支承垫石安装固定

图 4-4-148  支座更换、调平

（5）恢复桥面连续构造。

顶升设备撤离，梁板下落至支座受力后，重做已解除的桥面连续构造，并保持桥面线形平顺（图 4-4-149）。

图 4-4-149  恢复桥面连续构造

（6）修复护栏和破损。

对切割的护栏进行补焊，护栏混凝土切割破损部位采用环氧砂浆进行修补。

（7）修补梁板破损和封闭裂缝。

用环氧砂浆修补梁板破损，并用裂缝专用封闭胶进行梁板裂缝的封闭。

### 4.4.26.4 反馈事项

经过抬升后的南河堤跨线桥桥下净高达到 5.05m,满足净高 5m 的要求,至成稿时未出现梁板被刮擦碰撞的情况,效果良好。

对高速公路上的跨线桥,在设计时应储备足够富裕度的桥下净空,避免出现高速公路上行驶车辆的刮擦碰撞,同时应加强穿跨越工程管理,对高速公路收费严格实行超高车辆管理,减少和消除类似事故隐患。

# 5 隧道类病害

隧道也是公路重要组成部分。隧道的洞口、洞门、衬砌、路面、检修道和排水设施、吊顶及各种预埋件、内装饰、标志、标线、轮廓标以及机电设施等组成部分的技术状况直接关系到隧道的安全与行车的顺畅和舒适。隧道结构的病害种类不多但表现特征丰富且成因复杂。本书只介绍隧道土建结构的病害。

## 5.1　常见隧道病害

根据病害的特性及对结构适用性、安全性和耐久性的影响可将高速公路隧道(土建结构)常见病害按病害发生的部位进行分类说明,见表5-1-1。

常见隧道(土建结构)病害　　　　　　　　　　　　　　　表 5-1-1

| 病害发生部位 | 病害描述 |
|---|---|
| 洞口 | 边(仰)坡有无危石、积水、积雪;洞口有无挂冰;边沟有无淤塞;构造物有无开裂、倾斜、沉陷等 |
| 洞门 | 结构开裂、倾斜、沉陷、错台、起层、剥落;渗漏水(挂冰) |
| 衬砌 | 结构裂缝、错台、起层、剥落 |
| | 渗漏水 |
| | 挂冰、冰柱 |
| 路面 | 落物、油污;滞水或结冰;路面拱起、坑槽、开裂、错台等 |
| 检修道 | 结构破损;盖板缺损;栏杆变形、损坏 |
| 排水设施 | 缺损、堵塞、积水、结冰 |

注:病害发生部位按《公路隧道养护技术规范》(JTG H12—2015)划分。吊顶及各种预埋件、内装饰、标志、标线、轮廓标未列入。

## 5.2 隧道病害识别与成因

在隧道巡检查中,一般采用目测方式识别隧道病害,并对病害的范围大小进行测量,并与上一次检查对比发展程度,必要时可采用仪器设备进行探查,再分析病害成因和判断发展趋势。下文对隧道病害主要常见病害进行成因分析。

### 5.2.1 洞口病害成因

洞口病害是指洞口边(仰)坡出现危石、破损(水毁、滑坡、泥石流)、构造物开裂、倾斜、沉陷的现象。

内因:(1)坡体上方有松散土层、碎石、孤石;(2)坡体内存在滑动面;

外因:(1)大量水长时间冲刷;(2)坡体表面施工质量不佳;(3)排水不畅。

### 5.2.2 洞门病害成因

洞门病害是指洞门结构出现开裂、倾斜、沉陷、错台、起层、剥落和渗漏水(挂冰)的现象。

内因:(1)洞门结构承受过大或偏压土压力;(2)洞门结构地基沉陷。

外因:(1)原材料质量或施工质量不佳;(2)排水不畅。

### 5.2.3 衬砌病害成因

衬砌病害是指二次衬砌结构存在裂缝、错台、起层、剥落、脱空、厚度不足、破损和渗漏水现象。

内因:(1)松弛土压;(2)偏压;(3)地层滑动;(4)鼓胀性土压;(5)承载力不足;(6)静水压;(7)冻胀力;(8)材质劣化;(9)渗漏水;(10)无仰拱。

外因:(1)衬砌背面空隙;(2)衬砌厚度不足;(3)养护维修不及时;(4)特殊情况如外力破损、火灾等。

### 5.2.4 隧道路面病害成因

隧道路面病害是指隧道路面有滞水或结冰或路面有拱起、坑槽、开裂、错台的现象。

内因:(1)围岩压力过大导致路面产生破损;(2)排水管堵塞导致管内高压水上冒。

外因:隧道周边积水因排水设施堵塞而溢流。

### 5.2.5 检修道病害成因

检修道病害是指检修道出现结构破损、盖板缺损、损坏的现象。

内因:材料劣化;

外因:外力撞击或振动。

## 5.2.6 排水设施病害成因

排水设施病害是指排水设施出现缺损、堵塞、积水、结冰的现象。

内因:(1)排水设施坡度设置不合理;(2)排水设施材料劣化;(3)水量大;

外因:(1)外力撞击;(2)清理疏通不及时;(3)温度过低。

# 5.3 隧道病害的处治方法

## 5.3.1 洞口病害的处治方法

隧道洞顶截(排)水沟,因使用年限较长,出现开裂松动、局部冲刷垮塌、截(排)水功能失效的情况,应对截(排)水沟进行修复。

隧道洞口边、仰坡表面防护层破损应先清除破损防护层再修整坡面重新实施防护。

## 5.3.2 洞门病害的处治方法

洞门结构出现开裂、倾斜、沉陷、错台、起层、剥落时,应对结构破损进行修复,也可根据结构计算结果进行加固;如因围岩压力过大或偏压导致洞门病害,则采用注浆、锚杆加固等方式进行处治;洞门出现渗漏水时,应对排水设施进行整治。

## 5.3.3 衬砌结构病害的处治方法

衬砌病害可根据成因,选用衬砌背后注浆、挂网喷射混凝土、增设钢带、锚杆加固、排水止水、凿槽嵌拱、局部更换衬砌等方法进行处治。

## 5.3.4 隧道路面病害的处治方法

隧道路面出现破损时,可按常规方法对破损进行维修;隧道路面出现渗漏水时,首先应采取开槽导流措施,将路面积水排入边沟以减少对行车安全的影响,并探查渗漏水的范围和原因。对因排水管道堵塞引起的渗漏水,应进行疏通和引流,并采取措施避免或减少堵塞。

## 5.3.5 检修道病害的处治方法

检修道出现结构破损、盖板缺损、损坏时,应及时进行修复和补充。

## 5.3.6　排水设施病害的处治方法

排水设施出现缺损时,应及时修复;经常进行清理、疏通,避免或减少出现堵塞、积水,确保水流畅通无阻;在雨季和冰冻季节,应加强检查和疏通。

# 5.4　隧道病害典型案例

## 5.4.1　BH-04-1 二次衬砌裂缝、局部渗水

### 5.4.1.1　病害概况

| 病害编号 | BH-04-1 | 病害名称 | 二次衬砌裂缝、局部渗水 |
|---|---|---|---|
| 公路路线 | 丽龙高速公路 | 发生时间 | 2015 年 8 月 16 日 |
| 病害实照 |   | | |
| 病害情况 | (1)具体部位:马岭头隧道右洞(上行线)。<br>(2)马岭头隧道 2015 年定期检查报告和专项检测结果:路面纵向裂缝、左侧纵向裂缝、车行横通道环向裂缝、右侧纵向裂缝,病害里程 K2645＋723～K2645＋995,共 273m | | |
| 养护工程类别 | 修复养护 | | |
| 案例资料提供者 | 浙江省交通集团高速公路丽水管理中心:易伟琴、潘春梅 | | |

病害位置如图 5-4-1 所示。

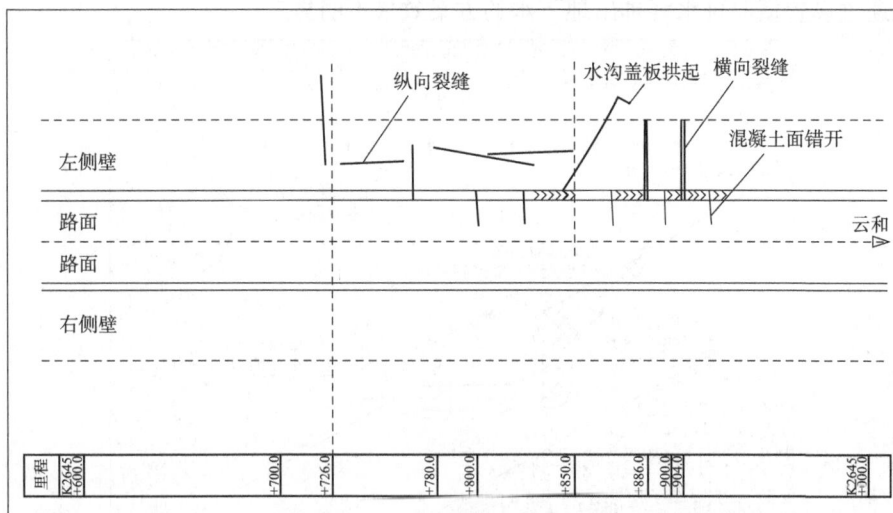

图 5-4-1 马岭头隧道病害位置示意图

## 5.4.1.2 病害机理分析

| 病害编号 | BH-04-1 | 病害名称 | 二次衬砌裂缝、局部渗水 |
|---|---|---|---|
| 病害机理分析 | 主要因素：<br>(1)隧道衬砌开裂路段下方存在断层破碎带。<br>(2)左墙角地下水富集,遇到断层破碎带中的膨胀性岩石后,产生向上的膨胀力,导致二次衬砌局部开裂 | | |
| | 次要因素：<br>二次衬砌后防水层局部破损导致渗水 | | |

根据地勘资料,隧道衬砌开裂路段下方存在断层破碎带。断层破碎带的主要岩性成分为亲水性极强的黏土矿物,遇水后迅速软化呈可塑状,同时体积增大。隧道建设前,地下水沿着断层破碎带与上部凝灰岩的交界面流动,但隧道的建设影响了地下水的径流方向,使得局部断层破碎带长期接触到地下水,导致其更易膨胀变形。变形引起的膨胀力作用在隧道侧壁,使得支护结构受到较大推力,导致隧道侧壁产生变形破坏。

在隧道右洞左侧,隧道的建设造成地下水长期滞留于隧道左上方形成的 V 形区域。断层破碎带岩体具有吸水膨胀的特性,对隧道左侧产生推力,进而导致隧道左侧结构发生变形破坏开裂。隧道右洞左侧病害段的断层破碎带分布及地下水运动情况见图 5-4-2。

2002 年马岭头隧道修建时,由于对断层破碎带的研究不够深入,未对膨胀性围岩采取特殊处治,于 2005 年产生病害。2006 年整治病害时,将仰拱下方膨胀性岩土进行换填,并增加横向排水管。换填仰拱下方膨胀性岩土后,隧道除 K2645 + 732 ~ K2645 + 756 段路面有纵向裂缝外,其他段均未发现病害。由于膨胀性泥岩为弱透水层,断层破碎带内部几乎没有地下水,因此通过设置横向排水管排出地下水的方案效果不明显。

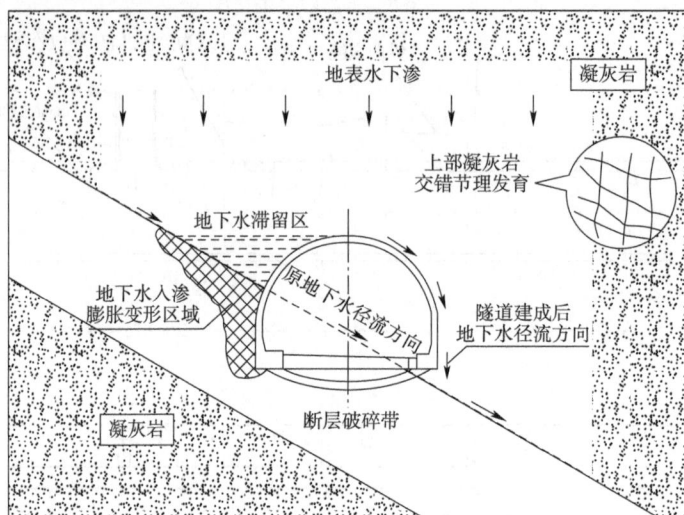

图 5-4-2　隧道右洞左侧病害段的断层破碎带分布及地下水运动情况

### 5.4.1.3　病害处治

1)处治方案

基于病害产生的原因,本案例采用重新施工二次衬砌加防排水系统改造的处治方案。

2)关键施工工艺

(1)重新施工二次衬砌结构。

对于隧道右洞左侧纵向裂缝集中段重新施工二次衬砌拱部结构,建筑限界按照原隧道设计,衬砌厚度与原结构一致,仍为 35cm,主筋采用直径 20mm 的 HRB400 钢筋,间距 20cm。纵向钢筋采用直径 12mm 的 HRB400 钢筋,间距 25cm。二次衬砌结构形式和配筋如图 5-4-3、图 5-4-4 和图 5-4-5 所示。凿除原有二次衬砌拱部结构时,仰拱部位需与原来钢筋通过焊接等方式进行搭接。

①二次衬砌结构(拱部)施工。

本次隧道病害整治二次衬砌结构拱部拆除段为 K2645 +836 ~ K2645 +899,每 9m 一段,共 7段,如图 5-4-6 所示。二次衬砌凿除或拆除隔一段进行施工,拆除顺序:1→3→5→7→2→4→6。

二次衬砌凿除后对于初期支护破碎位置,采用钢拱架进行临时支护,凿除破碎初期支护,进行锚喷,初期支护稳定后拆除临时钢拱架,施工结构环向排水设施,施工土工布、防水板,绑扎钢筋后进行混凝土浇筑,根据施工情况确定每次采用 6m 或者 9m 作为浇筑长度。

二次衬砌拆除时配合监控量测,保障施工安全。

②二次衬砌结构(仰拱)施工。

凿除原有仰拱结构,重新施工钢筋混凝土仰拱,施工时以 6m 为一个施工区段。仰拱与原有二次衬砌拱部结构通过植筋紧密连接,仰拱下设级配碎石排水沟并设置排水管,排水管与既有排水管相连。

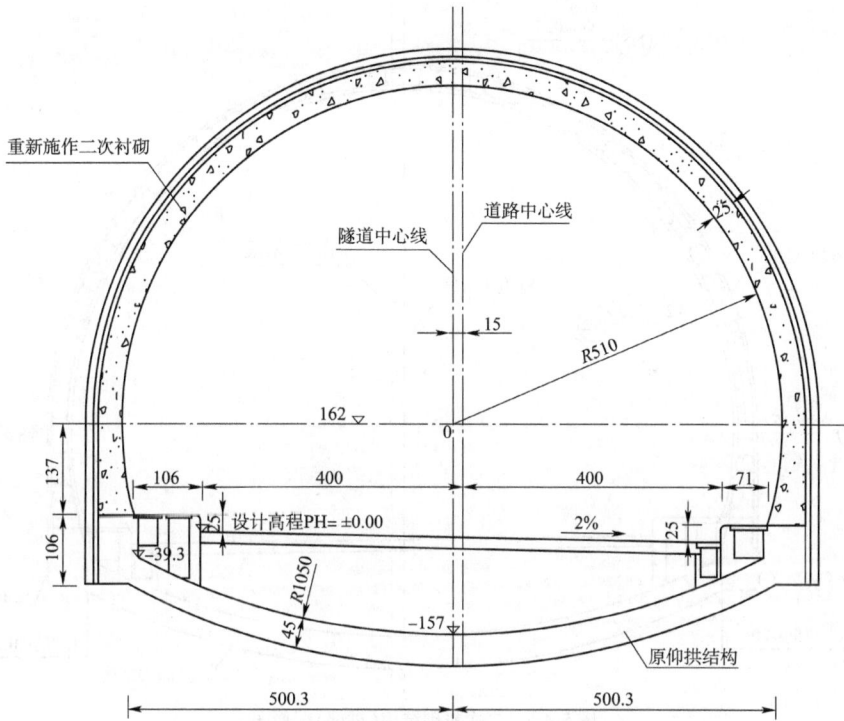

图 5-4-3　二次衬砌结构示意图(尺寸单位:cm)

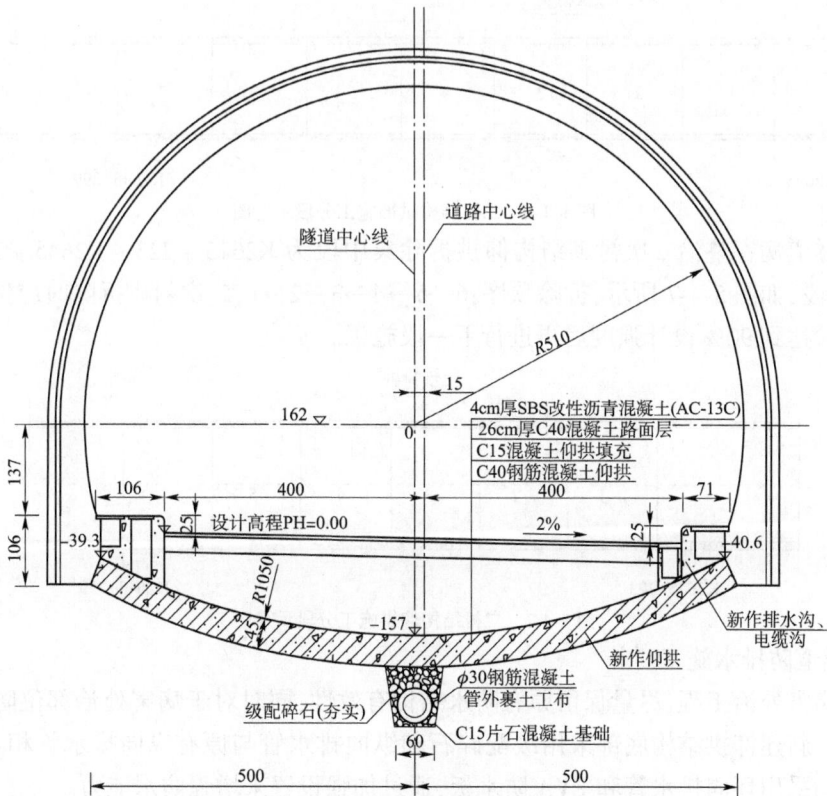

图 5-4-4　二次衬砌结构(仰拱)设计图(尺寸单位:cm)

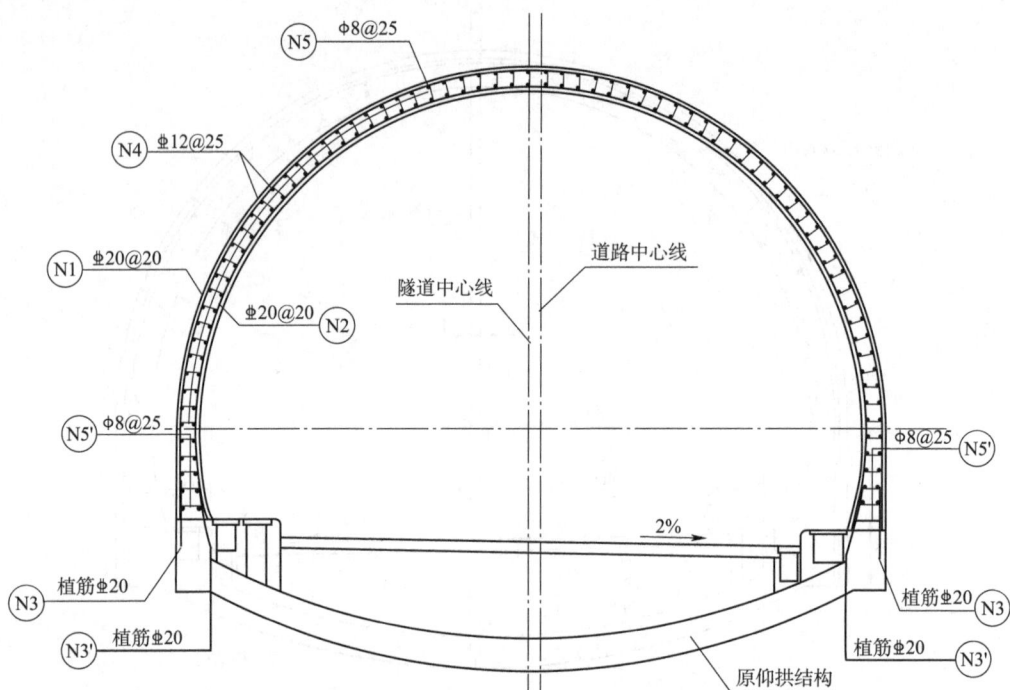

图 5-4-5    二次衬砌结构(拱部)配筋图

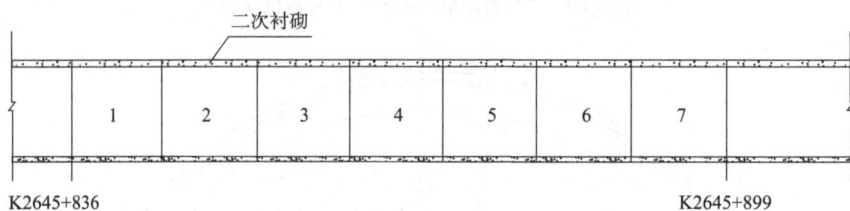

图 5-4-6    二衬结构拱部施工分段示意图

本次隧道病害整治二次衬砌结构仰拱拆除集中段为 K2645 + 723 ~ K2645 + 759,每 6m 一段,共 6 段,如图 5-4-7 所示,拆除顺序:6→5→4→3→2→1,二次衬砌拆除时应保证上一段仰拱封闭后达到 90% 设计强度后再进行下一段施工。

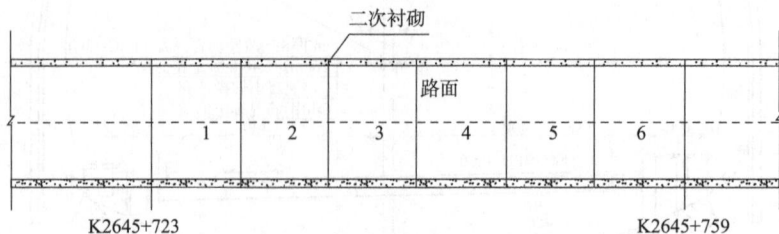

图 5-4-7    二衬结构仰拱施工分段示意图

(2)隧道防排水施工。

本次病害处治工程,尽量保留原有防水结构有效性,同时对于病害处治部位防排水进行加强布置。新建仰拱结构底部采用级配碎石和纵向排水管与原有纵向排水管相连;新建二次衬砌结构采用环向排水管和 EVA 防水板,通过加强设置来增强防水能力。

### 5.4.1.4 反馈事项

隧道采用二次整体加固措施修复使用后,结构基本稳定,无明显变形、裂缝,路面状况良好。

隧道日常养护管理过程中应特别注意膨胀性围岩病害,需及时检查隧道裂缝渗水的情况,若发现隧道存在环向裂缝、宽度较大裂缝,应及时委托专业机构开展特殊检查,并进行专项加固设计及病害处治。

## 5.4.2 BH-04-2 二次衬砌厚度不足、局部脱空

### 5.4.2.1 病害概况

| 病害编号 | BH-04-2 | 病害名称 | 二次衬砌厚度不足、局部脱空 |
|---|---|---|---|
| 公路路线 | 甬台温高速公路 | 发生时间 | 2018 年 7 月 19 日 |
| 病害实照 |  | | |
| 病害情况 | (1)具体部位:麻岙岭隧道宁波方向 K1590 + 131 ~ K1590 + 142。<br>(2)病害情况:右侧衬砌拱腰至拱顶存在明显的纵向开裂、错台现象,存在大面积脱落的可能性 | | |
| 养护工程类别 | 修复养护 | | |
| 案例资料提供者 | 浙江省交通集团高速公路台州管理中心:何亚军、何博、陈智铭 | | |

根据 2018 年隧道定检报告,麻岙岭隧道衬砌病害主要为纵向、斜向、环向裂缝,裂缝共 9 条,总长约 43.4m,共计有 3 处裂缝产生错台,如图 5-4-8 所示。

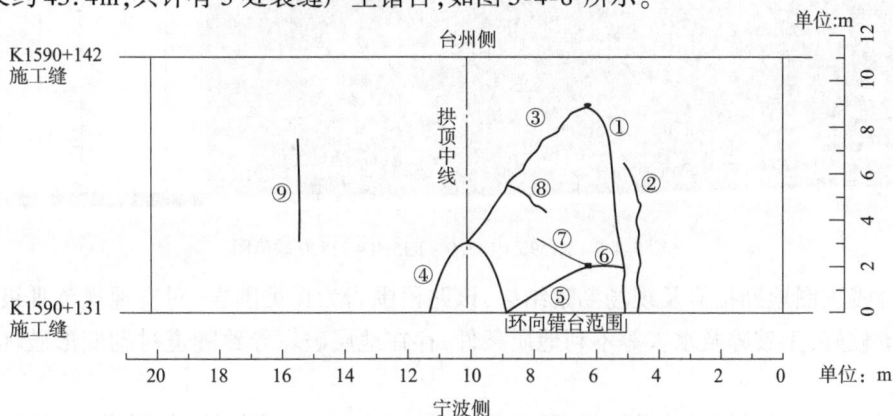

图 5-4-8 麻岙岭隧道病害位置及平面示意图

注:①~⑨表示二次衬砌表面的裂缝。

### 5.4.2.2　病害机理分析

| 病害编号 | BH-04-2 | 病害名称 | 二次衬砌厚度不足、局部脱空 |
|---|---|---|---|
| 病害机理分析 | 主要因素：<br>(1)开挖断面存在欠挖。<br>(2)二次衬砌施工时泵送混凝土不足。<br>(3)脱模过早 | | |
| | 次要因素：<br>(1)围岩压力不均衡。<br>(2)防水卷材定位不准确 | | |

　　隧道病害总体呈发展趋势,裂缝先在左侧产生,后发展到拱顶及右侧,并出现错台。其中①号水平纵向裂缝,最大裂缝宽度达到 9cm 左右,出现在 K1590 + 131 位置,贯穿整个二衬厚度并出现约 6.5cm 错台,K1590 + 131 ~ K1590 + 135 范围裂缝内可见防水卷材,开裂面光滑规整。此外,开裂衬砌所在节段与小桩号侧相邻节段错台 4.5cm,错台环向范围长 3.8m。

　　2018 年 7 月 21 日,对麻岙岭隧道病害段及相邻节段进行地质雷达测试。测试结果(图 5-4-9)显示,病害段隧道存在拱顶超挖脱空、欠挖、二衬厚度不足等情况,测线 3、测线 4 位置处二衬最小厚度仅 2cm 左右。

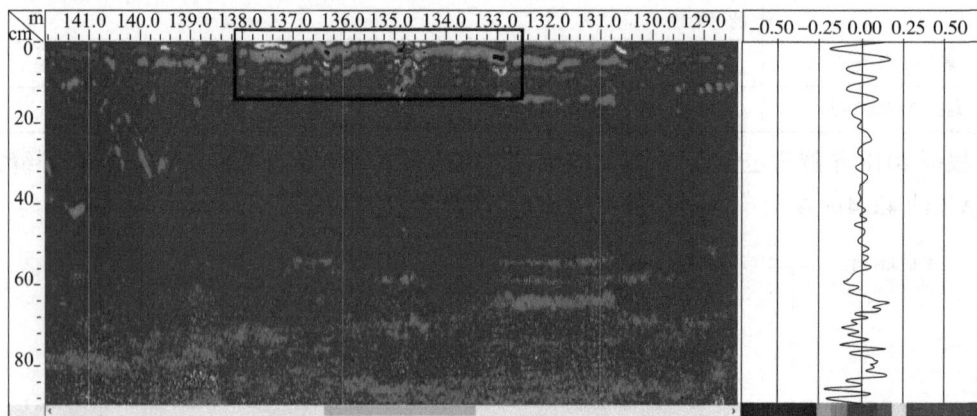

图 5-4-9　K1590 + 133.0 ~ K1590 + 138.0 缺陷图

　　结合竣工图地勘报告及现场勘察结果,该路段围岩为Ⅳ类围岩(对应现规范Ⅲ级),围岩整体质量较好,无破碎及水害等不利地质条件,存在地层破坏导致隧道衬砌变形破坏的可能性较小。

　　根据检测资料和现场踏勘结果,隧道存在脱空、欠挖、欠厚等情况,隧道二衬厚度不足,且施工时防水卷材定位不准确,导致二衬厚度不均匀所引起的衬砌开裂、错台。

### 5.4.2.3 病害处治

1）应急措施

对该隧道实行交通管制,封闭超车道,主车道通行。风险评估升级后,实行宁波向全封闭交通管制。

2）处治方案比选

此处病害处治可采用锚喷支护加固或台车施工模筑混凝土二次衬砌,考虑到长时间断流施工对交通的影响,选择加固时间较短的锚喷支护加固方案。

3）锚喷支护加固方案

对于 K1590+131~K1590+142 病害段凿除拱顶二次衬砌结构,采用 3m 长药卷锚杆+钢筋网+C25 聚酯纤维喷射混凝土+2cm 厚超韧性喷射砂浆的支护结构。锚杆采用 φ25mm 药卷锚杆,间距 1.5m,梅花形布置;外层钢筋网环向钢筋采用 HRB400 C12 钢筋、纵向钢筋采用 HPB300 A8 钢筋,间距 15cm,其他钢筋网片采用 E6 定型焊接钢筋网片。凿除原有衬砌拱部结构后,需在拱底未凿除二次衬砌部分打设一排药卷锚杆进行加固,并在拱底旧混凝土中设置 φ12 植筋进行连接,植筋纵向间距 20cm。锚喷支护的结构形式如图 5-4-10、图 5-4-11 所示。

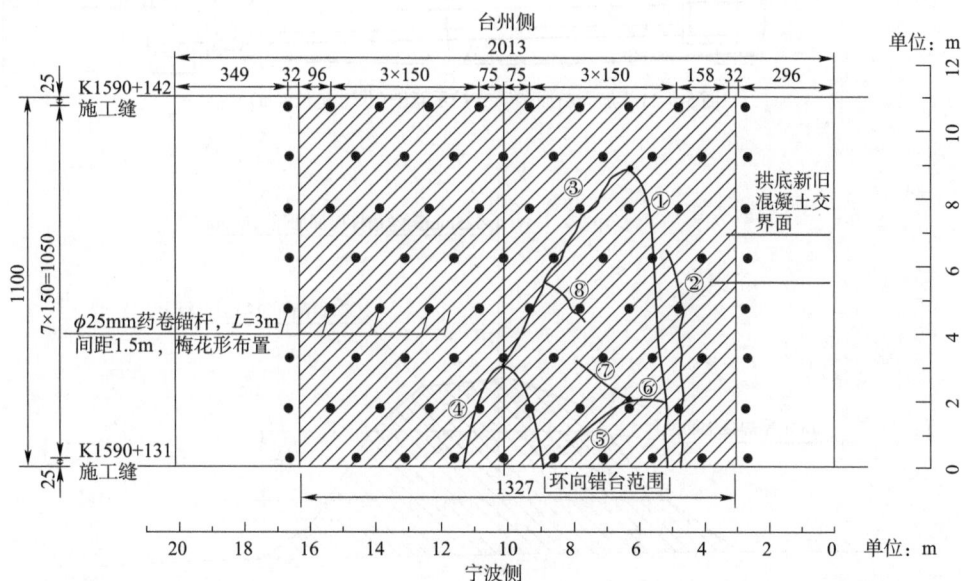

图 5-4-10 锚杆平面示意图(尺寸单位:cm)
注:①~⑧表示二次衬砌表面的裂缝。

对于超挖部分,采用局部锚杆+密挂钢筋网片锚喷进行调平,钢筋网片采用 E6 定型焊接钢筋网片,每间隔 20cm 一层,如图 5-4-12 所示;对于欠挖部分进行相应凿除,保证喷射混凝土最小厚度不小于 15cm。

4）施工工艺流程

移除机电→凿除二次衬砌→清表并充分凿毛→打设锚杆→拱底新旧混凝土交界面植

筋→超挖、欠挖调平处理→第1次喷射5cm厚混凝土→挂第1层钢筋网→第2次喷射5cm厚混凝土→挂第2层钢筋网→第3次喷射5cm厚混凝土→分两次喷射2cm厚超韧性喷射砂浆并抹面→恢复机电。

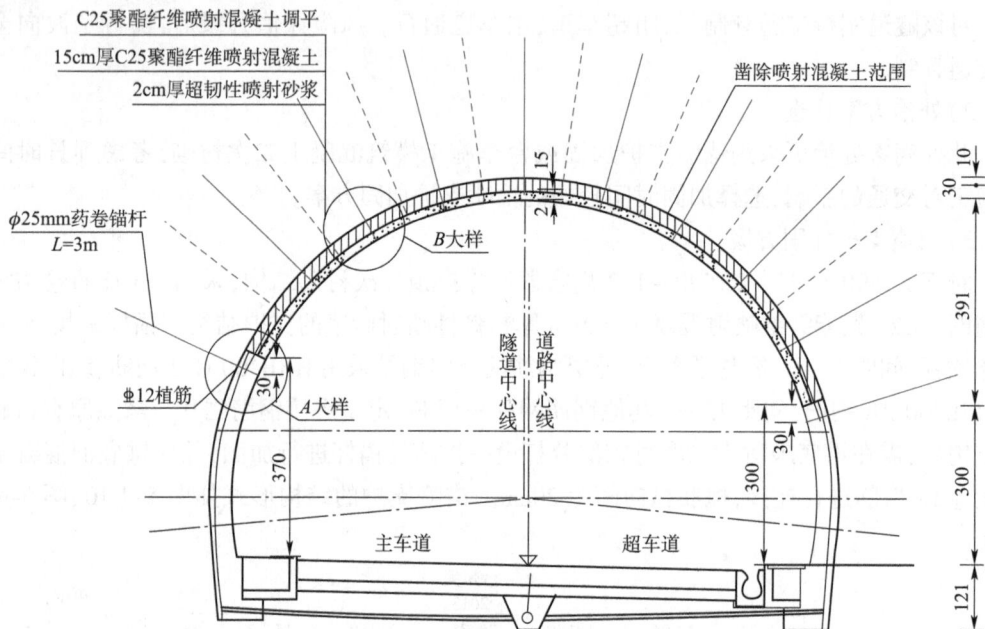

图 5-4-11  加固断面锚喷支护示意图(尺寸单位:cm)

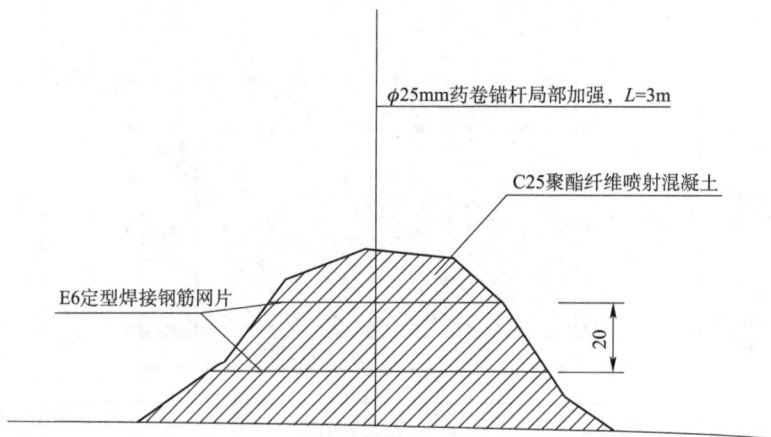

图 5-4-12  超挖处理示意图(尺寸单位:cm)

凿除二次衬砌拱部时,对电力、通信管线进行保护。重新施工拱部衬砌位置需移除照明、监控等设施,施工前应由专业人员对隧道机电设施及接线方式进行记录,结构加固完成后,按照记录重新安装机电设施。

根据现场勘察,该段围岩目前未出现渗水现象,考虑到后期在新旧混凝土交界面易渗水,在该处纵向设置遇水膨胀橡胶止水条。

5)关键施工工艺

(1)拱顶二次衬砌混凝土凿除、修整施工(图5-4-13)。

（2）植筋钻孔施工（图 5-4-14）。

图 5-4-13 拱顶二次衬砌混凝土凿除、修整施工现场

图 5-4-14 植筋钻孔施工现场

（3）钢筋网片铺设施工（图 5-4-15）。

（4）喷射混凝土施工（图 5-4-16）。

图 5-4-15 钢筋网片铺设、修整施工

图 5-4-16 喷射混凝土施工现场

（5）超韧性喷射砂浆人工抹面施工（图 5-4-17）。

### 5.4.2.4 反馈事项

采用二次衬砌整体加固措施后，隧道结构稳定，无明显变形、裂缝。

此次隧道抢修采用锚喷支护加固方案，与常规隧道二次衬砌采用模板台车浇筑混凝土方案相比，较大程度上缩短了施工工期，适用于大流量路段的抢修施工。

图 5-4-17 超韧性喷射砂浆人工抹面施工现场

在隧道施工中，应加强二次衬砌施工质量的控制和检测，避免二次衬砌厚度不足和脱空等病害，减少由此产生的后续影响。养护检查中发现二次衬砌出现裂缝、错台等现象时，须进行针对性的检测以查明病害的发生原因，并实施针对性的维修加固措施。

## 5.4.3　BH-04-3 二次衬砌空鼓、剥落

### 5.4.3.1　病害概况

| 病害编号 | BH-04-3 | 病害名称 | 二次衬砌空鼓、剥落 |
|---|---|---|---|
| 公路路线 | 黄衢南高速公路 | 发生时间 | 2021 年 8 月 16 日 |
| 病害实照 | | | |
| 病害情况 | (1)具体部位:达坞隧道(右洞)K1533＋940。<br>(2)隧道二次衬砌空鼓、剥落,开裂范围约为 2m×1m。防水层完好,未见渗水 | | |
| 养护工程类别 | 修复养护 | | |
| 案例资料提供者 | 浙江省交通集团高速公路衢州管理中心;刘雪峰、王亮 | | |

### 5.4.3.2　病害机理分析

| 病害编号 | BH-04-3 | 病害名称 | 二次衬砌空鼓、剥落 |
|---|---|---|---|
| 病害机理分析 | 主要因素:<br>(1)脱模过早。<br>(2)混凝土振捣欠密实 | | |
| | 次要因素:<br>防水卷材固定不良 | | |

　　结合隧道设计图纸、竣工图纸、现场踏勘情况,达坞隧道 K1533＋940 附近拱顶处闭合裂缝段围岩等级为Ⅲ级,围岩整体情况相对较好,存在地层破坏导致隧道衬砌变形破坏的可能性较小。该段衬砌未发现渗水等其他病害情况,且该处裂缝发展缓慢,初步判断为施工阶段脱模过早、混凝土振捣欠密实以及防水卷材固定不良等造成。

### 5.4.3.3　病害处治

1)处治方案

本病害处治采取南平方向峡口 24h 断流加 W 镀锌钢带加固的方案。

（1）对二次衬砌开裂处采用 I 级聚合物改性水泥砂浆进行修复；

（2）对二次衬砌采用 W-250mm×5mm 镀锌钢带进行加固，并采用 M16 胶黏型锚栓整体固定钢带。设计图见图 5-4-18、图 5-4-19。

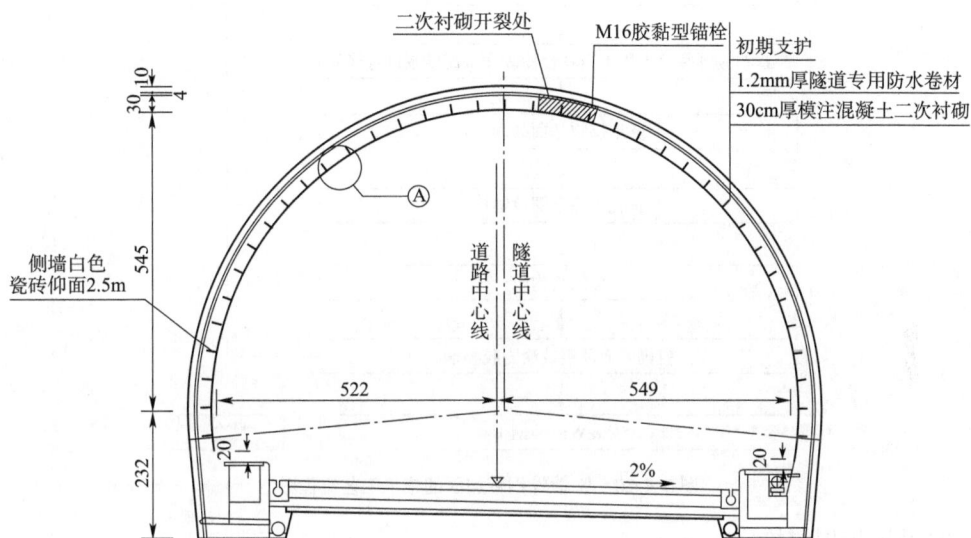

图 5-4-18　二次衬砌闭合裂缝粘贴钢板设计图（尺寸单位：cm）

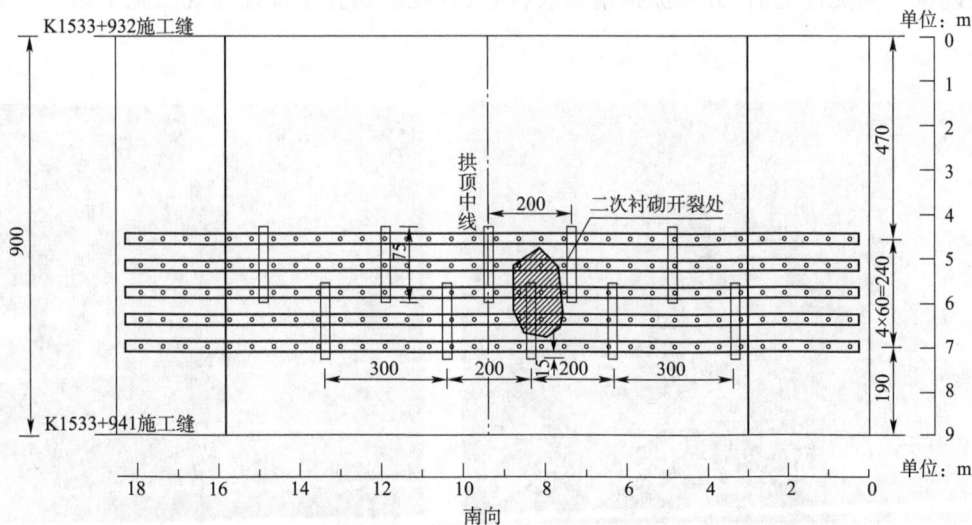

图 5-4-19　二次衬砌闭合裂缝粘贴钢板平面展开设计图（尺寸单位：cm）

2）W 镀锌钢带加固施工工艺流程

W 镀锌钢带加固的施工工艺流程如图 5-4-20 所示。

3）关键施工工序及工艺要求

（1）聚合物改性水泥砂浆修复。

先对隧道开裂处松散的浮渣进行清理，保证聚合物砂浆的黏附性，再将聚合物砂浆按设计要求均匀地涂抹在病害位置,涂抹砂浆时要注意砂浆边缝饱满,无漏浆、麻面情况。聚合物改性水泥砂浆修复现场施工如图 5-4-21 所示。

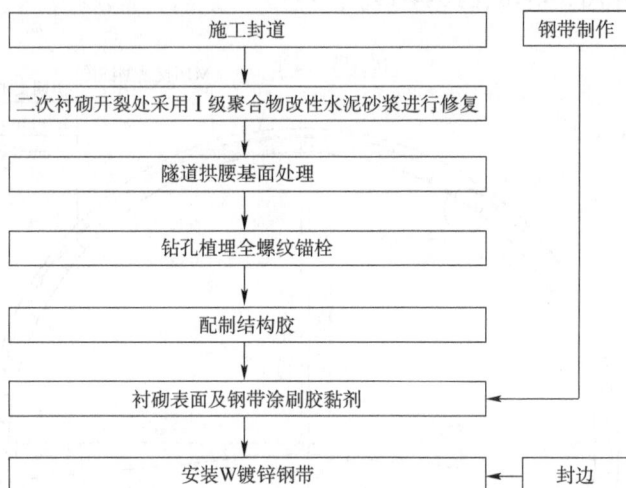

图 5-4-20　W 镀锌钢带加固的施工工艺流程图

（2）钻孔植埋锚栓。

现场按设计图纸进行孔位标定后实施钻孔,钻孔深度要满足 M16 锚栓长度要求,清孔时确保孔内无浮渣后,方可涂抹锚固胶,植入锚栓。钻孔植埋锚栓现场施工如图 5-4-22 所示。

图 5-4-21　聚合物改性水泥砂浆修复现场施工　　　图 5-4-22　钻孔植埋锚栓现场施工

（3）配制结构胶,涂刷胶黏剂。

按照产品说明书要求配制结构胶。胶黏剂应满足设计要求的各项力学指标和耐久性要求。

涂刷胶黏剂前应对衬砌基面进行处理,应保证基面平整圆顺。对表面缺损处及不平整处采用改性环氧砂浆进行找平处理。基面处理完成后,在衬砌表面及钢带上均匀地涂刷胶黏剂,胶黏剂的胶层厚3~5mm。

涂刷胶黏剂现场施工如图5-4-23所示。

图5-4-23 涂刷胶黏剂现场施工

(4)安装钢带。

将钢带固定在锚栓上,通过锚栓将钢板刷胶面密贴在已涂刷胶黏剂的基面上,钢板与衬砌应密贴,避免局部脱空。钢带分段处采用平口焊接连接,再用长60cm的W接头钢带进行搭接,接头钢带与原加固W镀锌钢带之间用锚栓固定,并用粘钢胶黏结。安装钢带现场施工如图5-4-24所示。

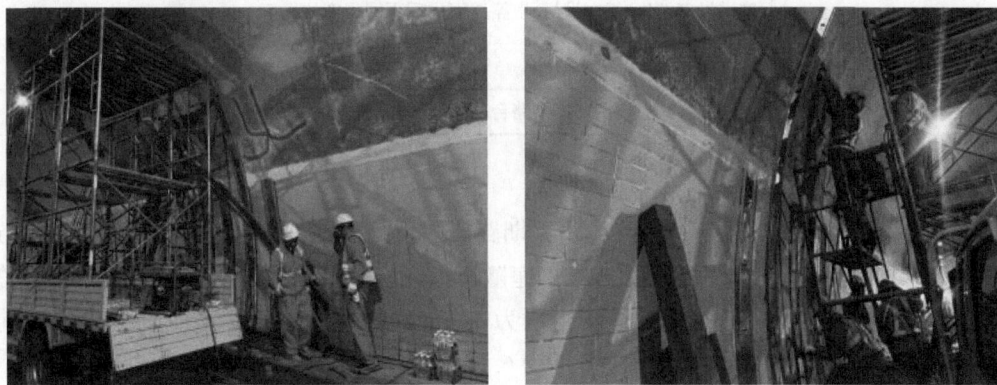

图5-4-24 安装钢带现场施工

(5)钢带表面处理。

经检验确认钢带粘贴固化密实效果可靠后,清除钢带表面污垢。对安装过程中造成的底漆破损进行补漆,再在钢带外露面涂刷四道面漆。

(6)钢带整体固接。

整条钢带施工完成后需对每条钢带采用钢压条进行横向连接,并用锚栓固定。

### 5.4.3.4 反馈事项

经过处治后,达坞隧道衬砌部位使用钢骨架支撑,提升了隧道整体结构耐久性,处治效果良好,隧道处于稳定状态。

本案例采用 W 镀锌钢带加固解决二次衬砌空鼓、剥落的问题,对隧道二次衬砌类似病害的加固处治有较好示范作用。

## 5.4.4 BH-04-4 火烧受损

### 5.4.4.1 病害概况

| 病害编号 | BH-04-4 | 病害名称 | 火烧受损 |
|---|---|---|---|
| 公路路线 | 甬台温高速公路 | 发生时间 | 2019 年 8 月 27 日 |
| 病害实照 | | | |
| 病害情况 | (1)具体部位:猫狸岭隧道(右洞)K1607+520~K1607+550。 (2)该隧道发生一起货车起火事故。该事故从发生至基本控制火情持续大约3h,导致隧道衬砌结构、机电设施、道路路面出现不同程度的损坏 | | |
| 养护工程类别 | 专项养护 | | |
| 案例资料提供者 | 浙江省交通集团高速公路台州管理中心:曹王敏、朱海南、郑欣琰 | | |

1)猫狸岭隧道基本情况

猫狸岭隧道位于甬台温高速公路台州二期路段,所在路段为隧道群路段,由牛官头隧道、岩下徐隧道、猫狸岭隧道、羊角山隧道连续四座隧道组成,隧道群单幅总长度 5.2km,起止总长度 6.2km,于 2000 年 12 月建成通车。隧道群为“人”字形纵坡,在营运桩号 K1607+110 前为 3.9km 的连续上坡,平均纵坡 1.485%,其后为 6.1km 的连续下坡,平均纵坡 1.43%。

猫狸岭隧道靠近上三高速公路吴岙枢纽,起讫桩号为 K1605+573~K1609+322,隧道长度为 3616m,设计日均流量折算成小车为 25000 辆,按双洞单向行车双车道设计(上下形分离),设计车速为 80km/h,隧道净宽为 10.25m,其中侧向宽度 2×0.5m,路缘带宽度 2×0.5m,行车道宽度 2×3.75m,检修道宽度 0.75m,建筑限界净高为 5.0m。

2)隧道受火区域划分

根据现场调查,确定隧道火烧区域划分为直接火烧区(K1607+520~K1607+550 区域)和间接火烧影响区(K1607+480~K1607+520 和 K1607+550~K1607+590 前后两段),如图 5-4-25 所示。

(1)直接火烧区。

对直接火烧区 K1607+520~K1607+550 进行外观检查发现,主要损伤为衬砌混凝土龟裂(图 5-4-26)和剥落,剥落面积 $S_{总}$ 约为 $325m^2$,主要位于左侧拱腰、拱顶、右侧拱腰、侧墙,左侧剥落平均深度约为 $4.2cm$,右侧剥落平均深度约为 $10cm$。其中,拱顶区域 K1607 + 527 剥落最大深度约为 $15cm$(图 5-4-27),左侧拱腰区域 K1607 + 523 剥落最大深度约为 $10cm$,右侧拱腰区域剥落深度普遍在 $10cm$ 以上。

行车方向 →

| | 间接火烧影响区 | 直接火烧区 | 间接火烧影响区 |
|---|---|---|---|

K1607+480　　　　K1607+520　　　　K1607+550　　　　K1607+590

左边墙

拱顶中线

右边墙

图 5-4-25　猫狸岭隧道火烧事故影响区域分布图

图 5-4-26　混凝土龟裂

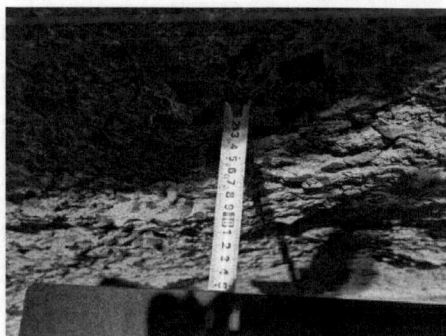

图 5-4-27　拱顶混凝土剥落

(2)间接火烧影响区。

对间接火烧影响区 K1607 + 480 ~ K1607 + 520、K1607 + 550 ~ K1607 + 590 进行外观检查发现,主要损伤为衬砌混凝土表面局部剥落(图 5-4-28),剥落面积 $S_{总}$ 约为 $11m^2$,剥落深度范围为 $3 ~ 5cm$;混凝土的网裂面积 $S_{总}$ 约为 $140m^2$(图 5-4-29)。

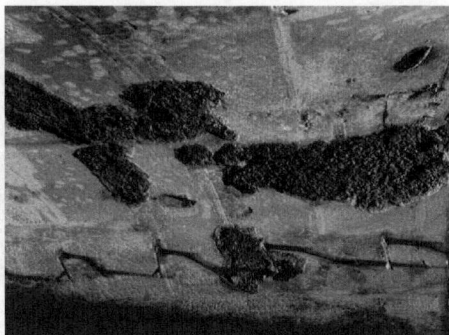

图 5-4-28　混凝土局部剥落

图 5-4-29　混凝土开裂

猫狸岭隧道火烧事故衬砌混凝土损伤展开图如图 5-4-30 所示。

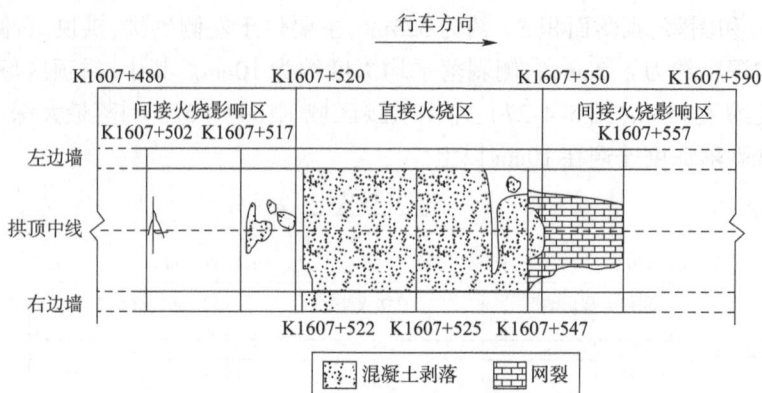

图 5-4-30  猫狸岭隧道火烧事故衬砌混凝土损伤展开图

3)隧道内装饰损坏

隧道直接火烧区 K1607+520~K1607+550 右侧瓷砖全部脱落,左侧瓷砖顶部一半区域全部脱落;其他区域瓷砖均有不同程度的损坏,左侧较右侧脱落严重(图 5-4-31、图 5-4-32)。瓷砖脱落面积 $S_{总}$ 约为 $148m^2$。隧道衬砌表面熏黑严重,污损长度约为 $300m$。

图 5-4-31  瓷砖脱落(一)

图 5-4-32  瓷砖脱落(二)

4)隧道衬砌渗水

隧道直接火烧区 K1607+520~K1607+550 出现部分点状漏水和面状漏水,主要集中在 K1607+538 位置(图 5-4-33、图 5-4-34)。

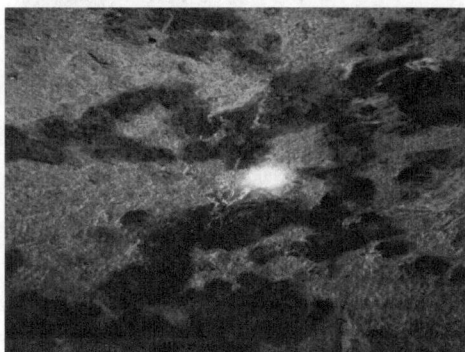

图 5-4-33  衬砌渗水(一)

图 5-4-34  衬砌渗水(二)

### 5.4.4.2  病害机理分析

| 病害编号 | BH-04-4 | 病害名称 | 火烧受损 |
|---|---|---|---|
| 病害机理分析 | 主要因素：<br>通行车辆产生无法现场控制的剧烈燃烧 | | |
| | 次要因素：<br>无 | | |

隧道属于线形相对封闭的空洞,火灾事故发生时,直接火烧区结构混凝土瞬时达到了相对较高的温度,混凝土因为升温而膨胀,致使表面混凝土严重胀裂、剥落,该部分混凝土表层疏松。混凝土被烧伤后,结构混凝土强度极易发生变化,使混凝土呈现硬、脆的特性,导致材料的耐久性以及结构原有承载力降低,严重时还将导致整个二次衬砌层烧穿,影响防水层而产生渗漏水。间接火烧影响区混凝土也因火焰蔓延而产生开裂、局部破损等病害。

### 5.4.4.3  病害处治

1)应急处置

(1)交通管制措施。

因抢险需要,事故发生后对沈海高速公路双向吴岙枢纽至临海北路段进行交通管制,因沈海高速公路交通流量较大,交通管制后上三高速公路、甬台温高速公路宁波段均协助进行分流。

(2)应急检查措施。

主要进行了受火区域外观检查、混凝土强度检测和雷达检测。

2)衬砌混凝土修复方案

隧道原有地质围岩等级强度较好,初期支护未受到病害影响,选择锚喷混凝土加固方案进行衬砌修复工作。

(1)直接火烧区。

对混凝土剥落受损严重的直接火烧区,采用"锚杆 + 钢筋网 + 超韧性水泥基材"的处治方案,如图 5-4-35 所示。

(2)间接火烧影响区。

对混凝土剥落受损不严重的间接火烧影响区,采用"超韧性水泥基材"的处治方案,如图 5-4-36 所示。

3)衬砌混凝土修复施工工艺流程

(1)直接火烧区修复施工工艺流程如图 5-4-37 所示。

(2)间接火烧影响区修复施工工艺流程:移除机电部分→凿除二次衬砌→清理表面→喷射超韧性水泥基材。

凿除二次衬砌时,对电力、通信管线进行保护。施工前由专业人员对隧道机电设施及接线方式进行记录,结构加固完成后,按照记录重新安装机电设施。清理衬砌表面时,用高压水枪冲洗熏黑部位,待衬砌表面洁净后充分凿毛衬砌混凝土表面,在衬砌表面喷射2cm厚超韧性水泥基材。

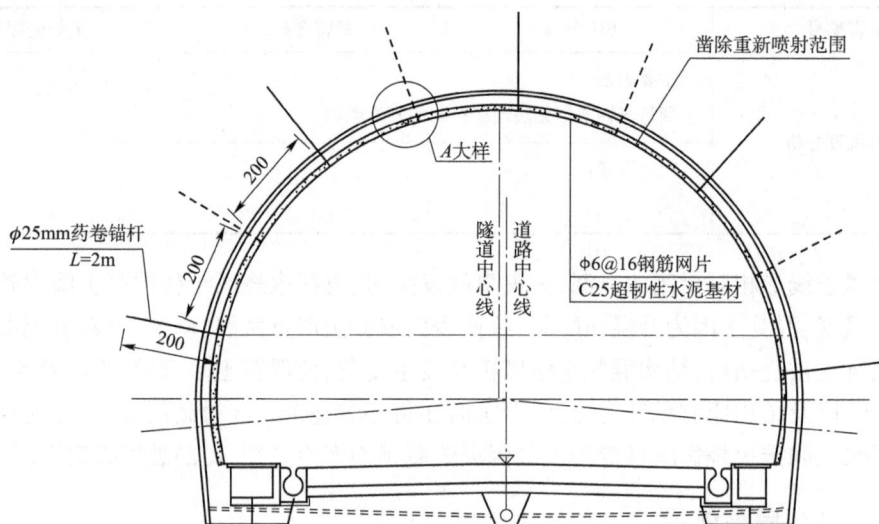

图 5-4-35　直接火烧区处治施工图(尺寸单位:cm)

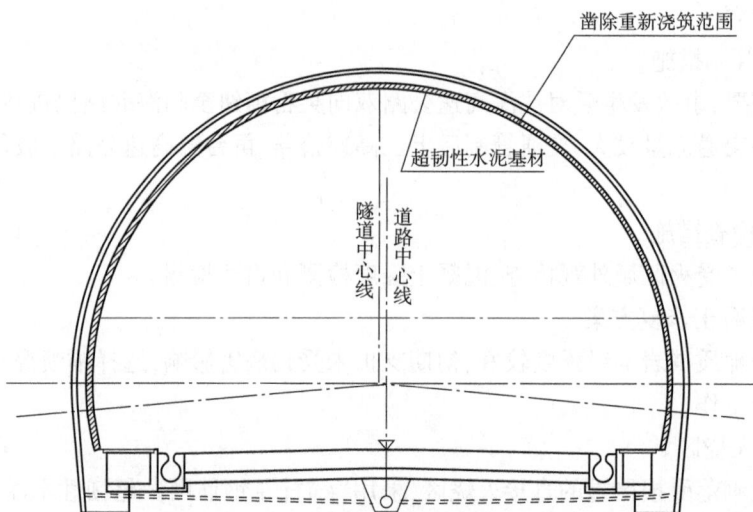

图 5-4-36　间接火烧影响区处治施工图

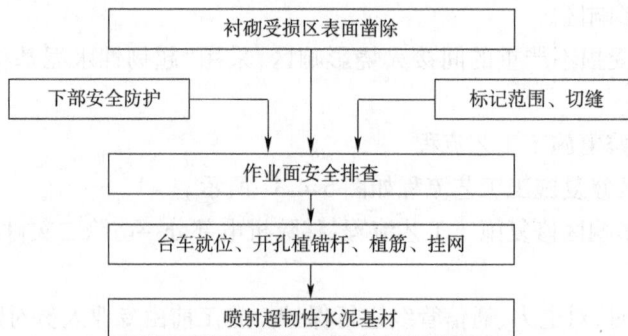

图 5-4-37　直接火烧区修复施工工艺流程图

4）关键施工工序及工艺要求

（1）衬砌表面凿除。

在原有衬砌凿除施工中,采用大型混凝土破碎机进行施工作业。在凿除线（损伤与未损伤交界线）采用切割机开槽,保证凿除时裂缝不传递到预留衬砌部分。同时在破碎机凿除作业完成后,对原有一次衬砌松散局部混凝土进行人工修复,对新旧混凝土交界面进行人工凿毛,以保证喷射混凝土有效受力。

（2）凿除防护。

①进行二次封道,设置专人卡口限制非施工人员、车辆进入,防止坠落砸伤。

②采用贝雷架搭设防护或方木加竹胶板对电缆沟、缝隙式排水沟等进行覆盖防护。

③对消防设施、机电管线进行防护,避免凿除时误碰损毁。

④标记预埋件位置。

⑤关闭衬砌凿除部位通电线路,防止触电伤害。

（3）锚杆开孔。

对修复区域进行锚杆开孔放样。开孔前采用登高车或者拱架措施平台,按照设计要求进行孔位标记。锚杆开孔施工是锚杆植入前的一个重要工序,需要按照设计要求将锚杆垂直植入隧道围岩内部。

设备选择三臂凿岩机（图5-4-38）,纯机械作业工效快,施工工效、开孔垂直度等施工质量远优于人工作业,同时避免人员直接操作,安全性大大提高。

（4）锚杆植入。

锚杆植入采用人工作业方式,根据钻孔位置,开孔135处植入锚杆135处（图5-4-39）。锚杆使用化学环氧类药剂黏结,并进行拉拔试验。试验结果表明,拉拔力大于70kN,满足设计结构要求。锚杆按照环向间距2m、纵向间距1m布置,相邻两环锚杆呈梅花形布置。

图5-4-38　猫狸岭隧道三臂凿岩机作业

图5-4-39　锚杆植入

（5）超挖位置填充及钢筋网铺设。

采用 E6 网片对超挖位置进行补强并进行混凝土喷射。在网片安装时，量出深度大于 17cm 的位置，进行钢筋网片局部绑扎，钢筋网固定在已植入的锚杆上，同时在局部无法固定的位置采用膨胀螺栓进行固定。

本阶段钢筋网片分两种形式。①超挖部分局部 E6 网片安装；②其余部分采用 HRB400 钢筋网现场绑扎后整体安装。E6 网片采用原厂加工网片，检验合格证齐全，经监理现场抽检，网眼尺寸、钢筋直径、焊接强度都满足施工要求。HRB400 钢筋采用现场绑扎，检验合格证齐全，安装规范，搭接长度满足设计及规范要求。

钢筋网铺设现场如图 5-4-40 所示。

图 5-4-40　钢筋网铺设

（6）喷射超韧性水泥基材。

喷射混凝土浇筑，采用第三方喷射混凝土实验配合比、集中厂拌法进行施工。具体喷射过程如下：喷射第一道超韧性水泥基材，而后挂设钢筋网片，喷射第二道超韧性水泥基材。超韧性水泥基材总喷射厚度为 10cm，钢筋网片保护层厚度大于 3cm。超挖部分需额外加固一道超韧性水泥基材。喷射混凝土附着力满足施工要求，且试块强度需满足设计要求。喷射超韧性水泥基材现场施工和结果分别如图 5-4-41、图 5-4-42 所示。

图 5-4-41　喷射超韧性水泥基材现场施工

图 5-4-42　喷射超韧性水泥基材结果

### 5.4.4.4　反馈事项

加固工程采取"边设计边施工"的方式，同步开展项目推进工作，针对现场出现的问题，及时处治,动态调整,缩短流程管理时间,有效保障抢修工程工期。

采用先进的钻孔设备,大大提升施工效率,平均 2~3min 完成一个孔的钻设,一天时间完成全部 135 个孔的钻设。但设备进场施工前发生水管堵塞,对工程进度有一定的影响。建议加强施工前的设备检查,避免施工期间出现设备故障,对工程进度、质量造成影响。

超韧性水泥基材性能优于普通混凝土,但施工过程中,喷射厚度应达到 10cm,容易产生滴落现象,厚度控制较为困难,同时初凝时间较短,抹面光面较难,容易导致表观粗糙。由于超韧性水泥基材韧性较强,拌和后的砂浆黏稠度较大,其中纤维类物质较多,喷射设备要求较高,需要专用配套大功率喷涂设备。

隧道加固完成并投入使用后,衬砌技术状况良好,无明显变形、裂缝。

## 5.4.5　BH-04-5 二次衬砌施工缝渗漏

### 5.4.5.1　病害概况

| 病害编号 | BH-04-5 | 病害名称 | 二次衬砌施工缝渗漏 |
|---|---|---|---|
| 公路路线 | 黄衢南高速公路 | 发生时间 | 2019 年 8 月 21 日 |
| 病害实照 | | | |
| 病害情况 | (1)具体部位:黄衢南高速公路衢州段隧道。<br>(2)黄衢南高速公路所处地区雨季降水量较大,山体水量丰富,地质条件复杂。随着多年营运,隧道出现衬砌渗漏水情况,特别是雨季渗水现象尤为严重。本路段隧道渗水主要表现为衬砌点线渗水,多分布于施工缝拱腰和拱肩的位置,大部分渗水量较小,个别隧道雨季施工缝渗水较严重 | | |
| 养护工程类别 | 修复养护 | | |
| 案例资料提供者 | 浙江省交通集团高速公路衢州管理中心:王亮、曾由奇 | | |

### 5.4.5.2 病害机理分析

| 病害编号 | BH-04-5 | 病害名称 | 二次衬砌施工缝渗漏 |
|---|---|---|---|
| 病害机理分析 | 主要因素：<br>(1)防水层破损。<br>(2)施工缝封水效果差 | | |
| | 次要因素：<br>无 | | |

### 5.4.5.3 病害处治

1)处治方案

隧道二次衬砌施工缝处的渗漏水是隧道的一种常见病害。本案例采用埋槽引水方案进行修复。

2)施工工艺流程

隧道衬砌渗漏处治施工工艺流程如图5-4-43所示。

3)施工关键工序

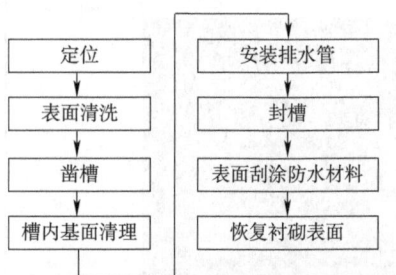

```
定位 → 安装排水管
表面清洗 → 封槽
凿槽 → 表面刮涂防水材料
槽内基面清理 → 恢复衬砌表面
```

图5-4-43 隧道衬砌渗漏处治施工工艺流程

(1)凿槽(图5-4-44)。采用开凿设备对渗漏水裂缝或施工缝处沿缝在混凝土表面开凿倒楔形槽,凿槽长度应向未渗水处以上延伸不小于10cm,开凿深度及其他尺寸均需满足设计要求。

(2)安装排水管(图5-4-45)。安装顺序是从上至下,在槽中心利用管卡将半圆管固定在槽中,安装牢固,并将半圆管底部与圆管连通,通过电缆槽连接至隧道缝隙式排水沟。

图5-4-44 凿槽

图5-4-45 安装排水管

(3)封槽(图5-4-46)。安装排水管后,先对导水管两侧进行封边止水,用堵漏剂填实半圆管周围,其余空间采用聚合物砂浆填实并做好养护。处治后效果如图5-4-47所示。

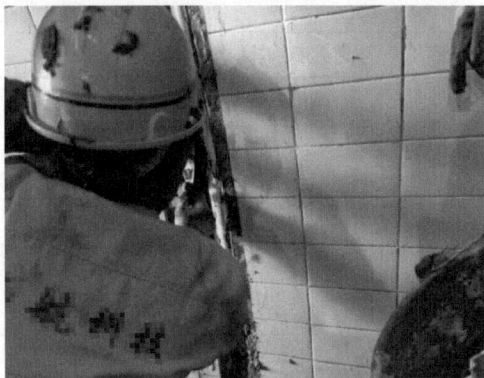

<table>
<tr><td>图5-4-46　封槽</td><td>图5-4-47　处治后效果</td></tr>
</table>

#### 5.4.5.4　反馈事项

在对该病害进行处治后,隧道二次衬砌施工缝渗漏得到有效控制,衬砌表面无渗水情况,有效降低渗水对结构的不良影响,改善了隧道技术状况,延长了隧道使用年限。

该类病害处治后,随着年限的增加,排水管容易出现堵塞现象,使得排水效果减弱。

### 5.4.6　BH-04-6隧道衬砌破损

#### 5.4.6.1　病害概况

| 病害编号 | BH-04-6 | 病害名称 | 隧道衬砌破损 |
|---|---|---|---|
| 公路路线 | 黄衢南高速公路 | 发生时间 | 2015年1月28日 |
| 病害实照 |  | | |
| 病害情况 | (1)具体部位:横岭底隧道(左洞)K1399+535。<br>(2)隧道拱顶衬砌因地方道路施工被挖掘机凿穿,凿穿破损范围大概为2m×3m,凿穿部位衬砌被凿碎,衬砌碎石掉落在隧道内车行道上,衬砌内部钢筋被凿断,钢筋裸露在外,防水层破损,未见渗水情况 | | |

| 养护工程类别 | 修复养护 |
|---|---|
| 案例资料提供者 | 浙江省交通集团高速公路衢州管理中心;朱慧芳、刘雪锋 |

### 5.4.6.2 病害机理分析

| 病害编号 | BH-04-6 | 病害名称 | 隧道衬砌破损 |
|---|---|---|---|
| 病害机理分析 | 主要因素:<br>地方道路施工不当 | | |
| | 次要因素:<br>无 | | |

结合现场踏勘情况,衬砌凿穿主要是地方道路施工所致,凿穿破损范围大概为 $2m \times 3m$, 隧道拱顶衬砌被凿穿,钢筋屈服弯曲,衬砌混凝土碎块大片掉落在隧道内车行道上,严重影响车辆通行安全。

### 5.4.6.3 病害处治

1)处治方案

本病害的处治采用24h断流 + 受损二次衬砌修复的方案。

2)工艺流程

衬砌凿穿处治施工工艺流程见图5-4-48。

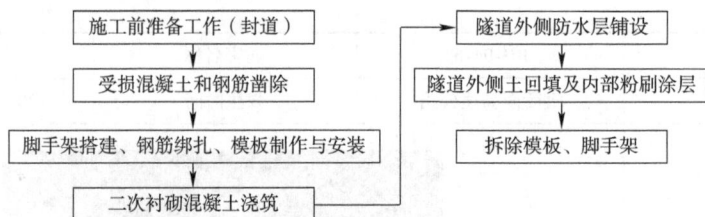

图5-4-48 衬砌凿穿处治施工工艺流程

3)关键工序及工艺要求

(1)受损混凝土和钢筋凿除。

混凝土凿除时,沿径向进行楔形掏槽,确保凿除后的隧道内弧面长度小于外弧面长度。对发生锈蚀的钢筋做除锈处理。对受损较小的钢筋进行弯曲修复。对受损屈服或断裂的钢筋进行凿除处理。隧道外和隧道内凿除施工现场分别如图5-4-49和图5-4-50所示。

(2)脚手架搭建、钢筋绑扎、模板制作与安装。

采用同等规格的钢筋进行替换后与保留钢筋焊接牢固。隧道内外部采用木质板材作为模板材料,同时为保证模板的稳定性,确保浇筑质量,在隧道外侧采用工字型钢焊接对拉钢筋固定内侧模板。对新旧混凝土交界面进行凿毛处理,清理后涂刷界面剂。脚手架搭建、模板安装现场如图5-4-51所示。

图 5-4-49　隧道外凿除施工现场　　　　　图 5-4-50　隧道内凿除施工现场

（3）二次衬砌混凝土浇筑。

采用掺早强剂的 C40 自防水混凝土浇筑,浇筑从凿穿部位底部开始,层层递进,逐步浇筑到最顶层,在浇筑同时封闭外侧模板,确保隧道的整体性和衬砌压实。混凝土浇筑现场如图 5-4-52 所示。

图 5-4-51　脚手架搭建、模板安装现场　　　　　图 5-4-52　混凝土浇筑现场

（4）隧道外侧防水层铺设。

在隧道外侧铺设 1 层土工布加强层($400\text{g/m}^2$) + 1.2mm 厚隧道专用防水卷材。防水层铺设现场如图 5-4-53 所示。

（5）隧道外侧土回填及内部粉刷涂层。

被凿穿部位浇筑的混凝土达到设计强度后,在凿穿部位上方回填优质黏土,分层回填压实,并预留注浆管,待施工完成后对回填土体进行注浆加固,确保回填密实。隧道内部粉刷与原隧道相同涂层材料。

图 5-4-53　防水层铺设现场

当被凿穿部位修复完成后,拆除隧道内临时支撑台架,恢复道路原样,解除施工封道。

### 5.4.6.4　反馈事项

横岭底隧道衬砌凿穿部位经过处治后,被凿穿部位的混凝土强度达到了原设计强度,隧道的整体结构修复完好,内部未见明显异常,整体防水性能达到相关规范要求。经过检验与验收后,确认修复质量合格,处治效果良好,隧道技术状况稳定,达到了恢复运营的要求。

本案例为公路隧道养护管理中的一个典型案例,隧道养护管理部门除了关注隧道内各类结构设施的养护之外,也要关注隧道上方的各类工程,尤其是浅埋段上方,必要时,可设置警示标志,避免类似凿穿事故的发生。

## 5.4.7 BH-04-7隧道内路面渗漏水

### 5.4.7.1 病害概况

| 病害编号 | BH-04-7 | 病害名称 | 隧道内路面渗漏水 |
|---|---|---|---|
| 公路路线 | 杭州绕城西复线杭绍段 | 发生时间 | 2021年1月8日 |
| 病害实照 | | | |
| 病害情况 | (1)具体部位:六弓山隧道YK91+180、YK91+400、ZK91+580。<br>(2)2021年1月8日,YK91+180(温向进洞口200m)处出现路面渗水结冰情况。2—3月,YK91+400(温向)附近路面仍有轻微渗水现象。4月17日,ZK91+580(湖向)第三车道有4m² 左右的鼓包伴随渗水现象且水质浑浊。4月18日,发现原鼓包渗水处前方30m左右第二车道开始渗水约1m²,第三车道新增路面鼓包约1.5m²,并发现原鼓包渗水处前方10m左右第一车道也有少量渗水 | | |
| 养护工程类别 | 修复养护 | | |
| 案例资料提供者 | 浙江省交通集团高速公路杭州南管理中心;何建斌、吕博 | | |

### 5.4.7.2 病害机理分析

| 病害编号 | BH-04-7 | 病害名称 | 隧道内路面渗漏水 |
|---|---|---|---|
| 病害机理分析 | 主要因素:<br>中央排水管受结晶物淤堵 | | |
| | 次要因素:<br>地下水丰富 | | |

根据钻孔情况可以初步判断富水路段隧道二次衬砌后的环向排水管未淤堵,排水功能正常,路面渗水主要是中央排水管受结晶物淤堵导致管内高压水上冒并最终渗出路面。

根据隧道所处位置的工程地质和水文地质条件,现场实际情况及水质检测情况,综合分析后认为中央排水管堵塞的主要原因可能是:富水路段隧道周边地下水通过初期支护渗透时,把初期支护喷射水泥中的相关物质带入中央排水管,相关物质与水分子、水中的 $CO_2$ 发生化学反应后产生结晶现象,结晶体经过较长时间的积累,堵塞了中央排水管。

### 5.4.7.3　病害处治

1)应急处置

(1)2021 年 1 月 8 日,发现六弓山隧道 YK91 + 180(温向进洞口 200m)处出现路面渗水结冰情况,立即采取除冰、排水及撒盐作业等应急措施,并在隧道右洞路缘排水沟处开槽引排(图 5-4-54),减少路面积水。

(2)2021 年 4 月 17 日,发现六弓山隧道内 ZK91 + 580(湖向)第三车道有 $4m^2$ 左右的鼓包并有渗水现象且水质浑浊,立即封闭六弓山隧道(湖向)第三车道,更改后方情报板提醒车辆注意,临时放置沙包截水(图 5-4-55),防止积水影响第二车道。

图 5-4-54　路缘排水沟处开槽引排

(3)2021 年 4 月 18 日,发现原鼓包渗水处前方 30m 左右第二车道开始渗水约 $1m^2$,第三车道新增路面鼓包约 $1.5m^2$。原鼓包渗水处前方 10m 左右第一车道也有少量渗水。4 月 21 日,对鼓包冒水位置进行路面凿除重做,进行切缝,路缘侧开槽引排(图 5-4-56),最后修补沥青,施工结束后恢复正常行车。

图 5-4-55　沙包截水

图 5-4-56　路面凿除重做,进行切缝,路缘侧开槽引排

2)处治方案

处治方案分两期实施:

(1)第一期方案为将左、右洞进洞口至人字坡边坡点(YK91+015~YK92+900.986,ZK91+025~ZK92+900.917)约1.8km长范围内隧道两侧的路缘排水沟改为较大尺寸的矩形明沟,矩形明沟建议采用现浇混凝土沟身+预制混凝土盖板。明沟沟底沿隧道纵向每隔2~5m打设引水孔(富水区取最小值),引水孔须穿过仰拱支护结构并进入围岩不小于50cm。

(2)二期方案为打开中央排水沟进行堵塞情况的探测,进一步分析堵塞原因并疏通。截至目前一期方案实施效果较好,现有的技术手段下实施二期方案对道路通行影响很大,故暂未实施。

2021年8月20日开始对左右洞第三车道边缘开槽设排水明沟,并采用横向排水管内窥镜进行持续跟踪观测。

隧道原防排水和处治后防排水示意图分别如图5-4-57和图5-4-58所示。

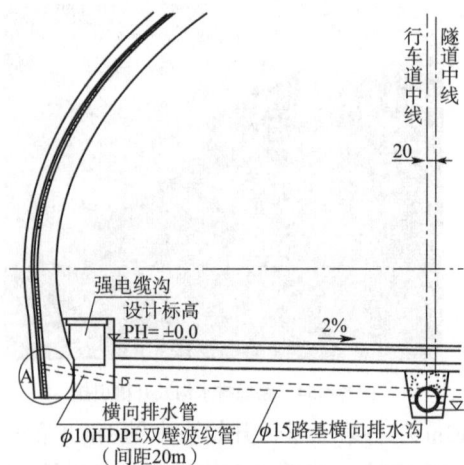

图5-4-57　隧道原防排水示意图(尺寸单位:cm)

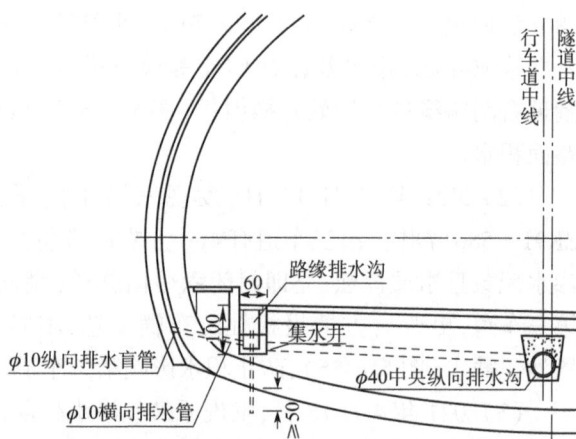

图5-4-58　隧道处治后防排水示意图(尺寸单位:cm)

3)处治施工工艺流程

(1)封闭施工区(图5-4-59)并切割路面。

(2)挖机进场,对水沟进行第一次破除(图5-4-60)。

图5-4-59　封闭施工区

图5-4-60　水沟破除

(3)排水明沟沟底沿隧道纵向每隔2~5m打设引水孔(图5-4-61)。

(4)现浇混凝土矩形明沟(图5-4-62)并使用预制混凝土盖板。

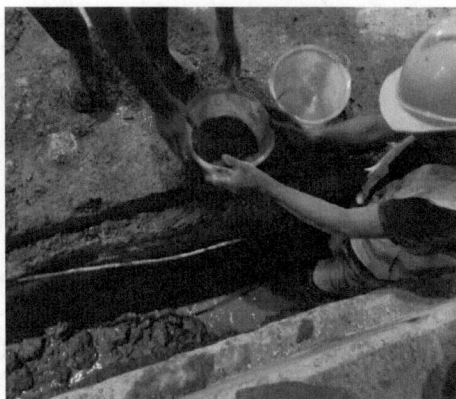

图 5-4-61 打引水孔    图 5-4-62 现浇混凝土矩形明沟

截至目前,六弓山隧道渗水路段处治效果良好,已无明显渗水情况。处治前后效果如图 5-4-63 所示。

a) YK91+400冒水点(处治前)    b) YK91+400冒水点(处治后)

图 5-4-63 处治前后效果

### 5.4.7.4 反馈事项

隧道路面渗水问题仍为困扰隧道养护的难题,由于中央排水管疏通需要破除路面对交通影响非常大,常规做法一般为从路面引水,设置碎石盲沟排水,而本案例提出了一种全新的思路,可供其他项目参考。探索非开挖式隧道中央排水管清淤新设备、新工艺,根治路面渗水病害。在新建隧道时,充分考虑隧道管养的难题,优化中央排水管设计。

## 5.4.8 BH-04-8 隧道洞口坡顶水毁

### 5.4.8.1 病害概况

| 病害编号 | BH-04-8 | 病害名称 | 隧道洞口坡顶水毁 |
|---|---|---|---|
| 公路路线 | 丽龙高速公路 | 发生时间 | 2018 年 6 月 21 日 |

| 病害实照 | |
|---|---|
| 病害情况 | (1)具体部位:章坑岭隧道右洞进口段。<br>(2)2018年6月21日,经巡查发现章坑岭隧道丽水向龙游端仰坡(桩号为丽向 K461 + 552,一级坡面为喷锚结构,二级坡面为植被防护)喷锚面底部有冲刷脱空病害,经勘查发现被冲刷喷锚面正上方原截水沟出现大面积缺口,导致暴雨期间雨水沿边坡直接冲刷喷锚面,水流较大导致喷锚面底部脱空 |
| 养护工程类别 | 修复养护 |
| 案例资料提供者 | 浙江省交通集团高速公路丽水管理中心;钟峰莹 |

## 5.4.8.2　病害机理分析

| 病害编号 | BH-04-8 | 病害名称 | 隧道洞口坡顶水毁 |
|---|---|---|---|
| 病害机理分析 | 主要因素:<br>(1)原有截水沟被挖断,未修复。<br>(2)暴雨冲刷 | | |
| | 次要因素:<br>沟谷地形,坡顶上方汇水面积较大 | | |

　　该处属剥蚀丘陵沟谷地貌,地形起伏较大。沟谷地形,坡顶上方汇水面积较大,发育有沿隧道方向冲沟,地表水发育;地下水主要为松散类岩体孔隙潜水和基岩裂隙水,地下水受大气降水影响显著,主要受大气降水的垂直入渗补给,动态变化大。

　　章坑岭隧道右洞进口段为明洞,长度约50m,明洞上方自然斜坡局部已进行开挖,采用喷射混凝土防护,沿明洞顶设有环向浆砌片石截水沟。

　　隧道位置附近房屋修建施工过程中,挖断约16m长度的原有截水沟而未进行恢复,导致排水系统破坏。受水流冲刷,原喷射混凝土防护层大面积脱空,已出现明显的坠落移位情况,防护功能失效,汇水直接从明洞顶入渗至隧道内,致使隧道内出现渗水病害。

## 5.4.8.3　病害处治

1)应急处置

(1)加强巡查,并做好巡查记录,发现异常现象及时汇报。

(2)对现场设置临时警戒及防护。在水流位置设置沙包导流,水毁位置覆盖彩条布遮盖

（图 5-4-64），立即对排水沟进行清理。

图 5-4-64　水毁位置彩条布覆盖

2）处治方案

（1）清理修复既有截水沟。对于冲毁区段，在原水沟位置重新修筑，采用 C20 混凝土现浇，修复水沟长度约 25m，上下游与既有截水沟相衔接；其余区段长度约 70m，采用 M10 水泥砂浆抹面加固，砂浆厚度 5cm。

（2）完善明洞顶排水系统。在明洞顶平台周围增加排水沟，排水引向隧道口圆管涵，排水沟采用 C20 混凝土现浇。

（3）清除开裂喷射混凝土，修整坡面，重新喷射混凝土防护，喷射混凝土防护工程需加强坡体排水，设置深度 3m、间距 3m×4m 排水孔，沿顺坡面布置。

处治后效果如图 5-4-65 所示。

图 5-4-65　处治后效果

### 5.4.8.4　反馈事项

处治完成后，隧道排水状况良好。

后期养护管理中，加强汛期隧道防排水等相关检查。在汛期到来前，全面排查，及时清理堵塞排水沟；在汛期期间，加强巡检工作，及时发现隐患及时处治。

# 6 交通安全设施类病害

## 6.1 常见交通安全设施病害

交通安全设施病害包括防护设施缺损、隔离栅损坏、标志缺损和标线缺损,各类病害及主要特征见表6-1-1。

常见交通安全设施病害及其特征                                                                表6-1-1

| 病害分类 | 病害主要表现形式 | 主要特征 |
|---|---|---|
| 防护设施缺损 | 防撞护栏缺损 | (1)波形梁钢护栏的护栏板、立柱、柱帽、防阻块(托架)、紧固件等部件出现缺损,护栏的防腐层出现明显脱落,护栏有锈蚀;<br>(2)水泥混凝土护栏出现明显裂缝、掉角、破损等缺陷;<br>(3)护栏各组成部件出现明显变形、倾斜、松动、锈蚀等现象 |
| | 防落网缺损 | 防落网的铁丝出现断开或缺损 |
| | 声屏障缺损 | 声屏障出现明显变形或缺损 |
| | 中央分隔带活动护栏缺损 | 中央分隔带活动护栏出现明显偏位或缺损 |
| | 防眩板缺损 | 防眩设施出现明显变形、褪色或锈蚀 |
| 隔离栅损坏 | — | 隔离栅金属网片、立柱、斜撑、连接件、基础等部件出现缺损 |
| 标志缺损 | — | 指示标志、警告标志、禁令标志、里程碑、轮廓标、百米标等各种交通标志出现明显歪斜、变形,钢构件出现明显剥落、锈蚀,可变信息板故障等 |
| 标线缺损 | — | 路面标线(含凸起路标)出现大面积脱落 |

## 6.2 交通安全设施病害识别与成因

依据《公路技术状况评定标准》(JTG 5210—2018)的要求,使用简易测量工具进行现场目测调查,识别交通安全设施的病害状况。

## 6.2.1 防护设施缺损

1)防撞护栏缺损

防撞护栏可以预防高速公路行驶车辆坠落到路面或桥面以下造成更大损失和伤亡。如果防撞护栏大范围缺损,不仅影响护栏美观,更影响混凝土护栏的防撞能力,增加安全隐患。

成因:(1)波形梁护栏受到车辆撞击后会引起不同程度的弯曲和变形。波形梁护栏受到撞击后,通过波形梁板的弯曲变形吸收碰撞能量,最大限度减小对车内驾乘人员的伤害;(2)在长时间使用过程中,波形梁护栏或混凝土护栏受到自然环境、化学物质及其他人为因素影响,会发生不同程度的锈蚀;(3)混凝土护栏受撞击后基本不会变形,通过车体变位、变形和车辆与护栏、车辆与地面的摩擦吸收碰撞能量,但瞬时的冲击会使混凝土出现裂缝与破损。

2)防落网缺损

防落网采用低碳钢丝、铝镁合金丝编织焊接而成,主要用于对桥梁两侧的保护和防护。

成因:(1)由于防落网连接件松动、车辆撞击和人为因素的影响,防落网产生变形或破损;(2)空气中大量有害离子,破坏钢筋钝化膜,加速钢筋锈蚀。

3)声屏障缺损

高速公路声屏障一般选用金属声屏障(金属百叶、金属筛网孔)或玻璃钢声屏障,利用声波的反射、透射和绕射原理,减轻行车噪声对附近周边的影响。

成因:(1)由于声屏障连接件松动、车辆撞击和人为因素的影响,声屏障产生变形或破损;(2)空气中大量有害离子,加速声屏障金属构件的锈蚀。

4)中央分隔带活动护栏缺损

中央分隔带活动护栏设置在高速公路中央分隔带的开口处,一般采用镀锌防锈处理的铝合金框架。

成因:(1)受到自然条件的影响,镀锌防锈涂层脱落;(2)由于活动护栏连接件松动、车辆撞击和人为因素的影响,中央分隔带活动护栏产生变形或破损。

5)防眩板缺损

防眩板设置在高速公路中央分隔带护栏上,也有设置在中央开口活动护栏上,按材质分为钢制防眩板、塑料防眩板、玻璃钢防眩板。

成因:(1)受到台风的风力影响,引起防眩板的倾斜或掉落;(2)由于防眩板连接件松动、车辆撞击和人为因素的影响,防眩板产生变形或破损;(3)受到自然条件的影响,防锈涂层脱落。

## 6.2.2 隔离栅损坏

高速公路隔离栅采用低碳钢丝、铝镁合金丝编织焊接而成,主要起对桥梁两侧的保护、防护等作用。

成因:(1)台风的风力影响,引起高速公路隔离栅倾倒;(2)隔离栅紧固件松动,公路隔离栅产生倾倒、变形;(3)受到行驶车辆的撞击等,导致隔离栅倾倒、变形或破损。

### 6.2.3 标志缺损

在高速公路的长下坡路段、转弯处、匝道和枢纽,台风、紧固件松动或行驶车辆撞击等,引起各类交通标志歪斜、变形或破损。

成因:(1)台风的风力影响,引起高速公路各类交通标志歪斜、变形;(2)标志部件松动,出现各类交通标志倾倒、变形;(3)行驶车辆撞击等,导致各类交通标志倾倒、变形或破损。

### 6.2.4 标线缺损

交通标线主要划设于道路表面,按形态可分为线条、字符标记、突起路标和轮廓标。经受日晒雨淋,风雪冰冻,遭受车辆的冲击磨耗,容易引起交通标线的缺损。

成因:(1)雨水对路面标线的长期侵蚀,可导致路面标线出现大面积脱落;(2)标线涂料老化;(3)由于车辆轮胎对路面标线(含凸起路标)的反复冲击磨耗,导致路面标线出现大面积脱落。

## 6.3 交通安全设施病害处治方法

根据交通安全设施的病害严重程度和具体病害情况,全面评估交通安全设施状况,选取合理、经济和准确的处治方法,见表6-3-1。

病害严重程度与处治方法                                   表6-3-1

| 病害分类 | 严重程度 | 处治方法 |
|---|---|---|
| 防护设施缺损 | 轻:长度≤4m | 机械拉直、除锈 |
| | 重:长度>4m | 拆除并重新安装 |
| 隔离栅损坏 | — | 修复或更换 |
| 标志缺损 | — | 修复或更换 |
| 标线缺损 | — | 修复或更新 |

# 6.4 交通安全设施病害典型案例

## 6.4.1 BH-05-1隧道洞口端墙破损

### 6.4.1.1 病害概况

| 病害编号 | BH-05-1 | 病害名称 | 隧道洞口端墙破损 |
|---|---|---|---|
| 公路路线 | 金丽温高速公路 | 发生时间 | 2008年9月4日 |
| 病害实照 | | | |
| 病害情况 | (1)具体部位:丽水段俞庄隧道洞口。<br>(2)损坏程度:客车在碰撞护栏后,直接冲过护栏撞击在隧道端墙上,造成端墙局部破损 | | |
| 养护工程类别 | 修复养护 | | |
| 案例资料提供者 | 浙江省交通集团高速公路丽水管理中心:潘真军<br>浙江交工集团股份有限公司设计院分公司:岑叶烽 | | |

### 6.4.1.2 病害机理分析

| 病害编号 | BH-05-1 | 病害名称 | 隧道洞口端墙破损 |
|---|---|---|---|
| 病害机理分析 | 主要因素:<br>早期设置的二波钢护栏是根据《高速公路交通安全设施设计及施工技术规范》(JTJ 074—1994)进行设计与施工的,其防撞能力较弱 | | |
| | 次要因素:<br>护栏立柱埋置深度不足,其受到的土压力无法抵消车辆撞击力 | | |

由于该高速公路建于2005年,设置的护栏防撞等级是基于《高速公路交通安全设

设计及施工技术规范》（JTJ 074—1994），护栏防撞等级均为 A 级，不能满足《公路交通安全设施设计规范》（JTG D81—2017）要求的最低 SB 级。根据上述规范的第 6.2.15 条规定，高速公路、一级公路及作为干线的二级公路的隧道出入口等位置，护栏应进行过渡段设计。

### 6.4.1.3　病害处治方案

采用 SB 级波形梁护栏 + 端部翼墙处治方案。

为了确保设计防护能量为 SB 级的 280kJ，采用 $\phi$130mm 的护栏立柱，立柱埋深1.65m，设置间距为 2m。

护栏端部采用了翼墙，翼墙长 6m，高 1m，宽30.5cm，采用钢管桩基础，为刚性结构，不会发生变形移位，能避免车辆因护栏变形而撞击隧道检修道或隧道端墙，降低对驾乘人员的伤害。

1）SB 级波形梁护栏

具有较高防护能力的 SB 级波形梁护栏主要由立柱、防阻块、波形梁板等构件组成。通过防阻块将立柱与三波护栏板连接，护栏板中心高度为69.7cm。

施工工艺如下：立柱放样→立柱安装→防阻块及托架安装→波形梁板安装。

立柱放样时，查明立柱所在处是否存在地下管线、排水管等设施，或构造物顶部埋土深度是否足够。立柱安装可采用打入法、挖埋法或钻孔法施工。采用打入法打入过深时，不得将立柱部分拔出进行矫正，必须将其全部拔出，将基础压实后再重新打入。立柱无法打入要求深度时，使用钻孔法、挖埋法等安装立柱。采用挖埋法施工时，回填土应采用良好的材料并分层夯实，回填土的压实度不应小于设计规定值。采用钻孔法施工时，立柱定位后应用与路基相同的材料回填，并分层夯填密实。

图 6-4-1　病害处治后效果

2）端部翼墙

端部翼墙为现浇混凝土墙体，其施工工艺如下：翼墙测量放样→钢管桩打设→钢筋安装→模板安装→混凝土浇筑。

翼墙测量放样时，应查明翼墙所在处是否存在地下管线、排水管等设施，或构造物顶部埋土深度是否足够。钢管桩打设采用打入法或钻孔法施工时，钢管桩埋深应满足设计要求。

病害处治后效果如图 6-4-1 所示。

### 6.4.1.4　反馈事项

（1）隧道口两侧过渡段护栏应与隧道检修道侧面齐平，避免车辆直接冲撞检修道而发生交通事故。

（2）隧道口两侧过渡段护栏应采用钢筋混凝土翼墙形式，建议翼墙适当渐变加高（在隧道口处翼墙高度不宜低于检修道高度），并加强视线诱导措施。

## 6.4.2　BH-05-2路基中分带组合型护栏变形

### 6.4.2.1　病害概况

| 案例编号 | BH-05-2 | 案例名称 | 路基中分带组合型护栏变形 |
|---|---|---|---|
| 公路路线 | 金丽温高速公路 | 发生时间 | 2019年12月31日 |
| 病害实照 | | | |
| 病害情况 | (1)具体部位:丽水段 K2549 +672 中分带。<br>(2)损坏程度:一辆货车碰撞组合型波形梁护栏,导致护栏严重变形 | | |
| 养护工程类别 | 修复养护 | | |
| 案例资料提供者 | 浙江交工集团股份有限公司设计院分公司:岑叶烽 | | |

### 6.4.2.2　病害机理分析

| 病害编号 | BH-05-2 | 病害名称 | 路基中分带组合型护栏变形 |
|---|---|---|---|
| 病害机理分析 | 主要因素:<br>早期设置的二波钢护栏是根据《高速公路交通安全设施设计及施工技术规范》(JTJ 074—1994)进行设计与施工的,其防撞能力较弱 | | |
| | 次要因素:<br>(1)护栏部分构件锈蚀、变形,紧固件缺失。<br>(2)中分带土的压实度不足 | | |

### 6.4.2.3　病害处治

1)处治方案

由于该路段中分带宽度较小,按现行规范无法采用分设型中分带钢护栏,且单侧罩面加铺路面难以调整道路左右幅高差,势必有一侧护栏高度不足;另外,中分带内的电缆管线从立柱两侧穿过,施工作业时立柱线位难以调整,极易打断管线,因此该路段护栏采用"一柱四挂"的 SSm 级组合型波形梁护栏。该"一柱四挂"护栏形式已经通过实车足尺碰撞试验,并满足现行规范要求。

SSm 级组合型波形梁护栏主要由立柱、防阻块、波形梁板、摩擦梁等构件组成。采用 $\phi$140mm 的立柱,立柱埋深 1.4m,设置间距为 2m;在立柱两侧各悬挂 2 块 3mm 厚波形梁板,波形梁板与立柱采用矩形防阻块连接,其中下层护栏板中心高度为 70cm,上层护栏板中心高度为 119.4cm。下层护栏板下方设矩形摩擦梁,矩形摩擦梁与立柱间采用托架进行连接。SSm 级组合型波形梁护栏安装图如图 6-4-2 所示。

图 6-4-2  SSm 级组合型波形梁护栏安装图

2)施工工艺

施工工艺如下:立柱放样→立柱安装→防阻块及托架安装→波形梁板安装→摩擦梁安装→柱帽安装。

(1)立柱放样。查明立柱所在处是否存在地下管线、排水管等设施,或构造物顶部埋土深度是否足够。

(2)立柱安装。立柱安装应与设计文件相符,并与公路线形相协调。对于位于土基中的立柱,可采用打入法、挖埋法或钻孔法施工。

(3)摩擦梁安装。应提前将两端摩擦梁连接套管进行安装,防止出现返工情况。在安装摩擦梁过程中,忌将摩擦梁套管与摩擦梁间连接螺栓一次性拧紧,应先进行初步固定后,根据道路线形对摩擦梁线形进行调整后再拧紧。

### 6.4.2.4  反馈事项

(1)SSm 级组合型波形梁护栏标准段左右摩擦梁净距为 0.2m,安装过程中对于已运营高速公路种植绿化的影响较大,可通过设置加长型托架,使得左右摩擦梁间距增大至 0.2 ~ 0.5m,减少对种植绿化的影响。

(2)考虑日后对中分带处电缆检修和路损护栏的局部更换,可通过设置有卡口的摩擦梁套管,方便护栏的拆除。

## 6.4.3　BH-05-3 混凝土护栏直墙破损

### 6.4.3.1　病害概况

| 案例编号 | BH-05-3 | 病害名称 | 混凝土护栏直墙破损 |
|---|---|---|---|
| 公路路线 | 金丽温高速公路 | 发生时间 | 2019 年 12 月 15 日 |
| 病害实照 | | | |
| 病害情况 | (1)具体部位:金华段一处桥梁硬路肩侧。<br>(2)定量损坏程度:受到车辆撞击钢扶手断裂长度 12m,发生1 起货车坠落桥外的交通事故。<br>(3)定性损坏程度:组合型混凝土护栏容易出现钢扶手锈蚀、破损等情况。车辆碰撞护栏后,破损的钢扶手容易对驾乘人员以及车辆碰撞造成二次伤害,不利于行车安全 | | |
| 养护工程类别 | 修复养护 | | |
| 案例资料提供者 | 浙江交工集团股份有限公司设计院分公司:岑叶烽 | | |

### 6.4.3.2　病害机理分析

| 病害编号 | BH-05-3 | 病害名称 | 混凝土护栏直墙破损 |
|---|---|---|---|
| 病害机理分析 | 主要因素:<br>(1)早期设置的二波梁护栏是根据《高速公路交通安全设施设计及施工技术规范》(JTJ 074—1994)进行设计与施工的,其防撞能力较弱。<br>(2)混凝土护栏的钢扶手防护能力差。采用了强柱弱梁的结构形式,发生车辆碰撞时,钢扶手容易弯折、破损<br><br>次要因素:<br>(1)钢扶手螺栓出现锈蚀现象。随着通车年限增长,中大型车辆日均流量上升,护栏的防护能力不够。<br>(2)容易出现被车辆剐蹭现象。随着通车年限增长,护栏在使用过程中容易出现被车辆剐蹭现象,导致混凝土护栏的钢扶手弯折变形、破损等 | | |

### 6.4.3.3 病害处治方案

1)处治方案

针对桥梁护栏原混凝土部分高度不足的提升设计问题,可采用混凝土直墙接高、钢筋混凝土包封、调整顶部钢构件形式等处治方法。钢筋混凝土包封存在立模板支撑困难、现浇混凝土体积较大等缺点,调整顶部钢构件形式存在施工与养护成本高、路损修复比较困难等缺点。混凝土直墙接高虽然也存在新旧混凝土接合部的植筋工艺复杂的问题,但能适应实际工程施工条件,仍具有较好的经济性。

结合《提升公路桥梁安全防护能力专项行动技术指南》中对于混凝土护栏高度不足的提升设计方案,保持桥梁护栏原混凝土部分不变,拆除上部钢构件后,在混凝土顶面植筋,以直墙形式浇筑混凝土,增加混凝土护栏的高度,使桥梁混凝土护栏的高度满足所需防护等级的要求,见图6-4-3。

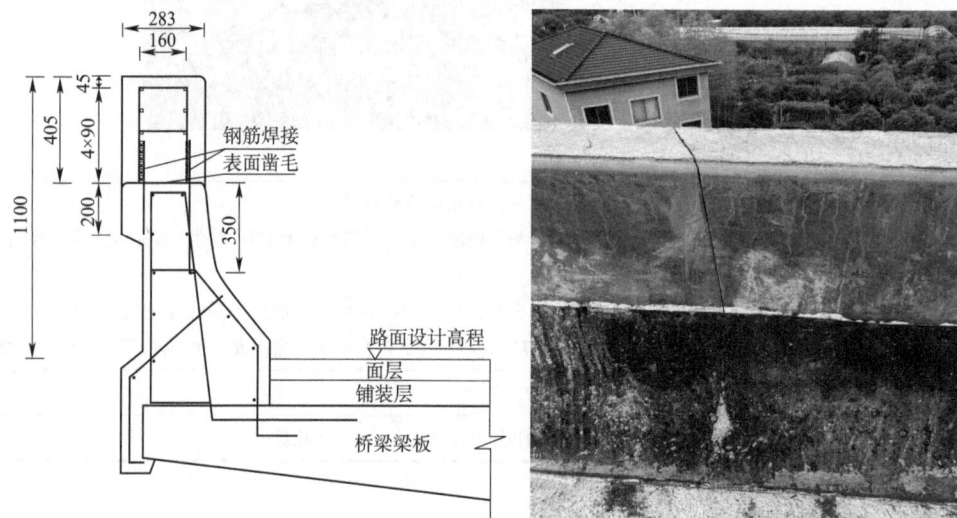

图6-4-3 混凝土护栏直墙接高示意图(尺寸单位:cm)

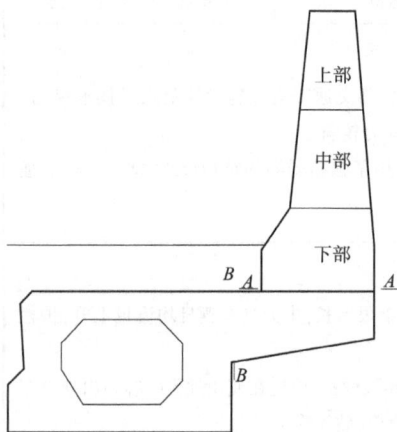

图6-4-4 桥面板悬臂承载能力验算示意图

2)结构验算

对拟采用混凝土直墙接高的桥梁混凝土护栏进行混凝土护栏自身结构强度和桥梁翼缘板承载能力的验算,确保护栏改造后,不会对桥梁梁板产生损害。

(1)混凝土护栏防撞承载能力验算。

混凝土护栏防撞承载能力可采用屈服线分析和单筋矩形截面正截面承载力的理论进行验算。

(2)桥梁翼缘板承载能力验算。

桥梁翼缘板承载能力可采用危险截面方法进行计算。对图6-4-4 中 $A—A$ 以及 $B—B$ 截面处对应总弯矩进行计算,并分别与护栏根部最大受弯力矩 $M_c$ 与翼缘板的承载能力进行比较,得出结论。桥梁翼缘板承载能力不能满足护栏碰撞荷载受力要求时,应采用增加横向钢筋配筋率的方式,对桥梁翼缘板进行加固。

3）桥梁加固方案

对距离护栏内侧边缘不小于0.7m范围的沥青混凝土面层进行凿除,并在露出的混凝土护栏根部横向植入加强钢筋,植入深度为30cm,钢筋尺寸及纵向间距根据计算结果确定;同时,在加强钢筋的上方设置纵向钢筋(图6-4-5),并竖向设置拉筋,呈梅花状进行布设,整体形成钢筋网。对拆除的桥面铺装,采用C40速凝防水混凝土进行恢复。

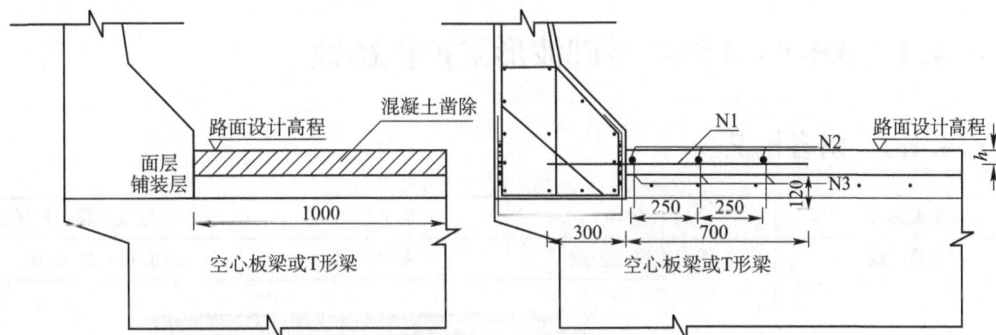

图6-4-5　桥梁根部加固措施示意图(尺寸单位:mm)

4）植筋关键施工工艺

植筋的施工顺序为:定位→钻孔→清孔→钢材除锈→锚固胶黏剂配制→植筋→固化、保护→质量检验。

(1)锚固胶黏剂配制。

植筋用胶必须采用A级专用改性环氧胶黏剂、改性乙烯基酯胶黏剂或改性氨基甲酸酯胶黏剂。桥梁加固用胶黏剂应进行毒性检验,对完全固化的胶黏剂,其检验结果应符合实际无毒卫生等级规定。桥梁加固用胶黏剂,其钢-钢黏结抗剪性能必须经过湿热老化检验合格。在桥梁加固用的胶黏剂中,不得使用乙二胺作为改性环氧树脂的固化剂;不得在其中掺入挥发性有害溶剂和非反应性稀释剂。

桥梁加固用胶黏剂必须提供胶黏剂检测报告。胶黏剂应采用独立包装,且用注胶枪注入,保证施工质量。

(2)植筋。

用注胶枪将植筋胶注入孔内。胶填充量一般为孔深的2/3,并应保证插入钢筋后周边有少许胶料溢出。注入锚固胶后应立即单向旋转插入钢筋,直至达到设计深度,并保证植入钢筋与孔壁的间隙基本均匀,校正钢筋的位置和垂直度。

(3)固化、保护。

一般日平均气温25℃以上12h内不得扰动钢筋,日平均气温25℃以下24h内不得扰动钢筋。植筋胶在常温、低温下均可良好固化,若固化温度为25℃左右,2d即可承受设计荷载;若固化温度为5℃左右,4d即可承受荷载。

(4)质量检验。

植筋后3~4d可随机抽检,检验可用千斤顶、锚具、反力架组成的系统做拉拔试验,植筋应以拉断时不被拔出为准。

### 6.4.3.4 反馈事项

(1)采用混凝土直墙加高,可减少后期养护成本,有效减少甚至避免发生车辆穿越护栏坠入桥下或冲入对向车道造成二次事故的情况。

(2)施工技术难度不高,施工工序简单。

(3)新浇筑混凝土护栏与原混凝土护栏存在色差,护栏整体美观度不足。

## 6.4.4 BH-05-4 法兰基础波形梁护栏锈蚀

### 6.4.4.1 病害概况

| 病害编号 | BH-05-4 | 病害名称 | 法兰基础波形梁护栏锈蚀 |
|---|---|---|---|
| 公路路线 | 甬台温高速公路 | 发生时间 | 2020 年 8 月 31 日 |
| 病害实照 | | | |
| 病害情况 | (1)具体部位:小桥、通道涵等桥梁。<br>(2)局部护栏构件(立柱、波形梁板、防阻块)变形、锈蚀,尤其是预埋螺栓出现锈蚀或缺失,造成护栏基础变弱。<br>(3)护栏的防护性能降低,对于道路的安全运营存在一定的安全隐患 | | |
| 养护工程类别 | 修复养护 | | |
| 案例资料提供者 | 浙江交工集团股份有限公司设计院分公司;岑叶烽 | | |

### 6.4.4.2 病害机理分析

| 病害编号 | BH-05-4 | 病害名称 | 法兰基础波形梁护栏锈蚀 |
|---|---|---|---|
| 病害机理分析 | 主要因素:<br>(1)早期设置的二波钢护栏是根据《高速公路交通安全设施设计及施工技术规范》(JTJ 074—1994)进行设计与施工的,其防撞能力较弱。为满足车辆快速增长和更高护栏防护能力需求,按照最新的《公路交通安全设施设计规范》(JTG D81—2017),对早期设置的二波梁护栏进行提升改造。<br>(2)施工质量缺陷、雨水侵蚀和钢制护栏结构老化等诸多因素导致护栏锈蚀 | | |

续上表

| 病害机理分析 | 次要因素：<br>养护不足。预埋式的基础螺栓一旦出现锈蚀或破损，就难以有效养护，而且现有的养护规范没有涉及法兰、螺栓的日常养护 |
| --- | --- |

### 6.4.4.3 病害处治方案

1）处治方案

采取现有的法兰立柱接高 + SB 级护栏的处治方案，该处治方案适用于小桥护栏的提升改造工程。同时，还需核查原法兰立柱是否存在螺栓缺失、法兰盘锈蚀等情况。其中对于原法兰盘螺栓存在锈蚀、缺失等情况的，应采用钻孔或取芯方式更换或增设化学锚栓；对于原法兰盘锈蚀严重的，应更换法兰立柱。该处治方案利用现有法兰立柱，节约资源，已经通过实车足尺碰撞试验，并满足现行规范要求。

对于原法兰立柱直径为 114mm 的采用直径为 140mm 的套管进行接高，对于原法兰立柱直径为 140mm 的采用直径为 156mm 的套管进行接高。位于中分带处的法兰基础波形梁护栏，需用钢丝绳将两侧护栏的套筒串联起来，钢丝绳端头间用"8"字形钢丝绳扣连接。对该护栏进行升级改造，利用现有的法兰立柱，将护栏防护等级提升至 SB 级。

2）施工工艺

施工工艺如下：原护栏构件拆除→套管安装→防阻块安装→波形梁板安装→钢丝绳安装→螺栓终拧。

（1）原护栏构件拆除。

拆除旧护栏波形梁板、防阻块，保留原法兰立柱。

（2）套管安装。

根据招标文件及图纸要求设置增高套管。应根据原法兰立柱直径选用合适尺寸的增高套管，增高套管与原立柱的重叠高度应不小于 20cm，并用螺栓固定。

（3）防阻块安装。

根据护栏结构，安装防阻块。安装防阻块前应核查护栏有效高度，并选用合适的螺栓孔，放置 M16 螺栓。

（4）波形梁板安装。

安装波形梁板之前应核查护栏有效高度，在防阻块上选用合适的连接孔位后，采用 M16 螺栓将波形梁板与防阻块进行连接。待波形梁板与防阻块连接后，继续安装 M16 螺栓将波形梁板与防阻块、相邻波形梁板进行连接。

（5）钢丝绳安装。

对于中分带路段的护栏，增设钢丝绳通过增高套管预留螺栓孔将相邻增高套管相互串联，呈"8"字形布置。安装完毕后，应在钢丝绳两端采用钢丝绳扣进行固定。

（6）螺栓终拧。

待上述安装构件初步固定后，对连接螺栓进行终拧，保证螺栓强度。

通过护栏防护等级的提升，有效降低了车辆冲破护栏驶入对向车道或冲出路侧造成重大伤亡事故的风险。同时也有效降低了驾乘人员以及车辆碰撞后造成的损害程度。

处治后护栏实景如图 6-4-6 所示。

图 6-4-6　处治后护栏实景图

### 6.4.4.4　反馈事项

(1)在护栏防护等级的提升中,通过现有立柱的废旧利用,可以节约资源,提升施工效率,为废旧构件利用的推广提供思路与借鉴。

(2)该方案提升后的防护等级仅为 SB 级,一般适用于小桥、通道的法兰护栏提升工程。

# 附录　本书选取的高速公路病害一览表

| 序号 | 结构部位 | 病害编号 | 病害名称 | 病害发生所在路线 | |
|---|---|---|---|---|---|
| | | | | 路线编码 | 路线名称 |
| 1 | 路基 | BH-01-1 | 岩质边坡碎落崩塌 | G3 | 黄衢南高速公路 |
| 2 | | BH-01-2 | 滑坡(一) | G25 | 龙庆高速公路 |
| 3 | | BH-01-3 | 滑坡(二) | G25 | 龙庆高速公路 |
| 4 | | BH-01-4 | 滑坡(三) | G60 | 杭金衢高速公路 |
| 5 | | BH-01-5 | 水毁(一) | G25 | 丽龙高速公路 |
| 6 | | BH-01-6 | 水毁(二) | G3 | 黄衢南高速公路 |
| 7 | | BH-01-7 | 泥石流 | G25 | 龙庆高速公路 |
| 8 | | BH-01-8 | 坡面孤石 | G25 | 丽龙高速公路 |
| 9 | | BH-01-9 | 边坡坍塌 | G60 | 杭金衢高速公路 |
| 10 | | BH-01-10 | 砌石挡墙鼓肚 | G60 | 杭金衢高速公路 |
| 11 | | BH-01-11 | 挡土墙基底冲刷 | G25 | 丽龙高速公路 |
| 12 | | BH-01-12 | 砌石挡土墙坍塌 | G4012 | 龙丽高速公路 |
| 13 | | BH-01-13 | 浆砌挡土墙坍塌 | S26 | 诸永高速公路 |
| 14 | | BH-01-14 | 路基排水不畅 | G25 | 丽龙高速公路 |
| 15 | 路面 | BH-02-1 | 面层裂缝(温度疲劳开裂) | S28 | 台金高速公路 |
| 16 | | BH-02-2 | 隧道路面裂缝 | G15 | 甬台温高速公路 |
| 17 | | BH-02-3 | 接缝裂缝 | G60 | 杭金衢高速公路 |
| 18 | | BH-02-4 | 松散 | G3 | 黄衢南高速公路 |
| 19 | | BH-02-5 | 坑槽 | G25 | 丽龙高速公路 |
| 20 | | BH-02-6 | 车辙 | G60 | 杭金衢高速公路 |
| 21 | | BH-02-7 | 车辙(长上坡路段) | G1513 | 金丽温高速公路 |
| 22 | | BH-02-8 | 波浪拥包 | S26 | 诸永高速公路 |
| 23 | | BH-02-9 | 面层沉陷 | G60 | 杭金衢高速公路 |
| 24 | | BH-02-10 | 基层沉陷(岩溶塌陷) | G3 | 黄衢南高速公路 |
| 25 | | BH-02-11 | 积水 | G60 | 杭金衢高速公路 |
| 26 | 桥梁 | BH-03-1 | 伸缩缝装置破损(异型钢伸缩缝锚固区混凝土破损) | S43 | 杭州绕城西复线 |
| 27 | | BH-03-2 | 伸缩缝装置破损(梳齿板伸缩装置破损) | S26 | 诸永高速公路 |
| 28 | | BH-03-3 | 桥头跳车 | S28 | 台金高速公路 |
| 29 | | BH-03-4 | 桥面铺装推移、拥包 | G60 | 杭金衢高速公路 |

| 序号 | 结构部位 | 病害编号 | 病害名称 | 病害发生所在路线 | |
|---|---|---|---|---|---|
| | | | | 路线编码 | 路线名称 |
| 30 | | BH-03-5 | 连续桥面墩顶横向裂缝 | G25 | 金丽温高速公路 |
| 31 | | BH-03-6 | 空心板铰缝破损引起桥面铺装纵向裂缝 | G60 | 杭金衢高速公路 |
| 32 | | BH-03-7 | 钢筋锈蚀导致梁板锈胀、露筋 | G3 | 黄衢南高速公路 |
| 33 | | BH-03-8 | 钢筋混凝土梁板裂缝 | G60 | 杭金衢高速公路 |
| 34 | | BH-03-9 | 预应力混凝土T形梁裂缝 | S26 | 诸永高速公路 |
| 35 | | BH-03-10 | 预应力混凝土小箱梁裂缝 | G1513 | 金丽温高速公路 |
| 36 | | BH-03-11 | 连续箱梁顶板纵向裂缝 | G4012 | 龙丽丽龙高速公路 |
| 37 | | BH-03-12 | 悬臂梁桥病害 | G60 | 杭金衢高速公路 |
| 38 | | BH-03-13 | 支座脱空、变形、老化、开裂、串动、偏位 | G4012 | 龙丽高速公路 |
| 39 | | BH-03-14 | 支座破损 | G25 | 丽龙高速公路 |
| 40 | 桥梁 | BH-03-15 | 梁板滑移(一) | G1513 | 金丽温高速公路 |
| 41 | | BH-03-16 | 梁板滑移(二) | G4012 | 文泰高速公路 |
| 42 | | BH-03-17 | 盖梁裂缝 | S26 | 诸永高速公路 |
| 43 | | BH-03-18 | 立柱钢筋锈蚀、混凝土开裂 | G1513 | 金丽温高速公路 |
| 44 | | BH-03-19 | 墩柱偏位 | G25 | 龙庆高速公路 |
| 45 | | BH-03-20 | 独柱墩稳定性不足 | S26 | 诸永高速公路 |
| 46 | | BH-03-21 | 桥台台身裂缝 | G9211 | 金塘连接线 |
| 47 | | BH-03-22 | 水中基础冲刷、淘空 | G60N | 杭新景高速公路 |
| 48 | | BH-03-23 | 桥下可燃物燃烧引起桥梁结构受损(一) | G25 | 金丽温高速公路 |
| 49 | | BH-03-24 | 桥下可燃物燃烧引起桥梁结构受损(二) | G60 | 杭金衢高速公路 |
| 50 | | BH-03-25 | 桥上车辆化品泄漏燃烧导致桥梁结构受损 | G1513 | 金丽温高速公路 |
| 51 | | BH-03-26 | 桥下净空高度不足 | G60 | 沪昆高速公路 |
| 52 | | BH-04-1 | 二次衬砌裂缝、局部渗水 | G25 | 丽龙高速公路 |
| 53 | | BH-04-2 | 二次衬砌厚度不足、局部脱空 | G15 | 甬台温高速公路 |
| 54 | | BH-04-3 | 二次衬砌空鼓、剥落 | G3 | 黄衢南高速公路 |
| 55 | 隧道 | BH-04-4 | 火烧受损 | G15 | 甬台温高速公路 |
| 56 | | BH-04-5 | 二次衬砌施工缝渗漏 | G3 | 黄衢南高速公路 |
| 57 | | BH-04-6 | 隧道衬砌破损 | G3 | 黄衢南高速公路 |
| 58 | | BH-04-7 | 隧道内路面渗漏水 | S43 | 杭州绕城西复线 |
| 59 | | BH-04-8 | 隧道洞口坡顶水毁 | G25 | 丽龙高速公路 |
| 60 | | BH-05-1 | 隧道洞口端墙破损 | G25 | 金丽温高速公路 |
| 61 | 交通安全设施 | BH-05-2 | 路基中分带组合型护栏变形 | G1513 | 金丽温高速公路 |
| 62 | | BH-05-3 | 混凝土护栏直墙破损 | G25 | 金丽温高速公路 |
| 63 | | BH-05-4 | 法兰基础波形梁护栏锈蚀 | G15 | 甬台温高速公路 |

# 参 考 文 献

[1] 中华人民共和国交通运输部. 公路工程技术标准:JTG B01—2014[S]. 北京:人民交通出版社股份有限公司,2015.

[2] 中华人民共和国交通运输部. 公路沥青路面设计规范:JTG D50—2017[S]. 北京:人民交通出版社股份有限公司,2017.

[3] 中华人民共和国交通运输部. 公路沥青路面养护技术规范:JTG 5142—2019[S]. 北京:人民交通出版社股份有限公司,2019.

[4] 中华人民共和国交通运输部. 公路技术状况评定标准:JTG 5210—2018[S]. 北京:人民交通出版社股份有限公司,2019.

[5] 中华人民共和国交通运输部. 公路养护技术规范:JTG H10—2009[S]. 北京:人民交通出版社,2009.

[6] 中华人民共和国交通运输部. 公路路基养护技术规范:JTG 5150—2020[S]. 北京:人民交通出版社股份有限公司,2020.

[7] 中华人民共和国交通运输部. 公路养护工程质量检验评定标准 第一册 土建工程:JTG 5220—2020[S]. 北京:人民交通出版社股份有限公司,2020.

[8] 中华人民共和国交通运输部. 公路桥梁技术状况评定标准:JTG/T H21—2011[S]. 北京:人民交通出版社,2011.

[9] 中华人民共和国交通运输部. 公路桥涵养护规范:JTG 5120—2021[S]. 北京:人民交通出版社股份有限公司,2021.

[10] 中华人民共和国交通运输部. 公路隧道养护技术规范:JTG H12—2015[S]. 北京:人民交通出版社股份有限公司,2015.

[11] 中华人民共和国交通运输部. 公路养护安全作业规程:JTG H30—2015[S]. 北京:人民交通出版社股份有限公司,2015.

[12] 杨仲元. 路基路面施工技术[M]. 4版. 北京:人民交通出版社股份有限公司,2021.

[13] 程海潜,李洪军. 路基路面病害处治[M]. 3版. 北京:人民交通出版社股份有限公司,2021.